现在，我们比历史上任何时期都更接近中华民族伟大复兴的目标，比历史上任何时期都更有信心、有能力实现这个目标。

——习近平 2012 年 11 月 29 日参观《复兴之路》展览时的讲话

暨南卓越智库 · 新工业革命系列报告

中国

智造业

竞争力   调研报告

Intelligent

Manufacturing

著

刘金山
曾晓文
李雨培
等

暨南大学出版社
JINAN UNIVERSITY PRESS

中国·广州

图书在版编目（CIP）数据

中国智造业竞争力调研报告/刘金山，曾晓文，李雨培等著 . —广州：暨南大学出版社，2017.6

ISBN 978 - 7 - 5668 - 2120 - 1

Ⅰ . ①中…　　Ⅱ . ①刘…②曾…③李…　　Ⅲ . ①智能制造系统—制造工业—竞争力—调查报告—中国　　Ⅳ . ①F426.4

中国版本图书馆 CIP 数据核字（2017）第 123166 号

中国智造业竞争力调研报告
ZHONGGUO ZHIZAOYE JINGZHENGLI DIAOYAN BAOGAO
著者：刘金山　　曾晓文　李雨培　等

出 版 人：徐义雄
策划编辑：曾鑫华
责任编辑：柳　煦
责任校对：何利红
责任印制：汤慧君　　周一丹

出版发行：暨南大学出版社（510630）
电　　话：总编室（8620）85221601
　　　　　营销部（8620）85225284　85228291　85228292（邮购）
传　　真：（8620）85221583（办公室）　85223774（营销部）
网　　址：http：//www. jnupress. com　http：//press. jnu. edu. cn
排　　版：广州市天河星辰文化发展部照排中心
印　　刷：广州天虹彩色印刷有限公司
开　　本：787mm×960mm　1/16
印　　张：17.25
字　　数：212 千
版　　次：2017 年 6 月第 1 版
印　　次：2017 年 6 月第 1 次
定　　价：48.00 元

（暨大版图书如有印装质量问题，请与出版社总编室联系调换）

目　录

上编　总报告

下编　专题报告

上编 总报告

力争通过三个十年的努力，到新中国成立一百年时，把我国建设成为引领世界制造业发展的制造强国，为实现中华民族伟大复兴的中国梦打下坚实基础。

——《中国制造2025》

第一章　导言：智造决定未来

东方欲晓，莫道君行早。

踏遍青山人未老，风景这边独好。

——毛泽东《清平乐·会昌》

核心观点：实现中华民族伟大复兴的"中国梦"的产业载体是工业，工业决定竞争力。从 TM 迈向 IM，是中国构建国家价值链进而引领全球价值链的关键所在。智能制造，是供给侧结构性改革"补短板"的核心部分，决定着未来能否顺利"破晓"，持续"风景好"。

一、梦想引领新奇迹

2014 年 3 月 27 日，在巴黎举行的中法建交 50 周年纪念大会上，习近平主席说："拿破仑说过，中国是一头沉睡的狮子，当这头睡狮醒来时，世界都会为之颤抖。中国这头狮子已经醒了，但这是一只和平的、可亲的、文明的狮子。"

"狮子已经醒了"，这意味着我们求解百年的"李约瑟之谜"（历史上中国为什么由盛而衰）① 呈现出新的曙光。回顾历史，中国在世界经济版图中的地位变迁令人深思。英国经济学家安格斯·麦迪森在《世界经济千年史》② 一书中估计，中国的国内生产总值（GDP）占世界的比重，先升后降再升，1000 年为 22.70%；1820 年为 32.90%，达到顶峰，之后开始下降；1950 年为 4.50%，降到谷底，持续徘徊；1973 年以后开始快速上升，1998 年为 12.00%。如图 1-1 所示。

比重

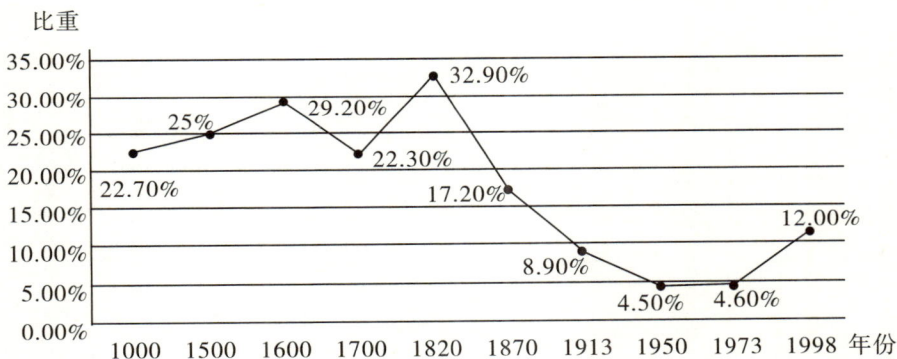

图 1-1 1000—1998 年中国的国内生产总值占世界的比重

进入 21 世纪，作为发展中的大国，中国正在开展一项伟大的事业——努力实现中华民族的伟大复兴。中国的国内生产总值（GDP）占世界的比重呈现出不断上升的趋势。根据世界银行的统计数据，在 21 世纪初的五年间，中国的 GDP 在世界上的占比从 2000 年的 3.61% 平稳增长至 2005 年的

---

① 英国近代生物化学家与科学技术史专家李约瑟博士在 20 世纪中叶提出：为何在前现代社会中国科技遥遥领先于其他文明，而在现代中国不再领先？为什么工业革命没有在中国发生而是在西欧发生？

② 安格斯·麦迪森. 世界经济千年史［M］. 伍晓鹰，等译. 北京：北京大学出版社，2003.

4.82%；自 2006 年起，中国 GDP 占世界的比重以每年接近 1% 的增长幅度实现经济快速发展，2009 年中国 GDP 在世界的占比接近 9%，GDP 总量超过日本，位居世界第二。在 2007 年美国发生次贷危机进而世界发生金融危机的大背景下，中国 GDP 占世界经济的比重依旧保持着稳定增长，到 2015 年在世界的占比已经接近 15%，这是中华民族复兴的标志。如图 1－2 所示。

比重

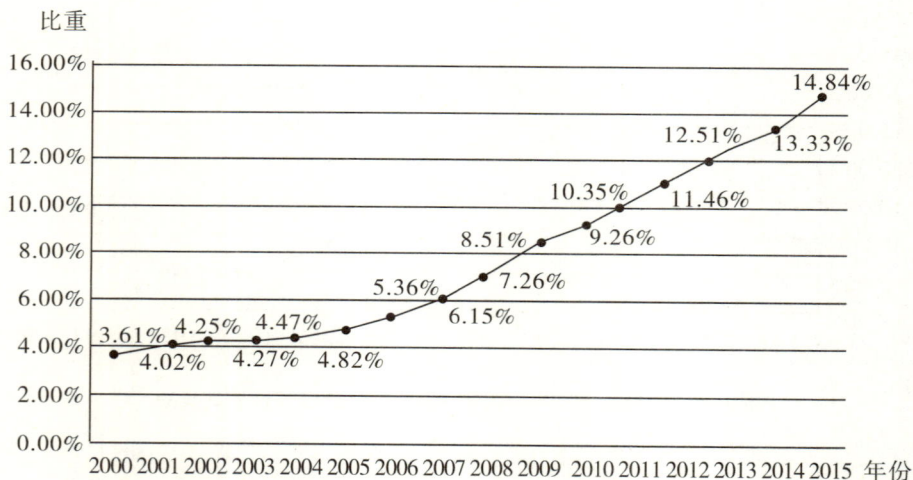

图 1－2 2000—2015 年中国的国内生产总值占世界的比重

数据来源：世界银行数据库。

遥想当年，中国何其兴盛，又何其屈辱。今日中国，处于复兴进程的关键时期。这种复兴，如能成功延续，将是一种奇迹：这也许是人类历史上由盛而衰，再由衰至盛的为数不多的，甚至可能是迄今唯一的大国案例，其模式所贡献的世界意义不言而喻。

承载 13 亿人口的中国，一直在探索复兴之路。改革开放以来，中国经济快速增长，经历了高速发展阶段，被称为"中国奇迹"。"新常态"意味着中国经济由高速增长阶段步入中高速增长阶段。通过若干时期持续的经济中高速增长实现"中国梦"，这将被称为"中国新奇迹"。因为在世界经济发展史上，还没有出现过这样的大国案例。对大国经济而言，经历持续的高速增长后，再经历持续的中高速增长，这本身就是奇迹。

二、工业决定影响力

近现代世界经济发展的主题是全球化背景下的工业化以及由工业化带来的城市化，这一进程将持续下去。在全球化背景下，一个国家的经济发展，由小到大，由弱变强，一般经历三个阶段：切入全球价值链—构建国家价值链—引领全球价值链。

"中国梦"的核心是强国，强国的核心在于把握历史规律和发展趋势。中国的强国战略的载体是什么？改革开放以来，中国经济高速增长的主要动力是工业，特别是制造业。工业是中国成为有世界性影响力的大国的最重要的基础，直接影响着中国的国际地位。中国的工业化是一个意义极其巨大的世界历史事件，它使全球工业化版图发生了巨大变化。改革开放以来，中国经济的快速发展源于全球化带动工业化。1979 年的经济特区、1984 年的 14 个沿海开放城市，均作为试点，尝试与全球经济体系联接。1990 年以来，我国全面切入全球价值链，工业化进程加速。改革开放三十多年来，中国通过承接制造业组装加工，形成了许多从沿海地区开始，不断向内地延伸的加工区和产业集群区。中国制造业的增加值，1993 年超过法国和英国，2006 年超过日本成为世界制造业第二大国，2010 年超过美国成为世界制造业第一大国，结束了美国自 1895 年以来一直保持的制造业生产规模世界第一的历史。2014 年，中国制造业净出口居世界第一位，其增加值占世界的比重为 20.8%；按照国际标准工业分类的 22 个大类，中国在 7 个大类中名列第一，钢铁、水泥、汽车等 220 种工业品产量居世界第一位。目前，中国是全世界唯一拥有全部 765 个工业类别的国家。这标志着中国全面切入全球价值链的阶段性任务已经完成。中国贡献给世界的不仅是"工业制造中心"，还是巨大的"需求形成中心"。未来，中国要走探索构建国家价值链，继而引领全球价值链的可持续发展路径。

工业强国战略是"中国梦"的微观载体。工业是培育国家价值链、引领全球价值链的微观基础。回顾历史，自第一次工业革命以来，世界制造中心（世界工厂）几经变迁：英国—美国—日本—中国。18 世纪，英国发生了第一次工业革命；美国在 19 世纪 90 年代末期超过英国，成为全球最大的制造强国；"二战"以后，日本从"贸易立国"到"技术立国"，逐渐成为世界制造中心。每一次世界制造中心的变迁，必然有一个经济强国出现，世界工厂以其强大的生产影响力和市场影响力推动着该经济体快速成长。即使因生产要素成本上升而发生产业转移之后，该经济体的世界影响力依然存在，表现之一就是话语权：世界工厂升级为世界市场价格中心、标准中心、技术中心，"生产权"上升为"市场话语权"。世界制造中心的转移，伴随着经济强国的出现，强国的标志就是引领全球价值链。

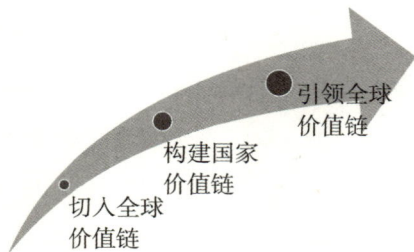

图 1-3 工业引领大国梦

三、智造打造竞争力

2014 年 10 月 8 日，联想创始人柳传志先生借用"罗辑思维"的微信平台，以联想旗下的农产品"柳桃"为例子，请教大家互联网营销应该怎么做。他坦承："很多现象，看不懂了。"的确，"看不懂"正在成为我们这个社会的新常态。永远在线的移动互联网时代，万物快速更新，一切都在快速变化，每一个人、每一个企业、每一个地区、每一个国家都随时随地面临着"Present Shock"（当下的冲击）。

美国《连线》杂志前任主编克里斯·安德森的《长尾理论》一书所描述的是，技术正在将大规模市场转化为无数的利基市场（获利空间），文化和经济重心正在加速转移，商业和文化的未来不在于传统需求曲线上那个代表"畅销商品"的头部，而是那条代表"冷门商品"的经常被人遗忘的长尾。长尾就是范围经济，就是产品多样性、小批量、多品种。互联网和智能化，使那条无限的长尾蕴藏着巨大的利润空间，其背后的实质是从规模经济向范围经济的迈进，意味着制造业发展范式的转型：从大规模标准化生产转向大规模定制化生产。这意味着企业做大做强有了新的选择路径，企业规模并不一定越大越好。发现长尾，是未来的竞争优势所在。专注、极致、快速反应，比规模更重要。

正是长尾和免费，使产品的生产方式发生了革命性变化。顾客不再是上帝，而是制造业参与者，是伙伴，大家一起玩，这就是创客运动。创客使用开源设计和 3D 打印，自己动手设计产品，将制造业搬上自家桌面，实现全民创造。这意味着互联网实现了自由人的自由联合。人民群众的智慧是无穷的，众多发明家和爱好者集聚在一起，集体智慧喷薄而出，开放、互动、智能化、生产消费一体化的全球制造业模式将逐步形成。创客运动中的重大机遇就在于保持小型化与全球化并存的能力，创造出世界需要但尚未了解的产品。

技术正在颠覆传统世界，经济社会运行范式的重大变革正在汹涌而来。新工业革命（第三次工业革命）是一场波及全球的革命，将为全球带来颠覆性的变化，会对产业发展和经济社会转型产生极大的影响和冲击。美国学者杰里米·里夫金所著的《第三次工业革命：新经济模式如何改变世界》一书，强调可再生能源、分布式能源生产和配置、氢能存储与新能源汽车等技术变革为人们带来的影响。英国《经济学人》杂志 2012 年 4 月 21 日刊发的《制造：第三次工业革命》一文强调大数据、人工智能、机器人、数字制造等技术对制造范式带来的影响。这些都将对我国制造业产生颠覆性的冲击。我们必须认清这场革命的实质，研究这场经济社会运行范式革命的冲击。这意味着，无论是主动还是被动，全球化时代的我们，必须从传统制造 TM（Traditional Manufacturing）迈向智能制造 IM（Intelligent Manufacturing）。这一次，我们是主动的。《中国制造 2025》告诉我们，基于信息物理系统的智能装备、智能工厂等智能制造正在引领制造方式的变革，要以加快新一代信息技术与制造业深度融合为主线，以推进智能制造为主攻方向。尽管基础技术领域依然滞后，但我们的理念、我们的行动在与时代同步。

TM 时代，我们依赖后发优势；IM 时代，我们能否谋求先发优势？如果能够迈出这一步，引领全球价值链就有了坚实的微观基础。

四、智造起于"互"

20 世纪，全球普及的是制造自动化。21 世纪以来，智能制造实现了虚拟网络与生产过程的相互渗透与深度融合。智能制造的核心是"互联网 +

工业"。互联网正在成为普惠性工具，"联"将成为普惠性的基础设施，而未来的重点将在"互"。"互"的核心在于运用大数据分析，实现生产和消费的即时互动，实现精准生产和精准营销，实现设备与设备、设备与人的数字化沟通，实现跨越时空的分布式制造。

通过"互"，就实现了"网"的规模效应，这是从 TM 的大规模标准化生产向 IM 的大规模定制化生产转变的关键。

智能制造的产出形态有两类：智能装备和智能产品（服务）。从智能制造的过程来看，其核心是智能制造技术与智能制造系统，其特征是动态感知、实时分析、智能决策、精准执行。"互联"与"智能"，形成了智能型互联产品（Smart & Connected Product）。

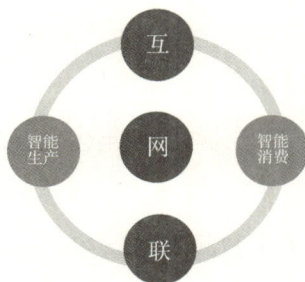

图 1-4　互联网 + 工业

加快发展智能制造装备和产品。组织研发具有深度感知、智慧决策、自动执行功能的高档数控机床、工业机器人、增材制造装备等智能制造装备和智能化生产线……加快机械、航空、船舶、汽车、轻工、纺织、食品、电子等行业生产设备的智能化改造，提高精准制造、敏捷制造能力。统筹布局和推动智能交通工具、智能工程机械、服务机器人、智能家电、智能照明电器、可穿戴设备等产品研发和产业化。

——《中国制造 2025》

　　智能联动是核心，大数据是智能联动的关键技术。TM 流程需经过产品设计、原料采购、仓储运输、订单处理、批发零售、终端零售以及制造的"6＋1"产业链模式。IM 时代，"6＋1"的制造产业链变成了"4＋1"的智能产业链，由产品设计、原料采购、订单处理、终端零售和制造组成，效率提升。

　　正所谓，智见未来！

　　为此，2016 年，在《21 世纪经济报道》的精心规划和组织协调下，暨南大学卓越智库新工业革命项目组联合中国丝路智谷研究院，历经数月，走访了珠三角、长三角以及京津冀等地区的数十家智能制造企业与创新科技公司，以求对我国智能制造业发展的短板进行梳理，并通过考察企业诉求，提炼智能制造发展的关键环节，进而明确政策取向。2016 年 10 月 14 日，中国智造业年会在北京举行，期间发布了《2016 中国智造业竞争力调研报告》，反响热烈，引起广泛关注。该年会由《21 世纪经济报道》主办，主题为"升级制造，智连未来"，邀请了国务院发展研究中心等单位的专家学者、政府官员，以及多家重量级智能制造企业的领袖分享观点与经验，共同讨论和探索各行业与企业在"中国制造 2025"战略中的发展升级路径。会议当天还举行了首届中国智造"金长城"奖颁奖典礼。该奖项是由《21 世纪经济报道》携手中国丝路智谷研究院、暨南大学卓越智库、清华大学、中国人民大学、工信部赛迪研究院等机构的专家组成调研团队，历时数月，对申报和实地调研结果进行综合评定而形成的。

　　触摸智能制造，站在"智见未来"的起点，我们在行动！

第二章　中国智能制造业发展现状

喜看稻菽千重浪，

遍地英雄下夕烟。

——毛泽东《七律·到韶山》

核心观点：我国智能制造多领域发展，多线并进，初步成长。机床业以数控机床、加工中心为主，需要向智能机床迈进。机器人、3D 打印和无人机则是有规模、待提质，提供服务是关键。工业软件起步良好，软件模块化需从零开始。服务型制造模式兴起，智能消费领域亟须智能服务平台建设。

一、总体状况：多线并进初成长

中国制造业大而不强，这是共识。2016 年《财富》杂志的世界 500 强企业榜单中，中国大陆 103 家企业入围，仅次于美国。但中国大陆制造业企业只有 36 家，占总入榜企业比重偏低，只有 34.9%，而韩国为 53.3%，德国为 42.9%，日本为 40.4%，美国为 35.1%。中国大陆制造业企业占总入榜企业比重呈下降趋势，2012 年为 36.3%，2013 年为 35.3%，2014 年为 35.2%，2015 年为 35.0%。这 36 家制造业企业平均净利润水平低于其他国家，约为美国的 1/5、韩国的 1/4、德国的 1/3。

制造水平参差不齐，工业 2.0 与工业 3.0 并存。《2016—2020 年中国智能制造行业深度调研及投资前景预测报告》显示，中国智能制造尚处于初级发展阶段，大部分企业处于研发阶段，仅 16% 的企业进入智能制造应用阶段；从智能制造的经济效益来看，52% 的企业其智能制造收入贡献率低于 10%，60% 的企业其智能制造利润贡献率低于 10%。智能制造的发展具有多重复杂性。但可喜的是，任何事物都是由弱小发展到强大的，智能制造的诸多领域，中国已经开始发出声音。

目前尚无正式的智能制造统计数据，工信部公布的智能制造试点示范项目具有较好的产业基础。据此可看出，我国智能制造多领域发展，项目涉及面广，覆盖 23 个行业，装备制造是重点扶持行业。2015 年试点示范项目有 46 个，其中第二产业 39 个，第三产业 7 个；2016 年有 63 个，其中第一产业 1 个，第二产业 61 个，第三产业 1 个。试点示范项目以装备制造业为主，2015 年 19 个；2016 年 33 个，占试点示范项目总数的 52.38%。

表 2-1   2015—2016 年中国智能制造试点示范项目行业分布

产业/行业	2015 年（个）	2016 年（个）
第一产业	0	1
农业	0	1
第二产业	39	61
石油和天然气开采业	0	1
黑色金属矿采选业	1	0
食品制造业	1	1
酒、饮料和精制茶制造业	1	1
纺织业	1	1

（续上表）

产业/行业	2015 年（个）	2016 年（个）
纺织服装、服饰业	1	1
家具制造业	1	1
造纸和纸制品业	0	1
石油加工、炼焦和核燃料加工业	1	1
化学原料及化学制品制造业	1	6
医药制造业	2	4
橡胶和塑料制品业	1	1
非金属矿物制品业	3	4
黑色金属冶炼和压延加工业	2	1
有色金属冶炼和压延加工业	2	2
汽车制造业	2	2
通用设备制造业	6	6
专用设备制造业	4	5
铁路、船舶、航空航天和其他运输设备制造业	3	3
电气机械和器材制造业	3	10
计算机、通信和其他电子设备制造业	3	8
仪器仪表制造业	0	1
第三产业	7	1
电信、广播电视和卫星传输服务	1	0
信息传输、软件和信息技术服务业	3	0
商务服务业	1	0
研究和试验发展	2	1
总计	46	63

资料来源：根据 2015 年、2016 年中国智能制造试点示范项目整理所得。

二、从数控机床到智能机床：有规模、待提质

机床是制造业的基础和关键，其发展经历了四个阶段：传统机械化机床阶段；数控技术形成自动化生产阶段；以信息技术为核心的计算机集成制造阶段；智能制造阶段，包括智能数控系统、智能元器件（传感器）、智能化应用技术开发等。从整体上判断，我国机床行业的发展处在第二、三阶段，距离第四阶段还有很长的路程。

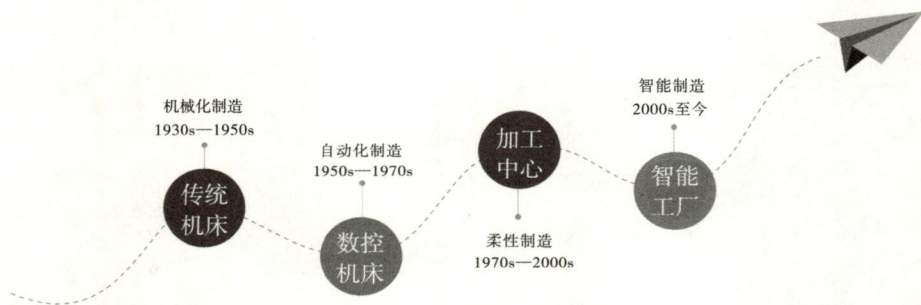

图 2-1　机床业发展阶段

（一）生产规模与消费规模全球领先

中国机床产值全球领先。2013 年中国机床产值近 250 亿美元，德国 150 多亿美元，日本 123 亿美元，意大利 57 亿美元，韩国与美国近 50 亿美元。世界前三大机床生产国占比为 57%，中国占 22.8%。2010—2014 年，我国数控机床产量分别为 23.6 万台、27.2 万台、30.6 万台、34.7 万台和 39.1 万台。

中国机床消费全球领先。2014 年中国机床消费约为 114.24 亿美元，约

占全球的 20%；美国约占 10.2%，德国约占 9.3%，韩国约占 5.8%，日本约占 5%，墨西哥约占 2.9%。

（二）金属加工机床贸易处于逆差状态

2014 年，中国金属加工机床出口数量为 830 万台，出口金额为 33.95 亿美元；2015 年为 841 万台，金额为 31.62 亿美元；2016 年 1—6 月为 368 万台，金额为 14.45 亿美元。其出口特征是：量高价低。因此，要谨防中国机床产业像轻工业产业那样沦为世界加工厂。其中，2014 年车床出口数量为 67 504 台，出口金额为 5.45 亿美元；2015 年为 68 620 台，出口金额为 4.72 亿美元；2016 年 1—6 月为 29 736 台，出口金额为 1.99 亿美元。2014 年铣床出口数量为 33 965 台，出口金额为 0.98 亿美元；2015 年为 36 210 台，金额为 0.95 亿美元；2016 年 1—6 月为 16 017 台，金额为 0.45 亿美元。这两者的出口特征都是量低价低。

表 2-2 中国金属加工机床出口情况

类别	2014 年		2015 年		2016 年 1—6 月	
	出口数量（台）	出口金额（亿美元）	出口数量（台）	出口金额（亿美元）	出口数量（台）	出口金额（亿美元）
金属加工机床	8 300 000	33.95	8 410 000	31.62	3 680 000	14.45
车床	67 504	5.45	68 620	4.72	29 736	1.99
铣床	33 965	0.98	36 210	0.95	16 017	0.45

资料来源：中国海关。

2014 年，中国金属加工机床进口数量为 106 118 台，进口金额为 108.26 亿美元；2015 年为 90 910 台，金额为 86.15 亿美元；2016 年 1—6

月为 36 556 台，金额为 39.80 亿美元。其进口特征是：量低价高。其中，2014 年加工中心进口数量为 44 454 台，进口金额为 43.38 亿美元；2015 年为 32 480 台，金额为 32.94 亿美元；2016 年 1—6 月为 11 882 台，金额为 15.05 亿美元。2014 年数控机床进口数量为 14 836 台，金额为 35.53 亿美元；2015 年为 18 584 台，金额为 30.06 亿美元；2016 年 1—6 月为 5 471 台，金额为 13.75 亿美元。这两者的进口特征都是量低价高。

我国金属加工机床贸易一直处于逆差状态。2014 年逆差为 74.31 亿美元；2015 年为 54.53 亿美元；2016 年 1—6 月为 25.35 亿美元。

表 2 - 3　中国金属加工机床进口情况

类别	2014 年		2015 年		2016 年 1—6 月	
	进口数量（台）	进口金额（亿美元）	进口数量（台）	进口金额（亿美元）	进口数量（台）	进口金额（亿美元）
金属加工机床	106 118	108.26	90 910	86.15	36 556	39.80
加工中心	44 454	43.38	32 480	32.94	11 882	15.05
数控机床	14 836	35.53	18 584	30.06	5 471	13.75

资料来源：中国海关。

（三）进口重在最终使用而非生产

从进口使用领域看，2013 年，中国大陆进口机床直接投放于最终使用领域的比例达 91%，欧美发达国家多在 50% 以下，日本仅 19%。发达国家进口机床多用于其生产制造环节，通过本国技术工艺进行深加工，实现产品增值再出售。而我国进口机床大部分用于直接使用环节，仍然处于"国外引进机器设备，本地化生产"的低端阶段。

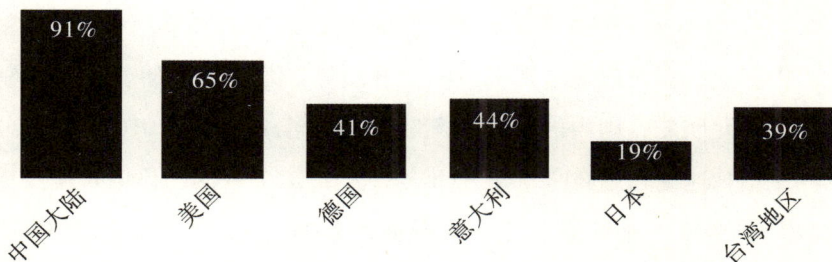

图 2-2 2013 年部分国家和地区进口机床直接投放于最终使用领域的比例

三、智能机器人：有规模、密度低、需重服务

智能机器人，可以感知（sense）周边环境，判断（think）状况，自行采取动作（act）。1961 年美国通用汽车公司开始使用工业机器人。20 世纪 70 年代至 80 年代德国和日本进军车用、电子产业用机器人领域。20 世纪 90 年代索尼宠物机器人、本田可行走机器人等服务型机器人崭露头角。21 世纪初，美国在医疗机器人、清洁机器人、物流机器人等服务型机器人领域引领全球。21 世纪以来，全球机器人产业发展迅猛。2014 年，工业机器人全球总销量超过 22 万台，全球每万名工人使用工业机器人 66 台。汽车制造业、电子电气制造业、金属制品业和橡胶塑料行业对工业机器人的需求巨大。服务型机器人发展迅速，手术机器人、空间机器人、仿生机器人等服务型机器人被大量投入实际应用。全球各大企业都在加大对机器人行业的投资，如谷歌收购十多家机器人相关企业；亚马逊计划使用物流机器人 Kiva 和无人机，推进其"子弹配送"物流服务；日本软银收购法国公司，推出情感识别机器人。

我国机器人产业快速发展。我国工业机器人的销售量，2012 年为 28 040 台，2015 年上升到 72 800 台；其中，本土供应商供应量，2012 年为

2 252 台，占 8.0%，2015 年上升到 23 000 台，占比 31.6%。从本土产量来看，国内工业机器人产量呈现明显的上升趋势，尤其是伴随着《中国制造2025》的深化实施，国内机器人的产量迎来跨越式增长。2016 年大部分月份的同比增长速度超过 20%，其中 6 月、8 月和 11 月的同比增长速度更是超过 50%，全年工业机器人月平均产量为 6 053 台，年产量从 2015 年的32 996 台增长到 2016 年的 72 426 台，增幅达 119%，同比增长速度为30.4%。2017 年 1—2 月，国内工业机器人进一步增长至 13 662 台，同比增长速度为 29.9%。服务型机器人在科学考察、医疗康复、教育娱乐、家庭服务等领域已经有了一系列代表性产品并实现应用。

表 2－4 中国工业机器人销售及本土供应情况

年份	全国销售量（台）	中国本土供应商	
		供应量（台）	比重（%）
2012	28 040	2 252	8.0
2013	36 600	9 000	24.6
2014	57 000	16 000	28.1
2015	72 800	23 000	31.6

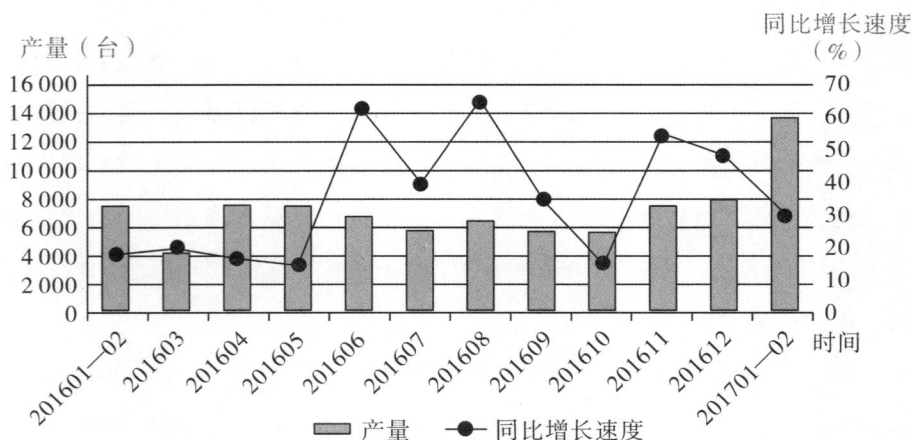

图 2－3 2016 年至 2017 年 2 月我国工业机器人产量和同比增长速度

2013年我国成为全球第一大工业机器人应用市场，2014年我国工业机器人销量为5.70万台，占全球的25%；2015年销量为7.28万台，占全球的30.3%。工业机器人保有量从2006年的1.70万台上升到2015年的约22万台。

但我国工业机器人的使用密度低。2015年年初发布的《世界机器人报告》显示，2014年全世界工业机器人使用密度最高的是韩国，每万名工人中拥有机器人数量为437台；日本为323台；德国为282台；中国为36台，只有全球平均水平（66台）的一半多。机器人领域的"四大家族"（瑞士ABB、日本发那科公司、日本安川电机、德国库卡）占据中国机器人产业70%以上的市场份额。

目前，全国十多个省份均已将工业机器人产业作为重点发展对象，相继布局工业机器人项目，但须谨防质低价廉的恶性竞争。机器人发展之势，是资本替代劳动之势。

富士康的选择

2011年，富士康"掌门人"郭台铭透露，未来三年间，富士康将增加生产线上的机器人数量，主要用于喷涂、焊接、装配等流水线工序。这是一种信号：在中国经济发展过程中，资本替代劳动将成为一种趋势，而且是一种不可逆转的趋势。

马克思在《资本论》序言中指出："工业较发达的国家向工业较不发达的国家所显示的，只是后者未来的景象。"也就是说，发达国家的今天，就是不发达国家的明天。在今天的欧美国家，资本密集型产业与技术密集型产业居多，人工是最贵的。中国作为制造业大国，其正在进行的实践，在某种程度上也将印证这种规律。

"春江水暖鸭先知。"这种规律的最先感知者是企业。企业是理性计算的主体，对市场的变化极其敏感，市场一变，马上理性应对。

富士康以机器人替代工人劳动是理性应对的具体表现。自从2010年富士康发生一系列事件之后，其劳动工资成本具有较大幅度的上升。未来时期，中国劳动工资的上升将是一种趋势。中国老龄化趋势的加速，将使劳动力供求格局发生变化，剩余劳动力无限供给的时代即将结束，中国将丧失劳动密集型的比较优势，"用工荒"有可能演变为常态社会问题。自2004年"民工荒"以来，农民工工资开始进入较快的上涨通道。

短期内，农民工工资上涨未对我国制造业的国际竞争力产生明显冲击，一个重要的原因是农民工工资基数低，企业储备了较强的工资消化能力，加薪是弥补历史欠账。

但长期来看，"加薪潮"后农民工工资已达到一个新水平，如果继续上涨，将耗尽企业的工资消化能力。近年关于中国人口红利所剩不多的意见，已经成为一种共识。而且，人口红利不在于人口的多少，而在于劳动工资的低廉。第一代农民工对吃苦耐劳低薪能够忍受，但第二代、第三代农民工，将越来越不愿意过着与父亲、爷爷那辈相同的辛苦劳作的生活。在这一背景之下，富士康作为一家大型的跨国代工企业必须要未雨绸缪，提前理性应对。让机器人替代部分员工劳动，就是其重要的一步。

富士康以机器人替代工人劳动是科学生产的具体表现。机器人的最大好处在于自动化、标准化与精密化。在特定的工序环节，机器人比工人将更具优势。像富士康这样的代工企业，其生产模式在于批量生产，在于规模效应，如果采用机器人进行劳动生产，那么毫无疑问将有利于生产线管理的标准化、自动化和精密化，比用工人更加容易实现自己的管理效果。这一次生产方式的转型，或许可以使富士康在未来人口红利彻底消失时，保持着自己的生产和竞争优势。从这个层面上说，富士康所进行的，可以认为是一种人口红利的再创造。

同时，由于机器人自身可以批量生产，富士康使用机器人的成本将是递减的。面对递减的资本成本（机器人成本）和递增的工资（劳动成本），选择资本替代劳动，是理性的。科学发展需要把握与遵循发展规律，富士康的选择告诉我们，转型已经开始了，而且必须开始了。

从发展趋势看，机器人不再是高价玩具。机器人产业价值链，正在从传统的硬件逐步转移到软件、内容和服务上。我国的总体状况是，机器人制造渐起风，服务应用刚起步，未来将向标准的机器人系统、机器人作业单元方向发展。

四、3D 打印：后起之秀正进步

3D 打印（添加制造或增材制造）被誉为"具有工业革命意义的制造技术"。全球 3D 打印总产值，2010 年为 13.25 亿美元，2011 年为 17.14 亿美元，2012 年为 22.04 亿美元，2015 年约为 40 亿美元，预测 2017 年将达到 60 亿美元，2021 年将达到 108 亿美元。

美国 3D 打印机数量占全球的 40%，德国和日本各占 10%，中国占 8.5%，已初步形成"以美国为龙头，德国和日本跟随，中国是后起之秀"的格局。目前 3D 打印技术最强的是美国、德国和以色列，排名前四位的企业分别是美国 3D Systems 公司、Stratasys 公司，以色列 Object 公司和德国 EOS 公司，这四个公司占全球接近 70% 的市场份额，形成寡头垄断的市场结构。

我国的 3D 打印技术研究始于 20 世纪 90 年代，已取得长足发展。目前 3D 打印技术专利申请数量逐年增长，以 10% 的份额居世界第 3 位。按中国在世界 3D 打印市场份额约 10% 计算，2014 年中国 3D 打印市场容量约为 28 亿元人民币，预计 2018 年将达到约 150 亿元人民币。目前 3D 打印作为工业制造的补充，已在模具制造、产品技术、航空航天、医学等领域得到应用。

《中国制造 2025》将 3D 打印列为智能制造发展方向之一进行重点扶持。《国家增材制造产业发展推进计划（2015—2016 年）》把 3D 打印提升到了国家战略层面。各地区均出台了支持 3D 打印产业发展的政策。一批创新型企业联手北京航空航天大学、清华大学等高校于 2012 年 10 月成立了中国 3D 打印技术产业联盟，2014 年 6 月在青岛成功举办了世界 3D 打印技术产业大会与产业博览会。

五、无人机："中国创造"代名词

2010 年以来，以大疆创新为代表的中国消费级民用无人机企业迅速崛起，多旋翼无人机成为民用无人机市场的主流机型。中国消费级无人机已处于国际前列，在市场份额，研发制造能力，应用广度、深度等方面均具有一定优势。2015 年全球消费级无人机龙头公司大疆创新销售收入同比增长超过 100%。大疆创新的无人机产品在美国商用无人机市场上所占份额已达 47%，在全球拥有近 70% 的市场份额。

各路资本和科技巨头纷纷跨界进入无人机领域。大疆创新 2015 年获得两轮共计 12 500 万美元的投资，目前估值超过 100 亿美元；国内其他无人机厂商如零度、亿航等，估值也都超过 10 亿美元。

2015 年深圳市无人机出口额为 30.9 亿元人民币。国内生产的民用无人机 80% 的市场在海外，成为我国为数不多的向国外输出、能够出口创汇的高科技产品。

目前我国有 150 多家民用无人机生产单位，初步估计已生产出 15 000 余架无人机。涉足无人机业务的上市公司包括洪都航空、山东矿机、山河智能等 15 家公司。极飞电子科技的总部位于广州，是国内最早开始研发多旋翼无人机的公司之一，目前服务于农业生产，颇具成效。此外，2007 年成立的零度智控也发展迅速。

六、工业软件与传感器：有基础、亟须提升

（一）嵌入式系统软件亟待发展

自 2011 年以来，我国软件和信息技术服务业无论是企业数量还是产业规模，抑或是业务收入都呈现出明显的上升趋势，发展迅猛。从企业数量来看，2011 年全国软件和信息技术服务业企业数量为 22 788 家，2016 年企业数量为 42 764 家，增幅达 87.66%，连续五年实现正增长，但是企业数量增长速度近年来有所放缓。

从产业业务收入及其构成来看，我国软件和信息技术服务业软件业务收入自 2011 年以来逐年增长，2016 年软件业务收入为 48 511 亿元，平均年增长率达 32.5%。分行业来看，信息技术服务是近年来我国软件业务收入增长的主要原动力，我国软件业的信息技术服务实现收入从 2011 年的 8 814 亿元逐年增加至 2016 年的 25 114 亿元，平均年增长率约为 36.99%，显著高于行业的平均增长水平。嵌入式系统软件实现收入在近年来的增长态势同样迅猛，从 2011 年的 2 805 亿元增长至 2016 年的 7 991 亿元，平均年增长率约为 36.98%。相比较而言，软件产品实现收入则从 2011 年的 6 158 亿元增长至 2016 年的 15 400 亿元，平均年增长率约为 30.02%，与行业平均增长水平持平。从各细分产业构成比例来看，2016 年我国软件业业务收入中的信息技术服务实现收入占比约为 51.78%，软件产品实现收入和嵌入式系统软件实现收入占比分别约为 31.75% 和 16.47%。由此可见，近年来我国软件和信息技术服务业实现产业快速发展，其中信息技术服务和嵌入式系统软件的增长速度较为显著，但从产业构成比例来看，嵌入式系统软件的产业规模有待提高。

亿元

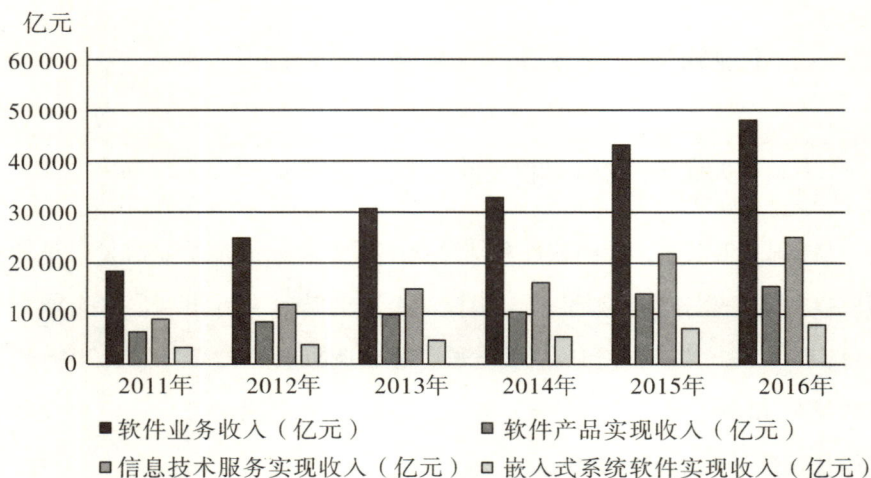

图2-4 2011—2016年我国软件业业务收入

从产品出口情况来看，2011年至2014年，全国软件业出口额连续实现正增长，从304亿美元增长至545亿美元。随后全国软件业出口贸易出现明显萎缩现象，2015年出口额降至495亿美元。虽然2016年全国软件业出口额有所回升，但仍未恢复至2014年的出口水平，仅为519亿美元。

（单位：亿美元）

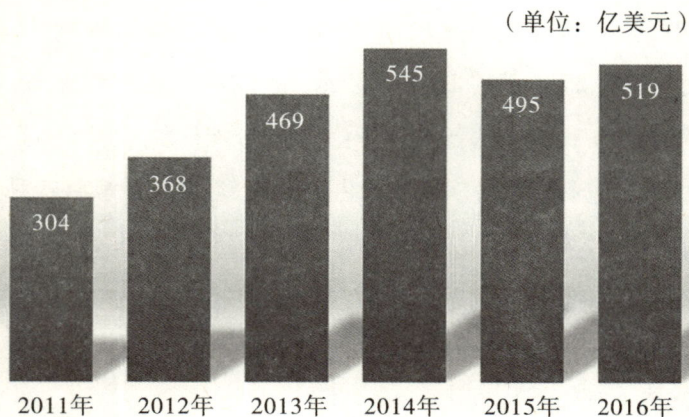

图2-5 2011—2016年我国软件业出口贸易情况

从区域分布来看，我国软件和信息技术服务业产业集聚特征显著，区域分布并不平衡。如图2-6所示，近五年来，东部地区的软件业务收入全国占比基本超过75%，2015年和2016年更是出现小幅增长。2016年，东部地区软件业务收入全国占比高达78.53%，而中部地区和西部地区的软件业务收入全国占比则较为稳定。相比较而言，东北地区的软件业务收入全国占比则出现一定程度的下降，从2012年的9.92%减少至2016年的5.79%。由此可见，我国软件和信息技术服务业在东部地区产业集聚发展的效应显著，但是近年来区域分布不平衡有逐步扩大的趋势。

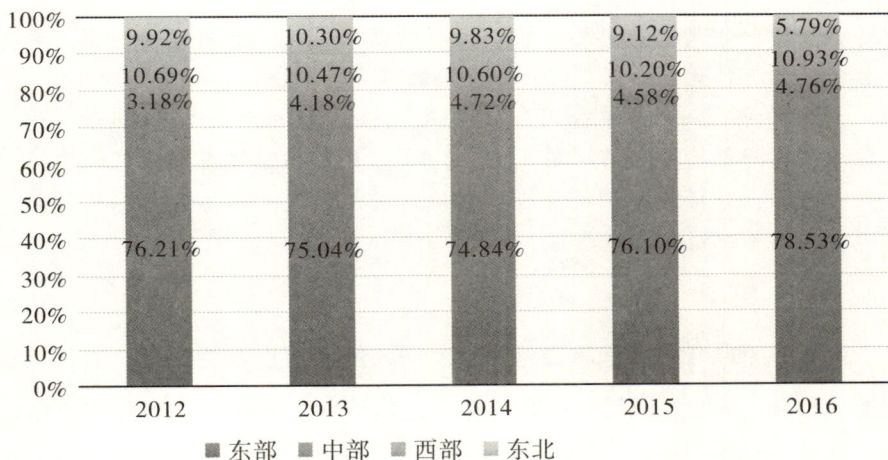

图2-6　中国软件和信息技术服务业区域分布占比

（二）传感器：物联的核心

传感器感受到的信息，可以按一定规律转换成电信号或其他形式的信息进行输出，其特点是微型化、数字化、智能化、多功能化、系统化、网络化，是实现自动检测和自动控制的首要环节。20 世纪 50 年代，结构型传感器出现，利用结构参量变化来感受和转化信号。70 年代初，固体型传感器发展起来，由半导体、电介质、磁性材料等固体元件构成。20 世纪末，智能型传感器出现并快速发展，它是微型计算机技术与检测技术相结合的产物，使传感器具有人工智能的特性。

传感器改变世界

苹果之所以能够掌控数字世界，就是因为其"触摸"技术。一部智能手机有 10～20 种传感器：摄像头和麦克风，是手机的"眼睛"和"耳朵"；陀螺仪和加速度传感器，测量用户的移动；心率传感器、代替数字密码的指纹传感器、识别海拔的高度计，以及感光传感器、动作传感器、位置传感器等。一个传感器可使一件普通产品得到新生。

2014 年巴西世界杯德国夺冠，SAP 公司的 Match In-Sight 运动管理程序被认为是德国队的"第 12 名选手"。该程序通过安装在选手身上的传感器，分析选手们的呼吸、心跳、瞬间速度等数据，为球队提供科学的训练方法和战术演练。

1986—1990 年，我国将传感器技术列入国家重点攻关项目，进行以机械敏、力敏、气敏、湿敏、生物敏为主的敏研究。1991—1995 年建立敏感元器件与传感器生产基地。1996—2000 年初步建立了敏感元器件与传感器产业。2001—2005 年开发新一代的高、精、尖传感器已具备条件。2006—2010 年逐步缩短与世界先进传感器技术国家间的差距。2011—2015 年形成较为完整的传感器产业链，材料、元器件、系统、网络等方面的水平不断提高，自主产品达 6 000 多种。目前，我国的传感器产业在国家政策的支持下，已经形成从技术研发、设计、生产到应用的完整产业体系，共有 10 大类，42 小类，6 000 多种传感器产品，中低档产品基本满足市场需求，产品

品种满足率为 60%～70%。但从行业产品结构看，老产品比例占 60% 以上，新产品则明显不足，其中高新技术类产品更少；同时，数字化、智能化、微型化产品严重欠缺。

七、智能消费：从智能手机到智能汽车、智能家居

（一）智能手机：TM 时代的 IM 产品

智能手机已经是必需品，而不是奢侈品。从产品产量来看，2016 年我国移动通信手持机呈现出逐步上升的增长趋势，其中的智能手机更是成为移动通信手持机行业产品产量增长的主要来源，从 2016 年 1—2 月的 21 628 万台增长至 2016 年 11—12 月的 31 732 万台，虽然 2017 年 1—2 月产量出现明显的周期性回落，但仍高于 2016 年同期的水平，达到 22 722 万台。

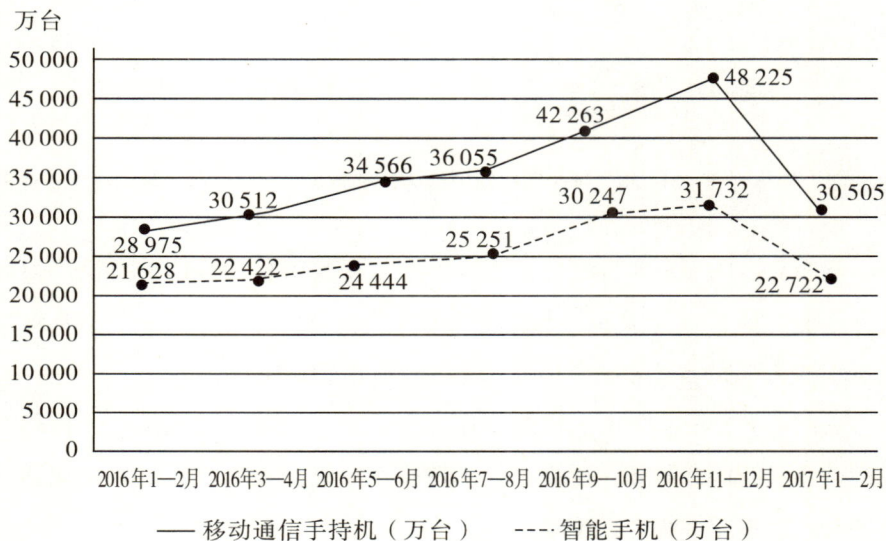

图 2-7　2016 年至 2017 年 2 月中国移动通信手持机和智能手机产品产量

　　从移动通信手持机和智能手机产品产量同比增长速度来看，两者均呈现出先增后减的增长趋势。2016 年上半年，无论是移动通信手持机还是智能手机，产品产量同比增长速度都在逐步增加，6 月份前者同比增长速度达 30.8%，后者也达到 25.7%。但是随后两者都出现了明显的增速放缓的发展态势，2017 年 1—2 月，两者同比增长速度分别下降至 4.1% 和 6.4%，不足 2016 年同期同比增长速度的一半。

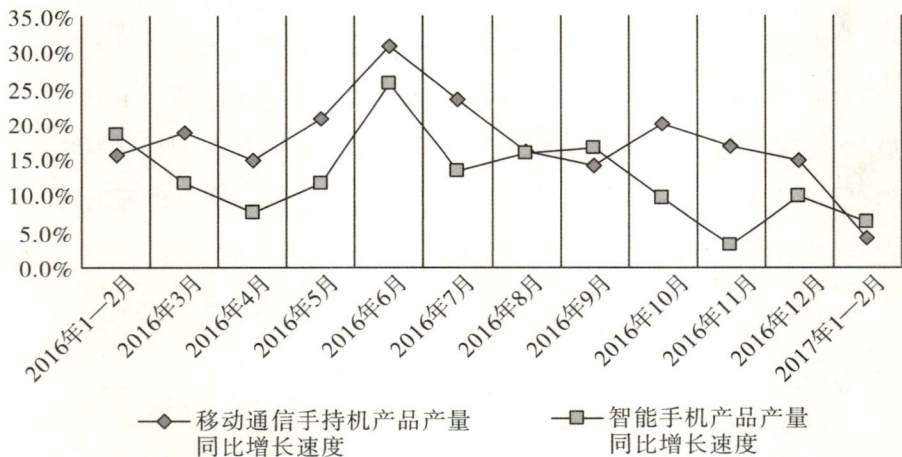

图 2－8　2016 年至 2017 年 2 月中国移动通信手持机和智能手机产品产量同比增长速度

　　从产品占比来看，目前智能手机已经占据我国移动通信手持机的绝对主导地位。从 2016 年产品产量占比来看，目前智能手机在行业中基本维持在 70%～75% 的占比水平，形成稳定的行业市场地位。

　　由此可见，由于智能手机的制造过程是加工组装的代工生产，智能手机的鼎盛时期即将落幕，即将进入成熟稳定时期。未来是手机软件和感应器的时代，感应材料将是关键。

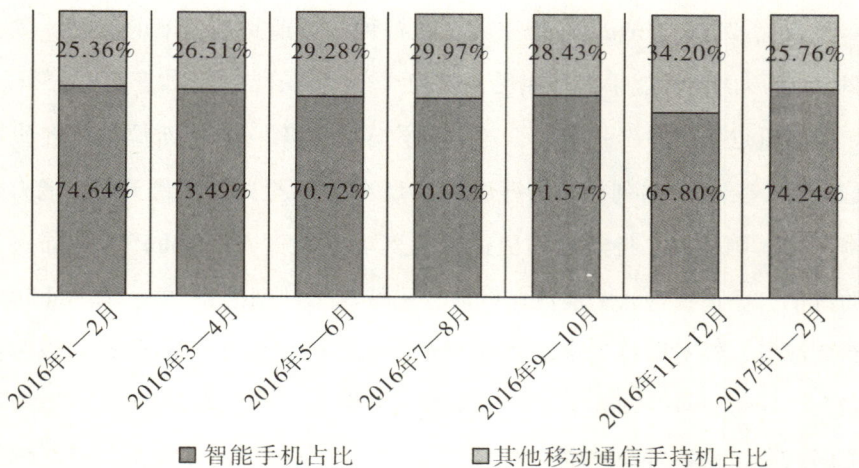

图 2-9 2016 年至 2017 年 2 月中国智能手机和其他移动通信手持机产品产量占比

（二）智能汽车：互联＋无人驾驶＋电动

汽车产业价值链开始重构，竞争力从传统机械零部件制造和组装能力逐渐转为 IT 制造和软件实力，过去是机械科技时代，未来是软件科技时代。2010 年汽车成本中电子零部件比重仅为 30%，2020 年将超过 50%。越来越多的 IT 企业从智能手机行业转移到智能汽车领域。苹果 2013 年发布了自行开发的车载操作系统。谷歌 2014 年成立了基于安卓操作系统的车载系统产业联盟。当互联网与电动汽车、无人驾驶汽车相结合时，驾驶方式、驾照制度、保险、交通体系等社会整体架构都将发生翻天覆地的变化。

德国已具优势。市场调查机构 Navigant Research 对全球 18 家主要车企的无人驾驶技术的比较显示，戴姆勒奔驰第一，奥迪和宝马分列第二、第三，德国车企全面超过美国和日本。戴姆勒无人驾驶系统"Highway Pilot"通过传感器获得信号，能主动识别车辆周边状况，实现自动行驶。奥迪无

人驾驶系统 "Pilot Driving" 则完成了在各种实际道路环境下的测试。宝马在 2015 年展出用智能手表呼叫无人驾驶汽车，演示自动寻找车位并停车。

美国重点领域并驾齐驱。全球电动汽车市场第一的特斯拉被业界称为 "汽车界的苹果"，名列福布斯评选的 2015 年度 "全球百家最具创新能力企业排行榜" 第一位。特斯拉推出的无人驾驶系统 "Auto Pilot"，不局限于电动汽车，已正式进入智能汽车领域。福特汽车计划准备 "Smart Mobility" 的新型服务，针对即将到来的智能汽车时代。巴克莱银行发布的 "破坏性移动"（Disruptive Mobility）报告预测，因无人驾驶汽车的普及，未来 25 年美国汽车销量将减少 40%。福特正从传统汽车制造商转变为基于车辆的新型服务移动企业（Mobility Company）。苹果启动由 600 人组成的下一代汽车项目 "Titan"，最终目标是智能汽车。斯坦福研究团队正在研究无人驾驶的电动汽车。2009 年谷歌汽车实现了无人驾驶。2015 年 12 月经济周刊 *Business Insider* 刊登了未来将主导无人驾驶汽车市场的五家企业：沃尔沃、戴姆勒奔驰、谷歌、苹果、特斯拉。

日本期待卷土重来。日本政府制定了 "下一代汽车战略" "环保型车辆普及战略" 等政策，计划在 2020 年东京奥运会上力争实现无人驾驶技术在交通服务和高速公路上的应用。丰田、本田、日产等日本车企加快无人驾驶、传感器、软件等技术的开发。据 SNE Research 公司的调查显示，排名全球电动汽车电池市场前三位的都是日本企业，占全球的 71%。日本错过了智能手机市场，便期待在智能汽车领域卷土重来。

中国智能汽车从收购开始。2012 年汽车零配件企业万向收购电动汽车电池厂商 A123。据市场调查机构 Navigant Research 统计，A123 的电动汽车电池市场占有率居全球第七位。万向通过此次收购，成为占据电动汽车市场高地的新贵。2010 年，吉利汽车收购瑞典沃尔沃汽车，计划到 2020 年将电动汽车的销售比重提高到 90% 以上，提前布局环保型智能汽车市场。东风汽车 2014 年完成了对法国汽车公司标致·雪铁龙的股权收购，后者实现了从巴黎到波尔多的 580 公里高速公路上的无人驾驶，并计划与东风汽车合作，在 2020 年同时在欧洲和中国推出新款电动汽车。

随着智能手机时代的落幕，IT 企业转向智能汽车。2015 年 12 月，百度成功实现无人驾驶汽车路演。阿里巴巴与上海汽车联手进军智能汽车领域。腾讯联合福特汽车，共同开发互联网汽车。乐视成立汽车事业部，计划推出第一款电动汽车，它与英国阿斯顿马丁汽车公司签订协议，加快其研发智能汽车的步伐。华为、富士康也都筹划进入智能汽车市场。

比亚迪电动汽车在 2015 年连续多月占据全球电动汽车销售榜第一位。在《财富》杂志评选的"2015 年 51 家改变世界的公司"榜单中，比亚迪名列第 15 位。

（三）智能家居：重在智能服务平台而非制造环节

以智能手机为代表的 IT 技术融入生活的各个方面，这得益于各种具有信息收集功能的低成本传感器、稳定高速的数据传输无线通信技术、存储和分析海量信息的云/大数据技术的发展。实现物联网的技术环境已具备，将家电连接起来不是一件难事。

但核心在于构建智能系统平台的企业。真正的智能家居要在完成智能城市、智能社区的构建后才能真正实现，需要把人和医疗、健康、交通等生活的各个领域联系起来，构建一个庞大的物联网。而要构建这个物联网则需要一个庞大的数据库，这个数据库包含了生活的每一个领域的数据。

调研显示，部分智能终端产品应用的物联网系统已进入使用状态。博西家用电器投资（中国）有限公司推出"家居互联"平台，远程操控，智能感应，为消费者打造精准化的智能体验。老板电器的有机形态厨房文化科技体验馆的智能系统颇有成效。

（四）服务型制造模式正在兴起

TM 时代，企业为市场提供产品；IM 时代，企业提供基于产品的服务。净水器，不仅仅卖产品，更提供持续的产品性能和水质检测云服务。无人机在农业领域，企业不是卖飞行器，而是提供植保的专业化服务。客户需要的不是产品，而是产品方案。从单纯提供产品的制造商向提供解决方案的供应商转型，是必然趋势。

第三章　智能制造的区际分布

看东方，

火炬赤旗舞，

万里红。

——毛泽东《满江红·庆祝我国第一次核试验成功》

核心观点：智能制造的空间分布，与 TM 时代具有相似性，东部沿海地区强，中部地区次之，西部地区较弱。长江三角洲、珠江三角洲、环渤海地区的智能制造业集群化分布格局初步显现。智能制造，依然看东方。

一、区际分布不均衡

目前尚无正式的智能制造统计数据，工信部公布的智能制造试点示范项目具有较好的基础，据此可看出我国智能制造的区际分布特征。2015 年智能制造试点示范项目 46 个，2016 年 63 个，共 109 个。

2015 年、2016 年各省、市、自治区智能制造试点示范项目数量表

省、市、自治区	数量（个）
山东省	15
广东省	11
北京市	7
上海市	7
浙江省	6
新疆维吾尔自治区	6
陕西省	6
辽宁省	5
湖北省	5
福建省	5
江西省	4
江苏省	4
内蒙古自治区	3
湖南省	3
河北省	3
贵州省	3
四川省	2
山西省	2
宁夏回族自治区	2
广西壮族自治区	2
安徽省	2
天津市	1
重庆市	1
云南省	1
黑龙江省	1
河南省	1
海南省	1
总计	109

东部沿海地区凭借资本和技术优势，在 2015 年、2016 年智能制造试点示范项目中占据了明显的数量优势，拥有 5 个以上试点示范项目的省份几乎悉数位于东部沿海地区。中部地区省份智能制造试点示范项目多数只有 1 至 2 个，远远落后于东部地区。东北地区作为传统工业基地，没有体现出其强大的工业基础发展优势，吉林省更是没有出现智能制造试点示范项目。如何促进老工业区转型升级，是我国智能制造必须解决的重大问题之一。西部地区由于资本、技术等要素禀赋较为缺乏，智能制造的发展进程明显落后于中东部地区，除新疆较为突出以外，西藏、甘肃和青海均没有试点示范项目。可见，智能制造如何避免区域发展不平衡，将成为必须解决的问题之一。

根据传统七大地理分区，智能制造试点示范项目区域差别极大，华东地区总计 43 个，约占 39%，远远超过其他地区。华北地区排名仅次于华东地区，占比仅为 15%，不足华东地区的一半；华南地区和西北地区占比均为 13%，三者构成智能制造的中等发展水平区域。华中地区、东北地区和西南地区的示范项目占比分别为 8%、6%、6%，均不足华东地区 1/3 的水平，是智能制造的欠发达地区。

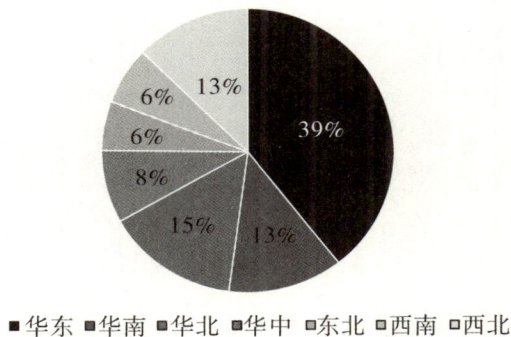

■华东 ■华南 ■华北 ■华中 ■东北 ■西南 ■西北

图 3 - 1 我国智能制造试点示范项目区域分布占比

资料来源：根据 2015 年、2016 年中国智能制造试点示范项目整理所得。

二、省际差异显著

山东、广东是智能制造试点示范项目的第一、第二大省，山东 15 个，广东 11 个。北京和上海凭借其技术和资本要素禀赋优势，均达到 7 个，并列第三。浙江、新疆和陕西均为 6 个，其中新疆凭借农业集约化发展和资源禀赋优势，项目涵盖电力、油田、化工等多个领域。辽宁、湖北和福建均为 5 个，其中福建 2015 年没有项目，但 2016 年新增 5 个项目，一跃进入全国前十的行列。

目前，除香港、澳门和台湾以外，智能制造试点示范项目已覆盖 27 个省、市、自治区，只有吉林、西藏、甘肃和青海尚无项目。

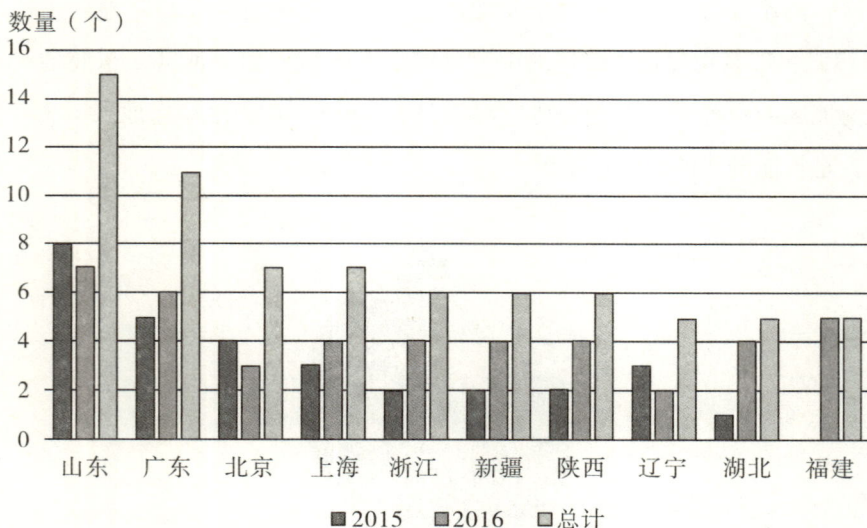

图 3-2　我国智能制造试点示范项目各省、市、自治区情况（全国前十）

资料来源：根据 2015 年、2016 年中国智能制造试点示范项目整理所得。

三、TM 时代与 IM 时代具有分布相似性

目前，我国智能制造尚未形成明显的产业集聚区特征，但基于 TM 时代产业园发展而来的 IM，具有空间分布相似性：东部地区最强，中部地区次之，西部地区较弱。

长江三角洲、珠江三角洲、环渤海地区智能制造业集群化分布格局初步形成。长江三角洲地区智能制造业以江苏、上海和浙江为核心区域。珠江三角洲智能制造业在人力资源、科技、资本等生产要素市场、产业配套能力和政策支撑等方面具备较为雄厚的发展基础。环渤海地区智能制造业以辽东半岛和山东半岛为核心区域。

根据企业调研，从智能制造技术及产学研一体化、智能设备及生产线、企业家精神、新产品及智能化服务等方面综合考察，东部沿海地区智能制造发展水平较高，长三角地区、珠三角地区、环渤海地区具有齐头并进的趋势。这与 TM 时代"珠三角、长三角、环渤海依次发展"的梯次格局有所不同。

第四章　智能制造的产业链分布

到处莺歌燕舞，

更有潺潺流水，

高路入云端。

——毛泽东《水调歌头·重上井冈山》

核心观点：制造业的核心在于"怎样生产"。用人力（劳动密集型）构筑产业链的"血肉长城"，难以抵过用自动化、标准化、精密化、智能化的机器构筑产业链的"钢铁长城"。调研发现，IM 时代，企业依然碰到 TM 时代的难题：核心元器件、自动化生产设备基本依赖进口，部分智能产品的生产以劳动密集型加工组装为主，部分科技型企业具备一定的国内价值链或区域价值链特征，离岸创新成为趋势。如何实现智能制造技术"高路入云端"，这个问题至关重要。

一、制造业的核心在于"怎样生产"

制造业，不仅仅在于生产了多少衬衣、皮鞋、洗发水、手机、空调等，更在于这些产品是怎样生产出来的。是用人力（劳动密集型）构筑产业链的"血肉长城"，还是用自动化、标准化、精密化、智能化的机器构筑产业链的"钢铁长城"？前者难以突破的窘境是"出口十亿条裤子才能换回一架飞机"；后者生产效率极大提升，实现收益递增。历史实践证明，"血肉长城"很难敌过"钢铁长城"。

用自动化、标准化、精密化、智能化的机器构筑产业链的"钢铁长城"，是必然选择。但问题的关键在于：这些机器来自何处？是购买（或租用）别国生产的机器，还是自己制造？纵观发达经济体的实践，制造业往往经历四个阶段：手工制造产品—用机器生产产品—用机器生产机器—出口机器。德国在欧洲主权债务危机中表现优秀的微观基础在于其生产设备的出口。日本作为产业立国的典范，其核心在于机器设备和产业基础元器件的出口。

TM 时代，我国制造业处于"机器＋人力生产产品"阶段，引进机器设备生产产品进而出口，"用机器生产机器"的环节在境外。未来时期，我们不仅要维持"机器＋人力生产产品"的世界地位，更要谋求"用机器生产机器"。智能制造，必须在这一新的起点上前进。

二、代表性企业的产业链分布①

（一）计算机、通信和其他电子设备制造业

1. LJ 公司

LJ 公司成立于 2006 年，2007 年正式投产，是韩国某著名电子企业的专业供应商在海外投资兴建的模组工厂之一。其经营业务范围为研究、开发、生产 LCD 系列产品及相应配套产品并提供相关售后服务。2009 年与广

---

① 根据调研保密要求，企业名称在此一律略写。

州市政府签署协定，预计投资 30 亿美元兴建 8.5 代 LCD 生产线。

其产业链分布特征：①劳动密集型加工组装，生产中间产品；②核心技术与元器件，韩国进口；③配套企业分布在开发区内；④韩资配套企业多，集群式引进；⑤自动化生产设备全部进口；⑥产品出口一部分，大部分供给国内厂商；⑦切入全球价值链，形成一部分国内价值链。其产业链的具体分布，如图 4-1 所示。

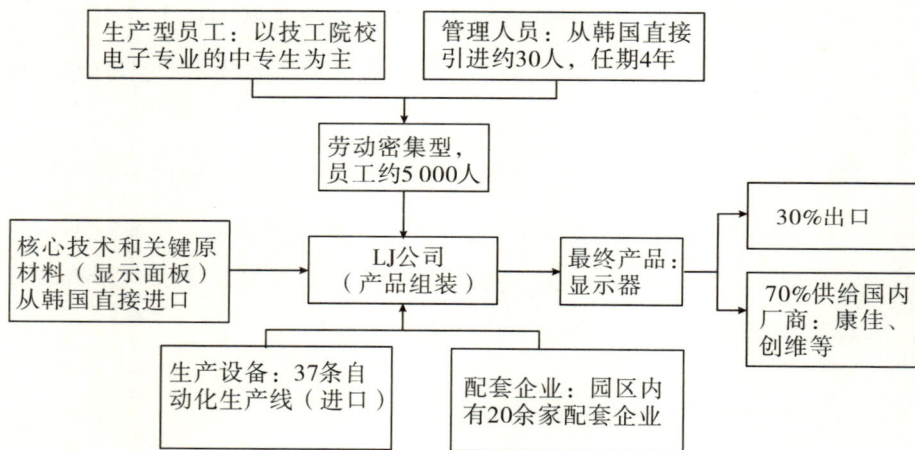

图 4-1 LJ 公司产业链分布

2. JP 公司

JP 公司作为全球知名电子合约制造服务商（EMS）之一，在电脑外围设备、数据传输、自动化及消费产品等多个领域，向全球各地的客户提供设计、开发、生产、装配、系统技术支持及最终用户分销等服务，主要客户包括 HP、PHILIPS、Emerson、Cisco、Xerox、GE 等国际知名企业。

其产业链分布特征：①劳动密集型加工组装，生产中间产品；②核心元器件全部进口，低端元器件在国内采购；③自动化生产设备全部进口；④产品绝大部分出口，供给国际知名企业，少量产品内销；⑤切入全球价值链，不具备明显的国内价值链特征。其产业链的具体分布，如图4-2所示。

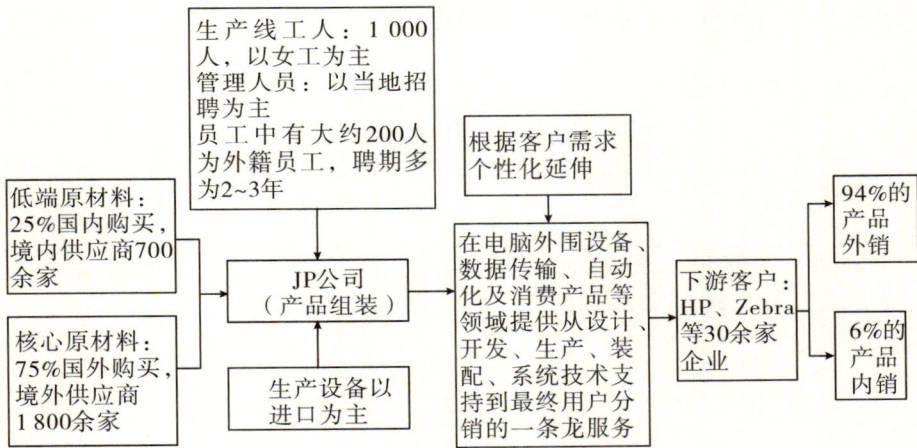

图 4-2 JP公司产业链分布

3. DB 公司

DB 公司的主要业务是为三星、华为、TCL 等手机厂商代工生产智能手机，专注于手机贴牌生产环节。

其产业链分布特征：①生产设备依赖海外进口（德国、韩国和日本）；②工业基础软件依赖进口，核心零部件由供货商直接提供；③生产人员主要来自海南、广西、江西等地，研发人员来自同业人员流动。

未来的重点：①技术改造，每条生产线改造成本约为 300 万元；②人力资本投入，培训投入每年 50 万~70 万元；③工业软件升级（物流系统、财务系统等）与管理理念升级。

DB公司所在地区正在谋求实现技术工人从普工到技工的转变，实现"人口红利"向"技术红利"的转变；正在搭建相关科技平台，如自动化研究所（智能制造）、互联网网络技术应用研究所、机器人研究所、离子科学中心、无人机研究院、互联网研究院等；正在构建检测公共平台如光电检测、食品检测等，部分企业专门制造检验平台。

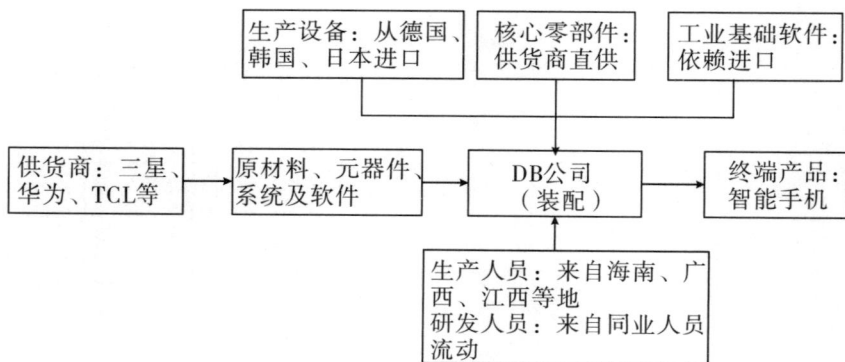

图4-3 DB公司产业链分布

（二）化学原料及化学制品制造业

1. AL公司

该公司为大型日化生产企业，提供保健食品、美容化妆品、个人护理用品、家居护理用品、锅具五大类，190多款产品。

其产业链分布特征：①生产线自动化程度高，工人起辅助作用；②生产的最终产品绝大部分在国内销售，其目的在于谋求国内市场；③自动化生产设备全部进口；④主要食品原材料依赖进口，化工原材料在国内采购；

⑤切入全球价值链，具有一定的国内价值链特征，但上游带动较弱。其产业链的具体分布，如图4-4所示。

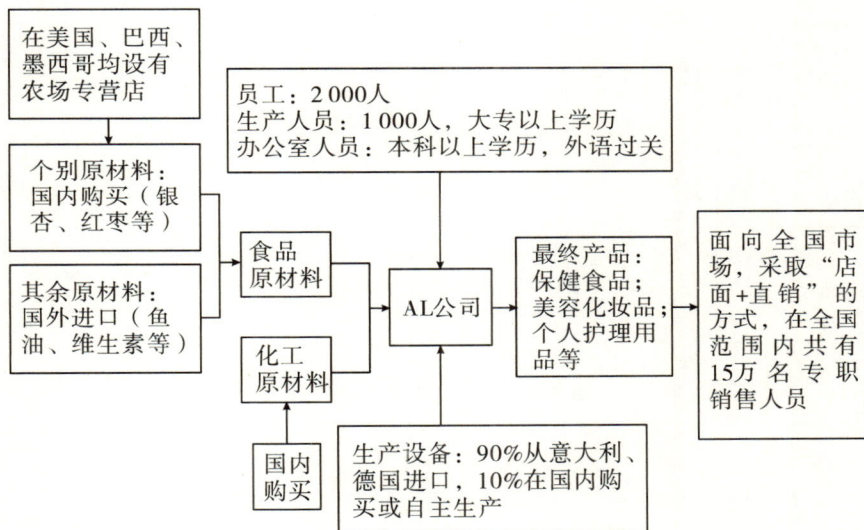

图4-4　AL公司产业链分布

2. ZX公司

该公司以生产大、中型注塑模具为主，兼营塑料制品、五金制品加工业务。拥有数控铣、线切割、复模机、火花机、注塑机等模具及注塑加工设备。

其产业链分布特征：①生产中间产品；②原材料主要在国内采购；③生产设备部分在国内采购，部分从国外进口，应用部分机械手，存在资本替代劳动现象；④产品主要供给在国内的跨国公司；⑤是跨国公司生产布局的一个节点，具有一定的国内价值链特征，但处于低端阶段。其产业链分布，如图4-5所示。

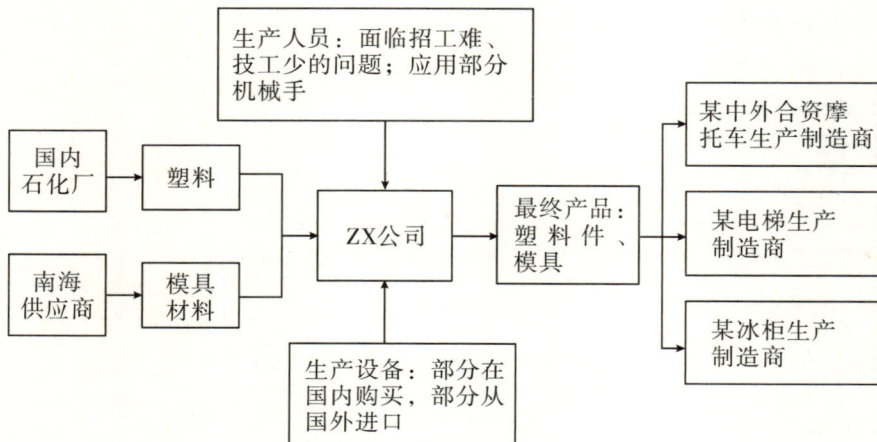

图4-5 ZX公司产业链分布

3. JF公司

该公司是一个从事高性能改性塑料研发、生产和销售的科技型上市民营企业。企业愿景是成为业界备受推崇的、全球最优秀的新材料企业。在中国的南部、东部、西南部、北部等地均设立了子公司和生产基地，是中国目前较大型的改性塑料生产企业，也是全球改性塑料品种最为齐全的企业之一。公司具备年产100万吨改性塑料的生产能力，主要有阻燃树脂、增强树脂、增韧树脂、塑料合金、功能母粒、全降解塑料、特种工程塑料、木塑塑料八大系列自主知识产权产品。

其产业链分布特征：①生产中间产品；②原材料主要在国内采购；③生产设备部分在国内采购，部分从国外进口；④产品供应国内外；⑤具有较好的国内价值链特征，处于产业链高端。其产品链分布，如图4-6所示。

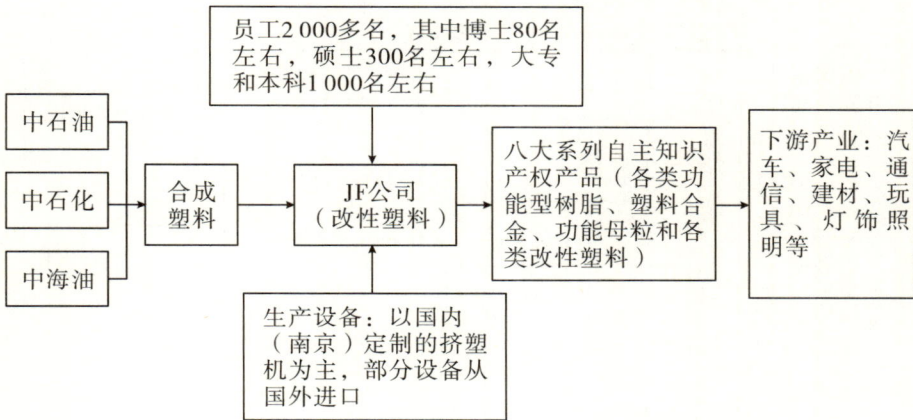

图 4 - 6　JF 公司产业链分布

（三）金属制品业

LS 公司是香港母公司投资设立的一个不锈钢深加工生产中心，对上游企业提供深加工服务，对下游企业提供加工配送服务，是某不锈钢有限公司的配套加工企业和核心代理商之一。

其产业链分布特征：①生产中间产品，并进行深加工；②上游市场主要为某不锈钢有限公司，下游市场主要在国内；③生产设备多数为进口，少量在国内采购；④应用部分机械手（机器人），存在资本替代劳动现象；⑤体现一定的国内价值链特征，但只是一个深加工的节点。其产业链的分布，如图 4 - 7 所示。

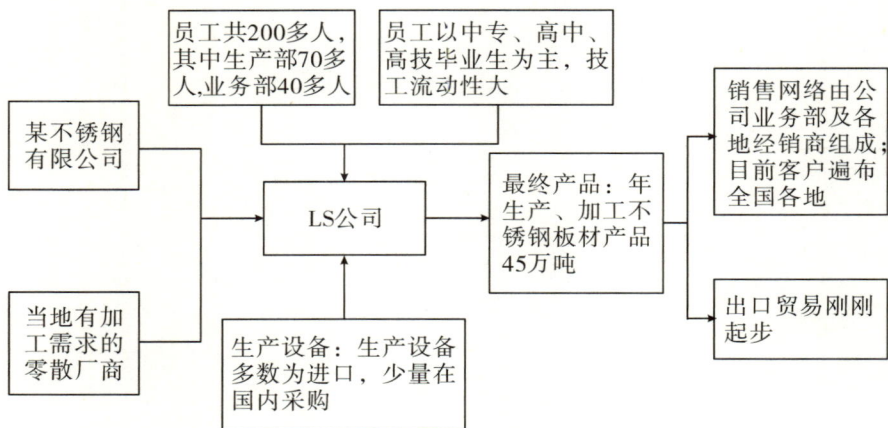

图 4 - 7 LS 公司产业链分布

（四）食品制造业

1. DYL 公司

该公司作为国内饮料包装机械行业的龙头企业和液态包装行业领先的设备供应商，专注于高速自动化饮料生产线的设备研发与生产，为全球客户提供液态产品工厂包装的全面解决方案。目前拥有 8 家全资子公司，服务网络遍布世界 50 多个国家和地区，产品应用涵盖整个制造业。

其产业链主要特征：①主要零部件和元器件依赖进口；②生产中间产品，市场遍及全球，与食品、饮料、日化等领域的诸多国内外知名品牌合作；③与可口可乐公司合作，实现产业链一体化，生产最终产品；④在本区域内具有一定的下游客户，具有一定的产业关联特征，但与上游产业关联度不大。其产业链分布，如图 4 - 8 所示。

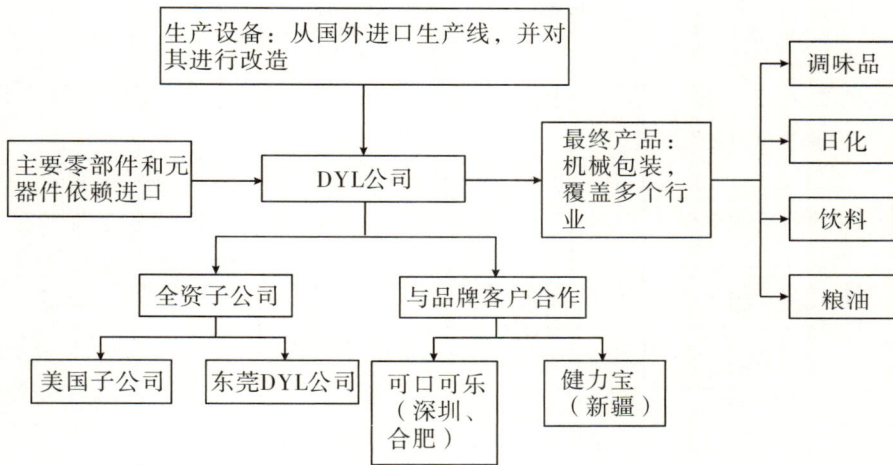

图 4 - 8 DYL 公司产业链分布

2. WW 公司

该公司作为某知名的综合消费食品集团旗下的一间子公司，主要负责生产及销售休闲食品、饮料、酒等 13 大类 100 多项产品。目前，该公司旗下共设 7 个工厂，均已通过 HACCP、ISO9001、QS 认证以及出口食品工厂卫生注册，产品销往世界 30 多个国家和地区，主要面向新加坡、中国香港等国家和地区。

其产业链主要特征：①原料主要在国内采购；②生产线设备从国外进口；③产品遍布全球；④在大陆市场具有较高的市场份额。其产业链分布，如图 4 -9 所示。

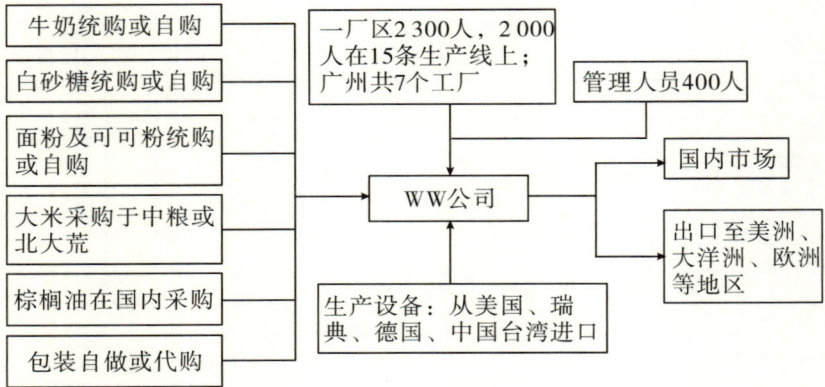

图 4-9 WW 公司产业链分布

（五）酒、饮料和精制茶制造业

1. DY 公司

该公司是国内某知名食品饮料公司旗下的子公司，成立于 1994 年，目前拥有广州厂、东莞厂、福州厂三个生产基地，负责华南地区（广东、广西、海南）食品饮料的生产与销售，并不断致力于研发从而使产品多样化，生产高、中、低不同价位的产品，满足市场需求。

其产业链分布特征：①生产最终产品；②目标市场是整个华南地区，是市场导向型企业；③原料大部分在国内采购，棕榈油从东南亚进口，开发区有配套企业；④自动化生产设备全部从国外进口；⑤具有一定的国内价值链特征，重在市场。其产业链分布，如图 4-10 所示。

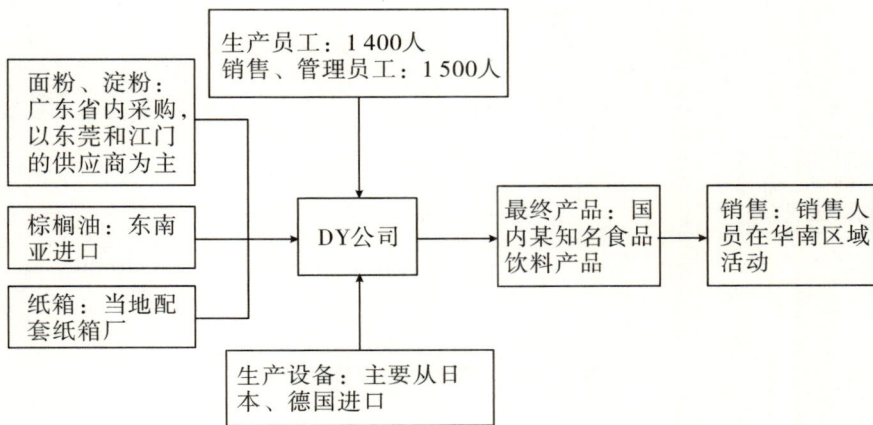

图4-10 DY公司产业链分布

2. MY公司

该公司为国内某知名专业制麦企业下属的生产企业，专业生产、经营浅色啤酒麦芽，是母集团公司的骨干企业，年销售额超过10亿元，年实现税收贡献超亿元，是中国麦芽行业历史悠久、技术领先、品质一流、客户信赖的先进企业。从1989年的10万吨生产线到目前的30万吨生产线，MY公司总是以"质量第一、服务第一、信誉第一"为服务宗旨，努力为客户供应优质的麦芽，主要客户囊括国内外知名啤酒企业。同时，MY公司还是国内最先开拓海外客户的麦芽企业之一，产品远销东南亚及非洲，最大限度地满足了客户对高品质麦芽的需求。

其产业链主要特征：①国内能供应一部分原料，但原料主要依赖进口；②生产线从国外进口；③产品主要在国内销售，部分出口。其产业链分布，如图4-11所示。

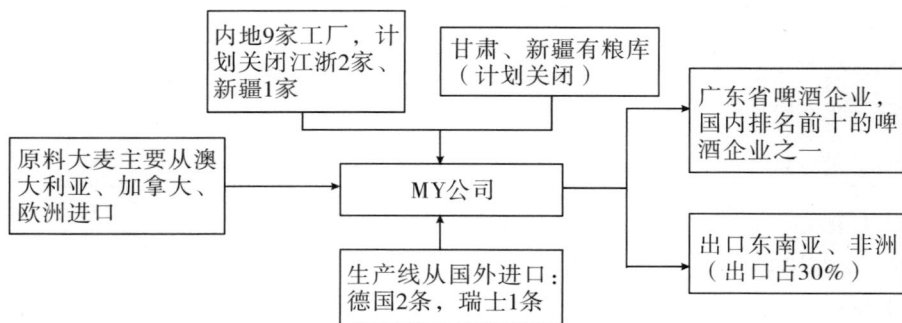

图4-11 MY公司产业链分布

3. DJ公司

该公司是母集团公司旗下某知名国内饮料品牌的华南区公司，成立于1995年11月，于1996年11月正式投产，主要负责华南地区（广东、广西、海南、香港、澳门）某集团品牌饮品的生产和销售，生产销售茶饮料、果蔬饮料、矿物质水，其中果蔬饮料是其经营的主要产品。

其产业链主要特征：①原料主要在国内采购；②生产设备依赖进口；③生产最终产品，主要客户在华南地区。其产业链分布，如图4-12所示。

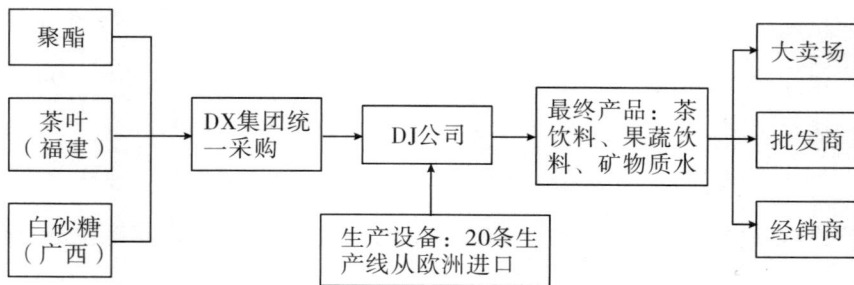

图4-12 DJ公司产业链分布

（六）农副食品加工业

1. DM 公司

该公司于 2002 年进入中国，首先在广州，继而在张家港成立了外贸公司，其业务主要包括油脂贸易、植物油精炼、棕榈油分提、散货仓储，以及皂粒、脂肪酸、医药级甘油、特种油脂产品的生产。公司以优质作为信念，致力于为客户提供有价值的产品和服务。该公司控股股东为在马来西亚吉隆坡证券交易所主板市场上市的一家以种植业为基础的集团公司。

其产业链主要特征：①原料主要依赖进口；②生产设备依赖进口，能源成本高；③生产中间产品，客户主要分布在华南地区；④同时提供贸易服务。其产业链分布，如图 4-13 所示。

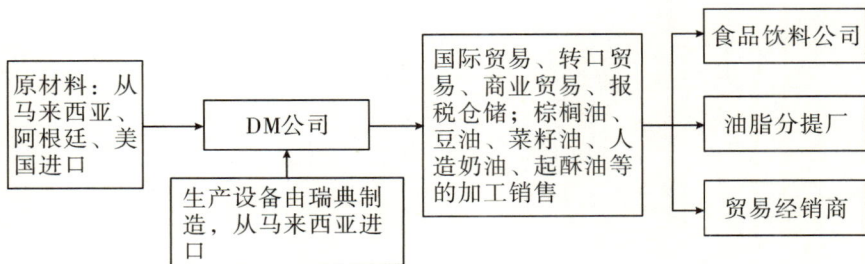

图 4-13 DM 公司产业链分布

2. TB 公司

该公司是以专业生产食品油脂抗氧化剂 TBHQ 为主，兼以研制开发生产各种复合食品添加剂、天然抗氧化剂的高新技术企业。自成立以来，始终以"创造一流产品，提供优质服务"为宗旨经营、管理企业，凭借优质产品和真诚服务，赢得了顾客的认同和口碑，在同行中树立了良好的企业形象和产品质量信誉。

TB 公司拥有先进的生产工艺和技术装备，配置齐全的检验仪器；有一套完整有效的质量保证体系，在同行中率先进行了国际质量管理体系 ISO9001 认证、犹太食品 Kosher 认证、清真食品 HALAL 认证。

其产业链主要特征：①主要原料在国内采购；②生产设备在国内采购；③生产中间产品，供给国内企业；④现在面临印度的产品倾销问题。其产业链分布，如图 4-14 所示。

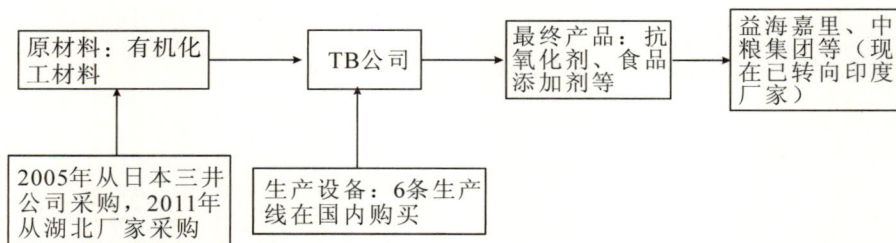

图 4-14   TB 公司产业链分布

3. YH 公司

该公司隶属于美国某世界 500 强企业和新加坡某粮油巨头企业在中国投资组建的粮油集团（YH 集团），母集团公司为一家集粮油加工和贸易、油脂化工、仓储物流、粮油科技研发等工贸业务为一体的多元化侨资企业。YH 公司主要涉足油籽压榨、食用油精炼、专用油脂制造、油脂化工、玉米深加工、大豆深加工、水稻循环经济、小麦深加工、食品饮料制造、粮油科技研发等产业。目前该公司是区域内知名的花生油生产企业，生产多个著名花生油品牌产品，产品包括小包装食用油、大米、面粉、挂面、米粉、豆奶、食品原辅料等。

其产业链主要特征：①原料主要在国内采购；②生产设备主要靠国外进口；③既生产中间产品，也生产最终产品，在大陆市场具有较高的市场份额；④产品呈现多元化特征。其产业链分布，如图4-15所示。

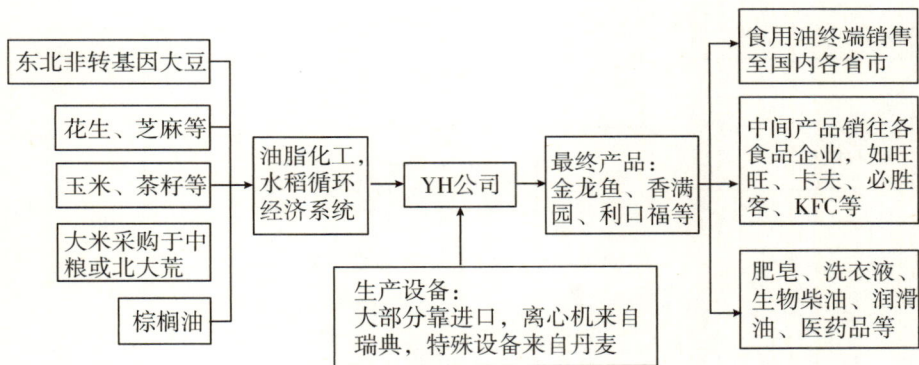

图4-15 YH公司产业链分布

（七）交通运输设备制造业

1. JKT公司

JKT公司是某世界知名变速箱生产厂家在海外独资设立的第二家生产基地，主要生产无极自动变速箱，搭载在天籁（TEANA）、轩逸（SYLPHY）、奇骏（X-TRAIL）、逍客（QASHQAI）、新阳光（NEW SUN-NY）、新骐达（NEW TIIDA）等车型上。其主要客户是东风日产乘用车公司、东风汽车集团股份有限公司乘用车公司。

其产业链分布特征：①生产中间产品；②自动化生产设备全部进口；

③上游核心元器件主要从日本进口；④下游主要供给跨国公司设立在大陆的企业；⑤处于全球价值链的一个节点，尚未形成上游带动效应。其产业链分布，如图4-16所示。

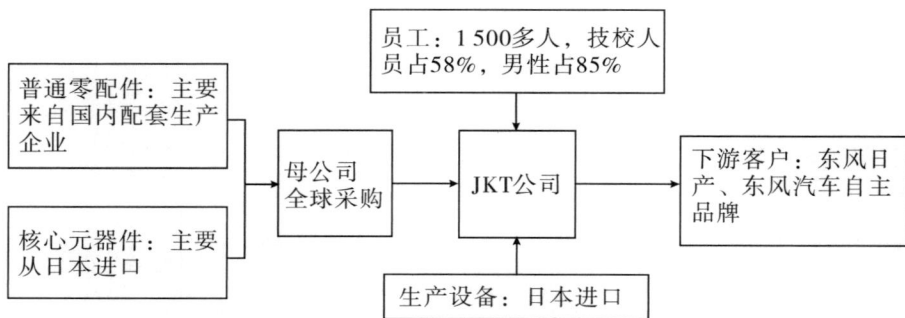

图 4-16　JKT 公司产业链分布

2. BT 公司

BT 公司位于某开发区的出口加工区，专门生产出口产品，主要是轿车与零部件的生产制造。

其产业链分布特征：①生产最终产品；②产品全部出口；③零部件在国内采购，但主要是日资企业；④自动化生产设备全部进口；⑤是跨国公司的一个生产节点，尚未形成国内价值链。其产业链分布，如图4-17所示。

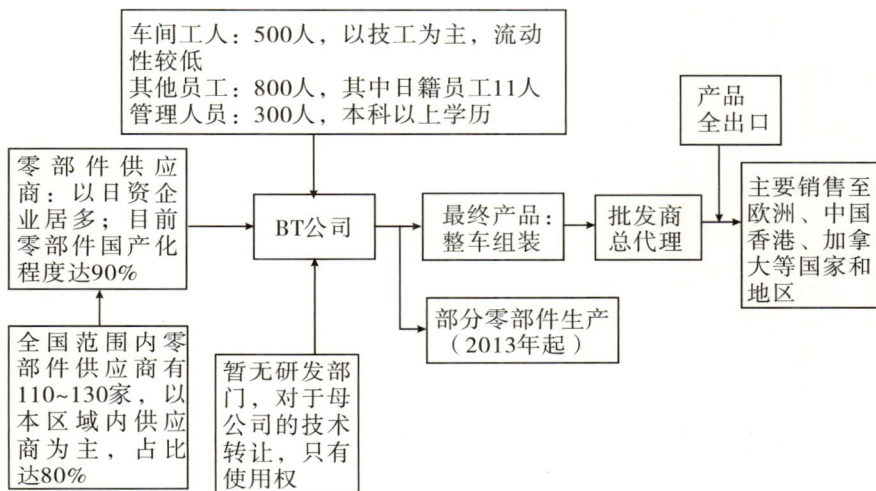

图 4 - 17　BT 公司产业链分布

3．JF 公司

JF 公司致力于民用无人飞机和飞行控制系统的研发与制造，已建立起全面的植保无人机作业规范。第三代植保无人机已在新疆完成万亩棉花地的验证和试运营工作。JF 公司相继推出全新智能农业无人机解决方案和无人机植保服务，以期通过科技力量改善传统农业对人工的依赖，提升农产品质量，降低生产成本，提升中国农业的国际竞争力。

其产业链分布特征：①生产设备，企业外包生产；②工业基础软件，自行研发；③核心零部件：进口为主 + 自行研发；④农业无人机研发人员 200 多名，合作机构为华南农业大学、华南理工大学、中山大学等高校。目前已形成以新疆尉犁县和河南西华县为主的两大服务基地，并在湖北、山东等十几个省设有作业服务组。其产业链分布，如图 4 - 18 所示。

农民需要整套服务，而不仅仅是设备。JF 公司将自身定位为服务提供商，提前在后台设计好农药喷洒路线。在新疆通过直营方式，直接面向农民提供服务，配备相应的技术团队解决撒药过程中的导航、气象、规避障碍物等多种难题；在其他省市通过合作加盟方式，由 JF 公司提供设备，对符合条件的加盟商进行人员培训、市场推广等多种服务。

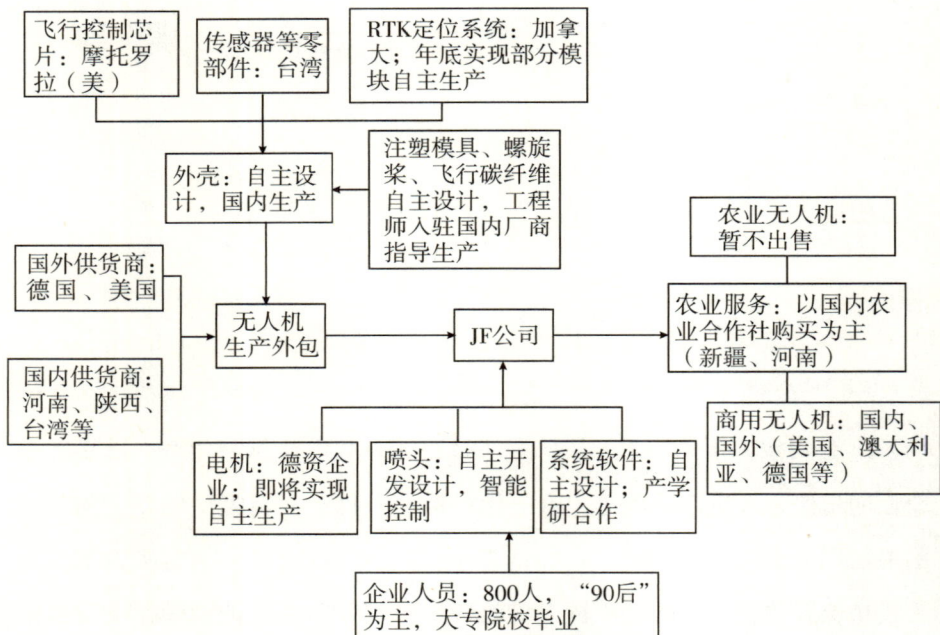

图 4-18　JF 公司产业链分布

4. LX 公司

该公司成立于 2006 年，是大型央企中船下面的一个子公司，目前有四个大型船坞，数座龙门吊，企业年生产值约为 30 亿元。相对于渤海口、长三角地区而言，LX 公司所在的珠三角地区目前在世界及国内的船东认可度欠缺，区域内的船舶上游产业基础较为薄弱，基本原材料等依靠从外省订购。

其产业链分布特征：①原材料主要从国内相关产业供应商处采购，例如钢铁主要来源于宝山钢铁和韶山钢铁；②电子设备则主要购买自浙江、上海；③公司根据厂商的订单需求，对原材料、零配件进行自主研发设计；④采用从韩国进口的生产线装备，组织国内员工进行最后组装；⑤在产品销售方面，该公司的产品下游客户主要有三大类，包括：国内的各相关行业（渔业和货运业等）、政府部门（海洋局等），以及国外（英国）相关行业。其产业链分布，如图4-19所示。

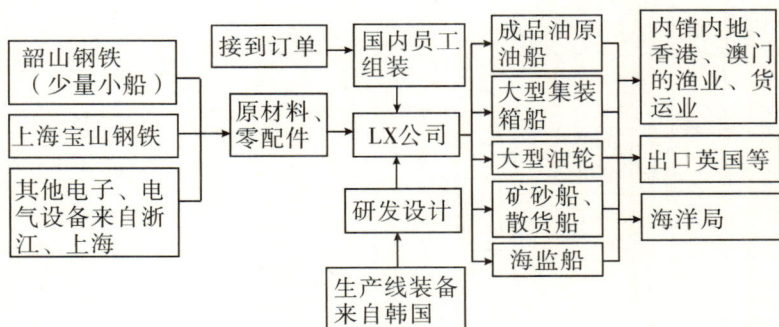

图4-19 LX公司产业链分布

（八）电气机械及器材制造业

1. NY公司

该公司创建于1985年，2008年在深圳证券交易所上市，专业生产电线、电缆以及配套用PVC材料等。其电线、电缆是中国名牌产品，拥有4条达到国内先进水平的35kV及以下三层共挤干法交联电缆生产线，引进德国在线检测测偏仪，拥有达到国内先进水平的电工机械设备和检测仪器300多台（套）。

其产业链分布特征：①生产中间产品；②主要原料在国内采购，关键绝缘材料从美国进口；③自动化生产设备部分在国内采购，部分从国外进口；④产品主要在国内销售，部分出口；⑤融入全球价值链，具有一定的国内价值链特征。其产业链分布，如图4-20所示。

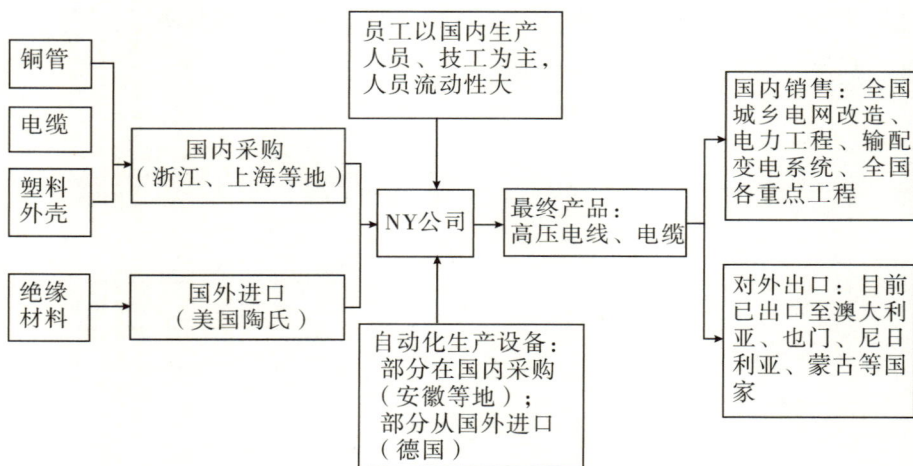

图4-20　NY公司产业链分布

2. JL公司

JL公司主要从事工业机器人及其核心部件、控制系统、柔性自动化技术的开发和制造，重点开发国产机器人及智能装备所需的控制系统与精密制造技术，致力于成为国内机器人及智能装备的领军企业。

其产业链分布特征：①生产设备自行组装；②工业基础软件依赖进口；核心零部件以进口为主，也有自主研发；③研发人员130人，未来将建成

600 人的研发团队；④合作机构，包括以色列、德国等国家的企业，以及清华大学等国内高校；⑤产品稳定性较日本、德国、以色列等国的产品低。其产业链分布，如图 4 – 21 所示。

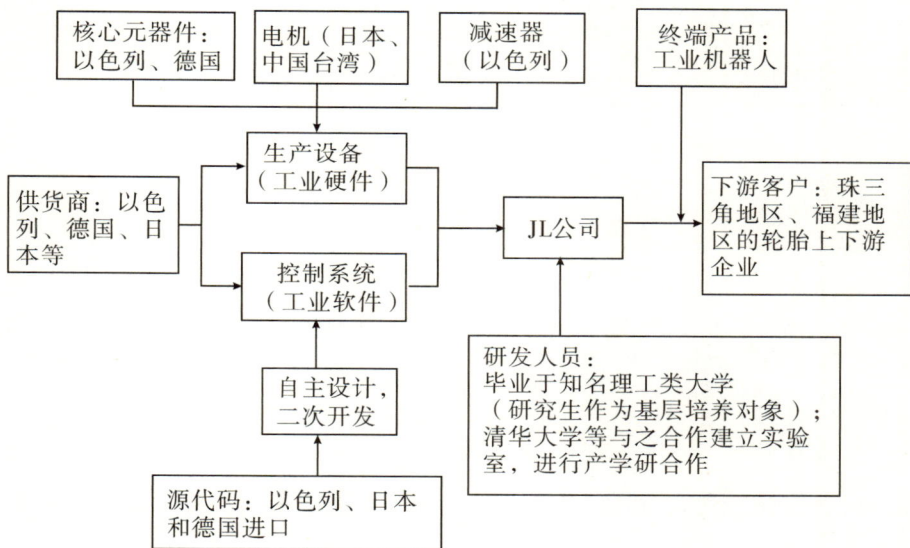

图 4 – 21　JL 公司产业链分布

（九）医疗器械制造业

GEH 公司是生产核磁共振所用超导磁体等相关医疗影像产品的公司的在华生产基地。其着力于供应链生产制造能力的本土化全面升级，运用工业互联网技术构建智能制造生产基地。其产业链布局显示出，跨国公司的在华企业进行区位选择、生产经营、研发合作时，主要基于市场导向而非成本导向。其产业链分布，如图 4 – 22 所示。

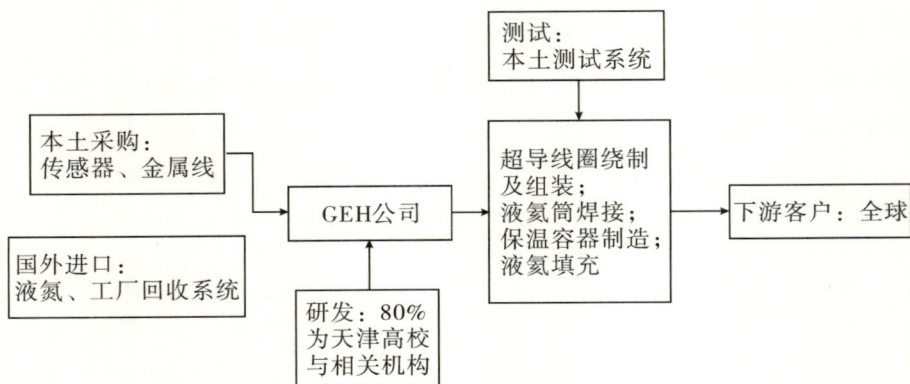

图 4 - 22   GEH 公司产业链分布

（十）创新型科技企业

1. RB 公司

该公司是一家以 siRNA 化学合成、siRNA 药物开发和技术支持服务为核心的生物高新技术企业，在技术上依托美国麻省大学医学院和中国科学院广州生物医药与健康研究院。其核心项目在 RNA 研究领域处于世界领先地位，在 RNA 合成和修饰方面拥有多项技术专利。2003 年首次成功利用 siRNA 阻断 SARS 病毒的复制。公司提供 siRNA 化学合成服务及相关技术支持，开展与 siRNA 药物开发相关的应用研究。2006 年度诺贝尔生理学或医学奖获得者美国科学家克雷格·梅洛为公司的科学顾问。目前国内拥有处于国际领先水平的 siRNA 化学合成的全部核心技术。

其产业链分布特征：①生产一次性科研试剂；②原料主要来自国内；③产品主要在国内销售（含香港、台湾）；④生产设备全部从美国进口；⑤科技型企业，技术依靠美国学者；⑥融入全球价值链，具有一定的国内价值链特征。其产业链分布,如图 4 - 23 所示。

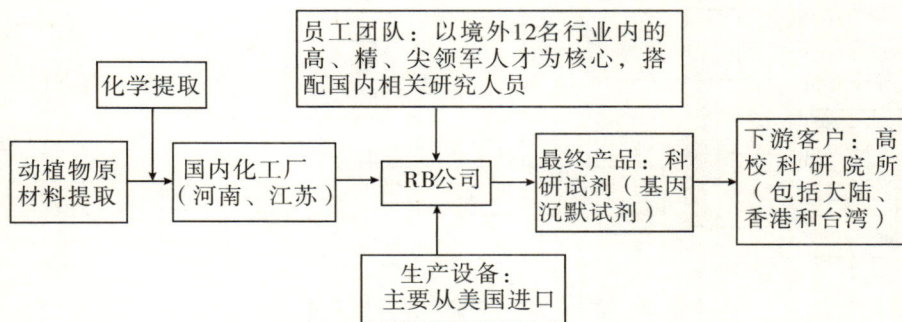

```
                    ┌──────────────────────────┐
                    │ 员工团队:以境外12名行业内的 │
                    │ 高、精、尖领军人才为核心,搭 │
     ┌────────┐     │ 配国内相关研究人员          │
     │ 化学提取 │     └──────────────────────────┘
     └────────┘                  │
         │                       ↓
┌────────┐  ┌──────────┐  ┌──────┐  ┌──────────┐  ┌──────────┐
│动植物原│→│国内化工厂  │→│RB公司│→│最终产品:科│→│下游客户:高│
│材料提取│  │(河南、江苏)│  │      │  │研试剂(基因 │  │校科研院所 │
└────────┘  └──────────┘  └──────┘  │沉默试剂)  │  │(包括大陆、│
                             ↑       └──────────┘  │香港和台湾)│
                      ┌──────────┐                 └──────────┘
                      │生产设备:  │
                      │主要从美国进口│
                      └──────────┘
```

图 4 - 23 RB 公司产业链分布

2. YC 公司

该公司成立于 1997 年,是一个著名的工业设计产业集团,涉及电视、汽车、IT 等行业,服务全球近 300 家客户。其三大支柱业务为:黑色家电、汽车、白色家电。DMS(Design & Manufacture Services)创新产业模式——以工业设计为先导,将包括设计、模具、结构、注塑、喷涂、钣金等环节在内的完整产业链条打通,形成了设计与制造相结合的服务模式,为客户提供工业设计方案和工业设计产品。

其产业链分布特征:①生产中间产品;②原材料主要从开发区企业内采购,具有较大的区内产业关联效应;③产品主要供应国内厂商;④自动化生产设备部分进口;⑤具有较强的区域价值链特征。其产业链分布,如图 4 - 24 所示。

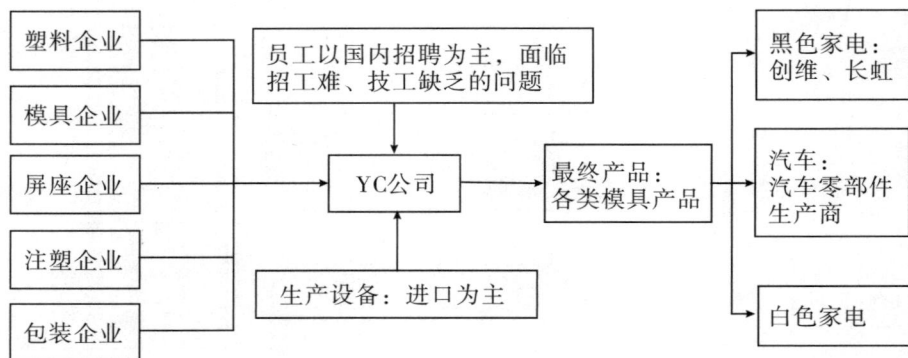

图 4 - 24　YC 公司产业链分布

　　YC 公司还与某上游塑料企业 JF 公司形成产业链的密切联系，共同构建了区域产业价值链。JF 公司与 YC 公司之间以塑料产品及相关技术为产业联系纽带，构成了整个工业产业链中重要的一环。JF 公司是自主研发改性塑料，YC 公司则是自主研发工业设计并进行相关制造等，二者代表区域内产业链转型升级的重要方向。

　　不同产业组织的生产技术有不同的要求，其产品结构的性能也不同。在生产过程中，一个企业不是被动地接受其他相关企业的产品或劳务，而是依据本企业的生产技术特点、产品结构特性，对其所需相关产业的企业产品和劳务提出各种工艺、技术标准和质量等特定要求，以保证本企业的产品质量和技术性能。而这一要求将使得产业之间、企业之间的生产工艺、操作技术等方面产生必然的联系。JF 公司与 YC 公司之间的这种高度依存的产业组织联系，不但有助于这两个企业本身的自主研发以及持续良性发展，而且是整个产业链转型升级的关键一环，对区域产业转型升级将起到重要的示范作用。

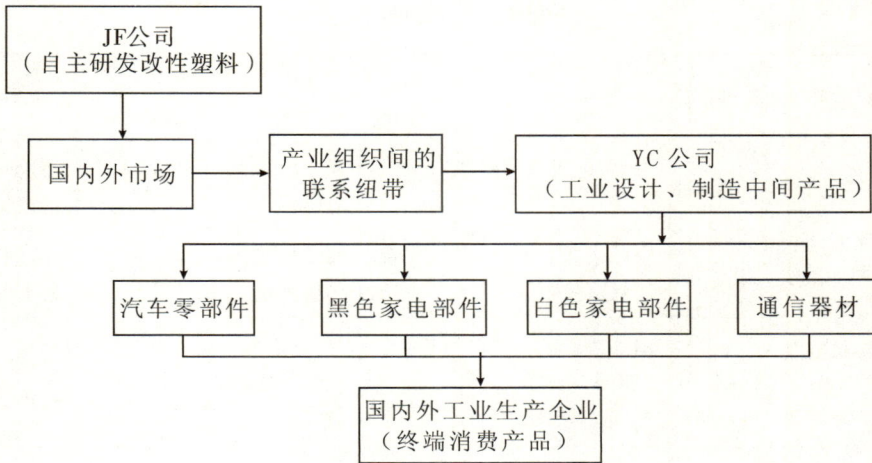

图 4 – 25   JF 公司—YC 公司产业链联系

三、产业链分布特征

通过对珠三角、长三角、京津冀地区的企业的调研发现，IM 时代，企业依然碰到 TM 时代的难题。通过对被调研企业的产业链分布进行汇总分析可知（如下表所示），目前智能制造业的产业链分布呈现出以下特征：

调研企业产业链分布表

行业类别	调研企业	产业链			生产设备来源	企业类型
		上游	生产产品	下游		
计算机、通信和其他电子设备制造业	LJ 公司	主要是韩国总公司	中间产品	30% 出口，70% 内销	进口	劳动密集型
	JP 公司	全球采购；75% 原材料进口	最终产品，贴牌产品	94% 出口，6% 内销	进口	劳动密集型
	DB 公司	国外供货商（德国、日本、英国、美国）	最终产品，贴牌产品	大部分内销	进口	劳动密集型
化学原料及化学制品制造业	AL 公司	食品原材料进口；化工原材料国产	最终消费产品	以国内销售为主	进口	资本密集型
	ZX 公司	国内石化厂、南海供应商	中间产品	国内的跨国公司	多数是国产，少量进口	劳动密集型
	JF 公司	国内采购	中间产品	国内外市场	国产、进口	知识密集型
金属制品业	LS 公司	某不锈钢有限公司、零散厂商	中间产品	市场主要在国内	进口、国产均有	劳动密集型
食品制造业	DYL 公司	主要原材料和核心零部件进口	最终产品	国内外市场	国外进口生产线，自主改造	资本密集型
	WW 公司	原材料国内采购或代购	最终产品	国内外市场	国外进口	劳动密集型

（续上表）

行业类别	调研企业	产业链			生产设备来源	企业类型
		上游	生产产品	下游		
酒、饮料和精制茶制造业	DY公司	国内采购，东南亚采购	最终消费产品	主要是华南地区销售	进口（日本、德国）	劳动密集型
	MY公司	原材料从澳大利亚、加拿大、欧洲等地进口	中间产品	70%国内企业；30%出口东南亚地区	进口（德国、瑞士）	资本密集型
	DJ公司	原料主要国内采购	最终产品	国内销售为主	进口（欧洲）	劳动密集型
农副食品加工业	DM公司	原材料从马来西亚、阿根廷、美国进口	中间产品	客户主要在华南地区	瑞典制造，马来西亚进口	资本密集型
	TB公司	原材料国内采购	中间产品	国内市场	国内购买	资本密集型
	YH公司	原材料国内采购	中间产品、最终产品	国内市场	大部分进口（瑞典、丹麦）	资本密集型
交通运输设备制造业	JKT公司	主要是日本总公司	中间产品	东风日产	进口（日本）	劳动密集型
	BT公司	与广州本田共享供应商	最终整车产品	全部出口	进口	劳动密集型
	JF公司	国内供应商居多，部分国外供应商	最终产品	国内市场为主	核心元器件进口，部分设备自主设计、国内生产	资本密集型
	LX公司	原材料国内采购	最终产品	国内外市场	生产线装备从韩国进口	资本密集型

（续上表）

行业类别	调研企业	产业链			生产设备来源	企业类型
		上游	生产产品	下游		
电气机械及器材制造业	NY 公司	进口、国内采购均有	最终产品	主要是国内销售	进口、国产均有	劳动密集型
	JL 公司	以国外供货商为主	中间产品	国内市场为主	进口为主	资本密集型
医疗器械制造业	GEH公司	以母公司供货为主	中间产品	国内外市场	工业硬件进口	劳动密集型
创新型科技企业	RB 公司	国内河南、江苏等地采购	最终产品	高校研究机构	进口（美国）	知识密集型
	YC 公司	国内采购	中间产品	国内市场	进口	劳动密集型向知识密集型过渡

（1）核心元器件依赖进口。控制设备及工业软件依赖进口，部分企业能够做到二次开发。减速器（质量取决于钢材原料）依赖进口，不是技术不行，而是原料质量不过关。电机依赖进口。传感器核心材料依赖进口。以工业机器人行业为例，其核心部件包括机器人本体、减速器、伺服系统、控制系统四部分。减速器、控制系统、伺服系统等关键零部件的核心技术，掌握在瑞士 ABB、德国库卡等国际巨头手中。精密减速机市场由日本厂商垄断。伺服系统的主流供应商是日本松下、安川电机和德国倍福、伦茨等，控制器的主流供应商是美国和英国的公司。

（2）自动化生产设备全部或绝大部分依赖进口。高端的生产设备均是进口的，而国产的生产设备一般较为低端，往往只能应用于低端的生产环节，我国企业并没有在真正意义上实现生产工艺的技术性突破，只不过是伴随着资产规模的扩大，从曾经的购买单条先进生产线，到如今一掷千金地购买、引进整个生产车间，甚至直接收购外国制造业企业。这种方式虽然在短期能够促进我国生产技术的提高，但在某种程度上降低了我国装备制造业自主创新的发展需求，制约产业向资本密集型、技术密集型转型升级。这也是国内制造业进一步发展难以跨越的一个门槛。此外，在全球化产业链条中，如果只是处于简单加工组装环节，中间投入的生产设备依赖进口，产业关联效应将会"外移"，该产业无疑会陷入低端锁定的陷阱之中。在未来时期，如何研发制造自动化、标准化、精密化、智能化的生产设备，如何摆脱依赖进口的困境，这是中国面临的一个关键问题。

（3）部分智能产品的生产依然以劳动密集型加工组装为主。产品虽然智能了，生产形式却依然是 TM 时代的。电子产品企业依然显示出行业劳动密集型的特点。

（4）部分科技型企业具备一定的国内价值链或区域价值链特征，这类企业技术性特征明显。这些企业既谋求规模经济，又谋求范围经济。这类企业的自主创新与产业链联系，代表着企业转型升级与集群式发展的方向。基于产业链联系的集聚，更能充分发挥专业化分工与协作的效率优势。

四、离岸创新和全产业链竞争

调研显示，部分智能制造企业已在境外设立研发中心。这是一个趋势，也是一个理性选择，但其设立动机与欧美跨国公司不同。欧美跨国公司设立海外研发中心，重在资源获取和提高市场跟踪能力。我国企业设立海外研发中心，一是利用获取的境外创新资源和智力支持，侧重于立足市场需求的应用技术开发和转移；二是为了与国际专利标准接轨，按照国际标准申请专利，以便未来应对知识产权争议。后者更重要。

> 如果一个国际专利官司输了，可能就倾家荡产了，企业就破产了，就垮了。专利官司输不起啊！必须要与国际标准接轨，按国际标准来！
>
> ——某被调研企业负责人

离岸创新中心，是国际合作创新的一种模式。尤其是在互联网时代和全球化时代，离岸创新中心秉承国际创新与合作理念，通过推动国际研发中心与国内创新基地相互协调、相互激励，从而实现国内外市场与资源整合。其核心是创新要素的自由流动，不求所有，但求所用。其主要设计思路是：一方面，促进我国企业"走出国门"，与国际一流大学或知名科研机构共同建立研究院等研究中心，整合当前世界最先进的研究成果和科研人员，对产品进行开发研究，提升产品核心竞争力。另一方面，企业可以依托在国外所获取的相关研究成果，以国内知名高校研究院为合作主体，对其进行二次开发，使产品更符合国内的市场需求，形成"产学研"技术创新体系。

从全产业链竞争的角度来看，智能制造取得较好进展的企业，既是专注的，又是开放的。专注，企业要做出精致的产品，不能涉足太多领域；开放，需要跨越时空，顺势而进。IM时代的生产组织方式、平台模式渐成主流，企业的边界逐渐模糊。产品运营，短周期逐步替代长周期，速度极为重要。在新工业革命背景下，在智能制造的发展浪潮中，随着各种先进制造技术的应用，如3D打印技术、柔性制造系统等，未来时期单个产品的生产成本与大规模生产产品的单位成本几乎没有差别。因此，在未来的生产过程中，企业的生产成本随着产量的增加而下降的幅度会越来越小，成本曲线将会逐渐平缓，传统意义上的"微笑曲线"将不再"微笑"。依靠企业规模扩大，从而获取生产成本优势，进而取得较高行业地位的时代将一去不复返。

　　随着人们收入水平的不断提高，消费需求也在发生根本性的变化，单纯的物质需求正在向非物质需求转变，"多样化、个性化、差别化"成为需求的基本特征。需求的变化不仅催生了柔性制造系统，引导着"小批量、多品种"的生产方式跃上了主流生产方式的地位，还使得企业或地区不再一味寻求生产经营规模的扩大，而是更加追求生产产品的个性化与差异化。

　　由此可见，企业的竞争，已经从数量型扩张向质量型提高转变，其背后实际上是反映了企业在全球（或跨区域）范围内资源配置的能力，是全产业链资源组织能力的竞争。这意味着"波浪曲线"将逐渐替代"微笑曲线"，全产业链竞争将成为一种趋势。

第五章　智能制造组织系统

一桥飞架南北，

天堑变通途。

——毛泽东《水调歌头·游泳》

核心观点：智能制造系统（Intelligent Manufacturing System，IMS）不同的发展层级，代表着不同的竞争力。我国 IMS 初成长，装备级与生产线级发展具有相对较好的基础，车间级正在试点发展，工厂级则初步探索，联盟级处在规划探索中。IMS 可助力企业非线性成长，但目前我国急需智能制造系统提供商，实现 IM 的"天堑变通途"。

一、IMS 解决匹配难题

制造企业在满足个性化需求的"高效用、高成本"定制和大规模标准化生产"低效用、低成本"的现实之间，如何实现供求的真正有效匹配，通过何种机制掌握消费者所有可能的个性化需求并同时实现低成本批量生产，进而达到大规模标准化生产和个性化定制之间的"无缝对接"，这是一个亟待解决的难题。企业要把最终消费需求翻译成机器语言，在生产流程中体现出来，形成有效的机台管理系统。

　　IMS 就是要解决这一问题。IMS 是建构在制造技术与信息技术深度融合基础上的集感知、分析、决策和执行于一体，达到全面或部分智能化的制造过程或组织。

　　IMS 按照其技术成熟度与智能化发展水平可分为五个层级：装备级、生产线级、车间级、工厂级以及联盟级。不同的发展层级，代表着不同的智能制造业竞争力。

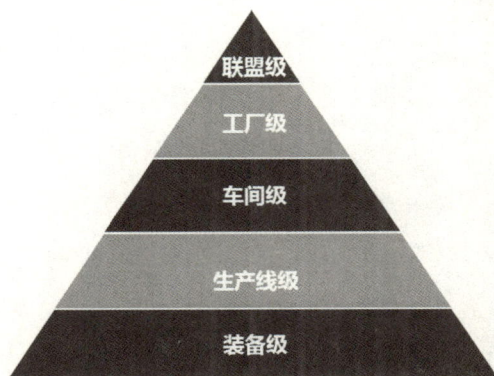

IMS 的阶段性演进图

IMS 各发展层级具体内容表

层级	具体内容
装备级	包含若干具有一定感知、分析、决策能力的基本逻辑结构； 嵌入装备中的软件系统与协作的配置系统
生产线级	将若干智能制造装备从物理与逻辑上进行关联； 通过生产线自动化系统实现智能制造装备协作
车间级	若干智能生产线； 构成车间层级的智能决策系统、仓储物流系统等

（续上表）

层级	具体内容
工厂级	若干智能车间共同构成智能工厂； 经营决策系统、采购系统、订购与交付系统等
联盟级	若干智能工厂共同构成智能联盟； 实现生产过程的异地协同

二、IMS 初成长

大规模生产成就了美国工业，柔性制造成就了日本制造业，中国制造业能否利用 IMS，实现从世界制造业第二梯队进入由美、日、德组成的第一梯队的战略目标，至关重要。

从总体上判断，我国 IMS 中装备级与生产线级的发展具有一定基础，车间级正在试点发展，工厂级则初步探索，联盟级处在规划探索中。

根据德勤中国与中国机械工业联合会合作编纂的《变中求进，精益求精：2015 年中国制造业企业信息化调查》，99% 的受访企业已不同程度地开展了信息化工作，其中 6% 的企业处于起步阶段，46% 的企业处于单项业务覆盖阶段，42% 的企业处于综合集成阶段，仅有 5% 的企业进入全产业链和用户协同创新阶段。

根据工信部的统计数据，智能制造应用在企业研发设计、生产线上的比重较大，我国工业企业在研发设计方面应用数字化工具的普及率达到54%，在规模以上工业企业中，生产线上应用数控装备的比重达到30%。

《世界经理人》杂志"2015 中国制造业信息化管理现状调研"显示，中国制造业近九成的企业信息化处于初、中级水平，43% 的企业信息化覆盖的业务部门比较窄，各 IT 系统或处于割裂状态，或集成程度不高。

从信息化迈向 IMS，我们还有很长的路要走。可喜的是，"春江水暖鸭先知"，为顺应智能制造的发展趋势，企业已经行动起来了。调研显示，中国忠旺控股有限公司是全球领先的铝加工产品研发制造商，核心业务为工业铝挤压业务、深加工业务和铝压延业务，是全球第二大工业铝挤压产品研发制造商。其全资子公司天津忠旺铝业有限公司投资建设了高附加值铝压延材项目，按设计产能，这是全球最大的单一铝压延材项目。天津忠旺的智能工厂初具规模，其熔铸、热轧、冷轧、中厚板、精整等车间实现全自动生产线连接，各车间中控系统联网，自动化、智能化物流系统连接车间，工业机器人穿梭车间内，研发中心和实验室高效运行，开展变形铝及铝合金板带箔、原辅材料、生产过程控制监测工作。

调研显示，宝时得科技（中国）有限公司是一家集电动工具研发、制造于一体的，由中国人自主创立、以苏州为制造基地、拥有国际高端品牌的跨国公司。该公司采用全自动化高精度电机生产控制系统，采用规模化的全自动 CNC 数控加工中心进行全部产品主要零部件的生产，采用全自动注塑生产设备，采用全自动产品使用测试系统。目前该公司正在进行智能工厂的筹划与建设。

调研显示，跨国公司在华企业的智能工厂建设走在了前列。GE 医疗天津生产基地将智慧工厂和全球领先的磁共振生产技术、绿色制造等精益生产理念落户本土，利用工业互联网技术构建智能制造生产基地。将基于工业互联网云平台的智慧工厂解决方案与先进制造相结合，实时捕捉产品和设备的工业参数并将其数字化，利用大数据和软件进行分析，经过云端传输至车间显示屏、手机、平板电脑等多种平台，管理人员可以随时随地地检测产品生产参数、生产状态等关键信息。生产和管理人员可以整体把握工艺与产品质量水平，判断产品质量与生产效率；开发人员、工程师和数据科学家能够在更大范围的工业解决方案层面展开合作。

三、IMS 助力企业非线性成长

TM 时代，制造业企业的升级，是一步一步逐渐上去的，处于线性成长状态。IM 时代则 always on（永远在线）。企业在切入价值链的初期，就可能凭借具有差异性的竞争优势，占据价值链高端，从而呈现出与以往不同的、非线性的成长路径。

在互联网和全球化背景下，依托"一带一路"战略，我们要构建基于互联网和大数据的全球区域分布式智能制造系统。

依托 IMS，我国制造业要从工业 2.0 与 3.0 并存为主的格局演变为工业 3.0 与 4.0 并存为主的格局，从 TM 到非互联网的智能制造进而到以互联网为依托的 IMS。依托 IMS 的构建与提升，我国赶超世界制造业第一梯队，需要按照"三步走"战略来进行：依托《中国制造 2025》，2025 年前跟随美、日、德，关键领域不掉队；力争到 2035 年在诸多领域与美、日、德齐头并进；力争到 2045 年在诸多领域赶超美、日、德。

四、急需智能制造系统提供商

调研显示，多数企业已经应用或即将把 MES（生产制造执行系统）等应用到生产车间。企业对 MES 较重视，这是智能制造的基础。

总体而言，我国虽然在工业机器人、智能工厂解决方案等细分领域出现了一些企业和试点项目，但缺乏像德国西门子、博世等具有能够架构整体的数字物理系统和全流程数字化解决方案的综合集成企业。

调研显示，IMS 的起点是理解设备，这需要对机器设备的部件构成与运行参数极其了解。从研发系统到制造系统，需要高水平的、综合性的

IMS 提供商。目前我国极其缺乏这样的提供商。调研显示，华为公司做出了较好的探索，为苏州工业园宝时得科技（中国）有限公司的 IMS 提供了较好的规划实施方案。

当中国的 IMS 提供商崛起时，智能制造才能"一桥飞架南北，天堑变通途"。

第六章　智能制造的产业公地体系

江山如此多娇，

引无数英雄竞折腰。

————毛泽东《沁园春·雪》

核心观点：产业公地是经济增长的平台。智能制造，亟须提升并完善产业公地体系，发展企业实验室、基础共性技术、开放性人力资本体系、全产业链服务体系等核心部分，探索产业公地的多元化供给。产业共享体系是智能制造发展的产业生态系统。IM 时代，国家间的产业竞争将由企业间的竞争和产业链间的竞争转向产业生态系统间的竞争。

一、智能制造需要产业公地体系

产业公地（Industrial Commons）一词在 2009 年《哈佛商业评论》中的《恢复美国竞争力》一文中首次出现。根据 Gary P. Pisano 和 Willy C. Shih 的界定：产业公地是一系列能够对多个产业的创新提供支持的技术能力和制造能力的集合。它具有溢出效应、网络效应和孵化加速效应，核心是产业和企业之间的互换性与相互依存性。具体包括实验（设备）平台、技术平台、知识平台、人才平台、政策及服务平台、基础设施平台及缄默知识、行业规则、区域品牌等。

发达国家基于产业链和企业生命周期提供网络化的产业公地体系，成为创新的关键。美国将产业公地作为提升产业竞争力的战略举措，2012 年的《先进制造业国家战略计划》将产业公地建设作为三大战略之一，2013 年又发表了《重建产业共享》报告。德国将工程学和工艺流程的精密性组织作为其产业公地的核心来建设，形成大中小企业共生的组织形态。日本产业公地的核心是元器件和工匠精神，通用元器件的研发和升级形成了日本各产业发展的基干。

德国工业 4.0 的产业公地体系①

1. 基于联网和集成需要，实现技术标准化和开放标准的参考体系。
2. 基于跨学科、多企协同和异地合作，建立模型管理复杂系统。
3. 基于数据传输高速、稳定与可靠，提供综合工业宽带基础设施。
4. 建立安全保障机制，包括生产安全、信息安全、系统容错机制等。
5. 基于高度自动化和分散协同性，创新工作的组织和设计方式。
6. 基于生产设备和协作伙伴范围拓展，注重培训和持续职业发展。
7. 健全规章制度，包括数据保护与交换安全、贸易规则协调等。

改革开放以来，中国制造业形成了相对丰富的产业公地体系。以产业园公地体系为例。北京致力于打造全球科技创新中心，以中关村为核心，连同北京各产业功能区，建立强大的技术创新发展中心，本质是产业技术创新公地。上海张江高科技园致力于构筑生物医药创新链和集成电路产业

---

① 丁纯，李君扬. 德国“工业 4.0”：内容、动因与前景及其启示［J］. 德国研究，2014（4）：49-66.

链，用"时间合伙人"来谋求产业公地及技术公地建设，与产业客户构建荣辱相依、共同成长的合作伙伴关系。广州开发区则通过集群式引进和产城融合，构架公共设施（试验检测）、公共配套、公共服务以及人才、知识要素等发展载体。深圳嫁接国内乃至全球的大学研究机构，形成虚拟大学园区，形成嫁接型创新公地。苏州工业园致力于"三螺旋"（政府—大学—企业）创新实践。武汉东湖新技术产业开发区运用"光谷"品牌整合各类创新资源，形成"光谷"公地文化。TM 时代形成了丰富的产业公地体系，为 IM 提供了高水平的发展基础。

产业公地的力量

在中国做无人机，随便你想要什么零件，东莞的工厂就能以极快的速度给你做出来，而且成本还很低。这就是制造业强大的优势，但这在美国相对很难做到。

——Justin Gong（广州 JF 公司）

评价一个企业，不仅要看其产值、利润、税收有多少，更要看其对区域产业发展的贡献有多少。纳微科技有限公司专门从事单分散性聚合物微球的技术研究、开发、制备、销售和相关咨询服务，产品可用于生物医药产业，可用作 LED 的间隔材料和光扩散剂。该公司的产值在园区并不太大，但为苏州工业园的多个产业发展提供了基础。

独墅湖科教创新区充分发挥了产业公地的作用。金唯智生物科技有限公司需要的产业工人，从服务外包学院就可以招到。贝昂科技有限公司很容易就能从独墅湖科教创新区招到研发人才。

——据苏州工业园调研整理

二、智能制造的产业公地体系亟待完善

（一）智能制造技术平台统筹利用水平亟待提升

调研显示，部分地区技术平台数量少、规模小、效率低，缺乏有效的统筹及协同，呈行政条块分割式布局，导致产业技术资源分散、低效。市场化、工程化平台少，难以满足企业在研究开发、技术转移、成果转化等环节的需求；平台运营管理不够专业，平台效益不高。

企业实验室与行业通用设备开放不足。部分企业的设备生产能力、实验室检测能力仅够满足本企业需要，尚不具备充足的对外承担部分公共服务平台功能的能力。企业平台如何进行市场化有偿服务，如何定价，都需要探索。

（二）人才支持与企业需求错位

调研显示，企业普遍呼吁将政府的人才引进政策指标交给真正需要业内人才的企业，而不是以职称、荣誉称号判断人才水平。企业真正需要的人才不够，人才资源配置错位，人才政策偏重引进而缺乏跟踪评价，政策效果不明显。

（三）产业链综合服务平台建设滞后

充分利用"互联网＋"建设产业链综合服务平台至关重要。调研显示，部分地区的配套政策并不适合互联网企业的发展，尤其不适合创业型小企业，还存在过度引入大公司的生产制造车间的倾向。基础配套设施停留在工业化、规模化生产阶段，无法适应 IM 时代的需求。

（四）产业政策效能有待提升

调研显示，部分地区产业政策效能不足，缺乏政策落实及动态管理，执行机制缺乏必要的组织保障，导致企业的政策知晓率、参与率和满意率低，没有达到提振产业发展的预期效果。产业政策的服务体系尚未建立。

（五）缺少专业服务商与市场化供给

专业服务商是产业公地体系的重要微观载体。苏州工业园成立教育科技投资发展有限公司，集聚了国内外大量教育科技机构和人员。上海张江各园区成立了专门的园区发展服务商，统筹产业公地建设。调研显示，多数产业园区的专业服务商数量少、规模小，尚未发挥重要作用。产业公地首先需要政府搭台，特别是建设之初，需要政府的强力支持。但随着产业公地发展成熟，市场化供给将逐步占主导，企业服务企业模式将逐步形成。目前，企业服务企业模式和产业公地的多元化供给机制都尚未形成。

三、培育产业公地的核心体系

一是大力发展企业实验平台。产业公地的核心是制造互换性与相互依存性。企业实验室是创新的核心，这是为了更好地整合研究和进行商业活动。美国杜邦公司、通用电气公司、美国电话电报公司和西屋电气公司都建立了实验室。企业实验室中往往具备行业通用设备。我国需要发展企业重点实验室。

二是大力发展基础共性技术。基础共性技术是产业共享的核心能力。可充电电池是高能效型交通工具的"心脏"，机床是国防工业、航空航天技术和汽车工业的工作母机，LED是新一代节能照明技术发展的根基。研究表明，机械、仪器仪表和电子是三个最主要的创新流出部门。我国智能制造业要成为创新流出部门。

三是形成开放型人力资本体系。建设产业共享的人力资本基础，应从科学、技术和工程领域的劳动人员着手。这一群体一般由在科学、工程学和数学领域具有学士或硕士学位的劳动力组成。没有企业会把科研实验室安置在一个缺乏一流科学家和工程师的地方。在德国，几乎每一所综合性大学都会开设经济工程学专业。我国的理工学科需要把握这一机遇。

四是构建全产业链服务体系。供应链是共享型资产。不同产业在供应链方面相互交叉，基于产业链的综合服务平台如采购平台、融资平台、设备租赁平台等，尤其是第三方平台，是每个产业成长的基础和土壤。企业孵化器与加速器是产业链服务的关键组成部分。

五是加大信息化基础设施投资。智能制造需要实现：永远在线、跨越时空的开放互动，生产与消费的一体化互动，智能化、自动化与定制互动。这需要信息化基础设施的广度与深度能够满足需求，要做到：永远在云端，手机就是办公室，工厂就是3D打印机，产品就是来自全球的创意集合体。信息化基础设施建设，需要高标准、一步到位，要满足未来发展的需求。智能制造需要的是信息的永远畅通无阻。大数据需要大运算，大运算需要大设备；产生的大信息，会反馈到大物流上。

六是提倡产业公地招商，重视集群式引进。鼓励企业建立基于供应链服务的第三方平台，通过向相关企业提供优质供应链管理服务，与企业形成互惠互利、良性发展的商业生态环境。

四、探索产业公地的多元化供给

一是引导企业主动参与产业共享体系建设。通过宣传培训，使企业理解身处一块繁荣的产业共享区域所具有的战略价值。引导企业投资本地的产业共享体系，这是竞争优势的源泉。利用财政手段或股权投入方式支持企业建设对社会开放的实验室、检测室、大型行业设备等。政企合作，企业运营。鼓励行业领先企业建立具有国际影响力的实验室，以龙头企业为主、政府提供支持的方式建立具有国际一流水平的相对公共的实验室，制定一套行之有效的利润分配体系。投入资金，鼓励企业建设培训学院和研究院。充分发挥行业协会、企业家联谊会在产业公地建设中的作用，定期组织企业家之间、高校专家与企业家之间的交流活动。

二是形成产业共享的市场型供给。企业实验室、研究院、培训学院、博士后工作站、检测中心、检测设备、试验设备等，往往是企业供给，提供有偿服务。其实质是所有权和使用权的分离，使用权市场化流动。产业共享体系建设，需要中小企业的精耕细作。中小企业的灵活性和能动性使整个产业共享体系更具生命力。产业共享之所以能够存在，是因为该产业共享体系的用户能够得到较多的私人收益而非社会收益。

三是探索产业共享的PPP模式。产业共享涉及相关政府部门、企业与个人，应通过这些关键利益相关者的集体行动而实现产业共享的可持续发展，积极探索基于公私合作（Public-Private Partnership，PPP）的产业共享治理模式，有效处理其涉及面广、间接利益驱动、集体行动难度较大等问题。

产业共享体系是智能制造的产业生态系统。IM时代，国家间的产业竞争将由企业间的竞争和产业链间的竞争转向产业生态系统间的竞争。这是全球工业发展模式的巨大变革，它将重塑全球产业竞争格局。

第七章　总体研判与政策取向

雄关漫道真如铁，

而今迈步从头越。

——毛泽东《忆秦娥·娄山关》

核心观点：我国智能制造走了不到 30% 的路程，TM 的路尚未走完，IM 已经在路上。现在，我们要充分发挥"研发计入 GDP"政策红利的效应，建立产业标准与开放体系结构，实施功能性产业政策，推进复杂产品集成，激励创新与保护创新并重，倡导企业家的理性冲动，推动工人成为中等收入者，重视软件工程，促进大学弥补基础学科短板。智能制造的微观基础需要"迈步从头越"。

2012 年，Vivek Wadhwa 在《华盛顿邮报》上发表文章《为什么说现在轮到中国担心制造业了》[1] 指出，人工智能、机器人和数字制造技术，正在改变制造业版图，三者互相融合将引发制造业的又一场革命，发达国家将借此重新夺回制造业优势，而且已经在行动。智能制造是供给侧结构性

---

① Vivek Wadhwa. Why it's China's turn to worry about manufacturing. The Washington post，2012，1（11）.

改革的"短板"之一。补短板，我们需快速出发。

一、路过两成，快出发

对比智能制造先行者的步伐及其动态目标，可以发现，我国智能制造业竞争力的结构特征：两大优势、两大短板。

智能终端产品具有规模优势。我国智能终端产品及其应用物联网平台，已经走过大约40%的路程，尽管众多产品的制造形式还是 TM 时代的。我国智能制造多领域发展，多线并进，初步成长。机床业以数控机床、加工中心为主，正向智能机床迈进。机器人、3D 打印和无人机具有规模优势，正向提供优质服务转变。工业软件起步良好，服务型制造模式兴起，智能消费领域正在加快智能服务平台建设。长江三角洲、珠江三角洲、环渤海地区的智能制造业集群化分布格局初步显现。

智能制造产业公地具有全球优势。产业公地是经济增长的平台。目前我国智能制造的产业公地，已经走了大约40%的路程，这在很大程度上依赖于 TM 时代的积累。IM 时代，国家间的产业竞争将由企业间的竞争和产业链间的竞争转向产业生态系统间的竞争，IM 时代需要产业公地体系动态升级。产业公地体系是智能制造发展的产业生态系统。智能制造，亟须提升并完善产业公地体系，发展企业实验室、基础共性技术、开放型人力资本体系、全产业链服务体系等核心部分，探索产业公地的多元化供给。

智能生产及智能制造技术是短板之一。当前我国智能生产及智能制造技术，走了不到20%的路程。调研发现，IM 时代，企业依然碰到 TM 时代的难题：核心元器件、自动化生产设备基本依赖进口；部分智能产品生产以劳动密集型加工组装为主；部分科技型企业具备一定的国内价值链或区域价值链特征；离岸创新成为趋势。如何实现智能制造技术"高路入云端"，这个问题至关重要。更为重要的是，在 IM 时代，这一问题更严峻，更难以用要素投入来替代。

智能制造系统（IMS）是短板之二。IMS 不同的发展层级，代表着不同的竞争力。目前我国 IMS 初成长，走了约 20% 的路程，装备级、生产线级发展具有相对较好的基础，车间级正在试点发展，部分企业能够把消费者需求与生产过程及时高效匹配，但工厂级、联盟级依然在探索中，跨越空间的分布式生产依然路漫漫。IMS 可助力企业非线性成长，但目前我国急需 IMS 提供商，实现智能制造的"天堑变通途"。

表 7 – 1　智能制造业竞争力构成

项目	智能产品	智能技术	智能系统	智能产业公地	综合
程度	约 40%	不到 20%	约 20%	约 40%	不到 30%

综合判断，我国智能制造走了不到 30% 的路程，已经超过两成路程。智能制造已经出发，亟待起飞。此刻，我们不能盲目地犯"去低端工业化"的错误，即全民追求高端而全盘放弃低端制造业。

当前的形势是，TM 的路尚未走完，IM 已经在路上。课题组预测，到 2025 年，我国智能制造能够走过超过 50% 的路程；2035 年，能够走过 70% 的路程；2045 年，能够走过 90% 的路程。在我国第二个"百年目标"实现时，智能制造水平已经与发达国家（地区）并驾齐驱，甚至在若干领域引领发展，引领全球价值链的强国梦具有了坚实的微观基础。

二、发挥政策红利效应：研发计入 GDP

看不见的"手"（市场）与看得见的"手"（政府），需要有效"握手"。这是规律，也是法则。智能制造，要通过激励"满足于现在"的地方政府官员着眼于未来，才能实现激励相容。研发是着眼于未来的事，智能制造，重在研发。

当前最大的政策红利是，国家统计局按照国民经济核算国际标准《国民账户体系（2008）》（2008 年 SNA），改革研发支出核算方法，不再将研发支出作为中间消耗，而是作为固定资本形成处理。

GDP = 消费 + 资本形成 + 产品与服务净流出

以前：资本形成 = 固定资产投资 + 存货增加。研发支出是成本。研发支出越多，成本越高，增加值越低，政绩越小。存货增加，政绩增加，往往是重视现在低估未来的结果。

现在：资本形成 = 固定资产投资 + 研发支出 + 存货增加。这将激励政府官员不再低估未来。因为研发支出越多，GDP 越高，政绩越大。

这将对地区 GDP 排位格局形成较大冲击。目前最大的任务是，要使政府官员充分理解这一核算方法的变化及其背后的意义。这是智能制造起飞的制度起点。供给侧结构性改革，如果能实现"研发支出"替代"存货增加"，政府官员就不再低估未来了。

表 7 - 2　研发计入 GDP

GDP = 消费 + 资本形成 + 产品与服务净流出	
以前	现在
资本形成 = 固定资产投资 + 存货增加	资本形成 = 固定资产投资 + 研发支出 + 存货增加
低估未来	不低估未来

智能制造的多重复杂性，决定了企业生产与研发必须一体化。企业研发是主体。政府政策的着力点应基于此。智能制造的发展，需要企业与国家战略互动。对于智能制造企业，不能仅仅看其短期赚多少钱，更要看其为国家战略做出了什么贡献。从 TM 向 IM 迈进，企业创新最为关键，而且创新不是一时之事，要有持久的耐力和信心。

智能制造，需要国企和民企携手并进，既要看到国企的力量，又要看到民企的活力，不能唱衰国企，也不能唱衰民企。

三、产业标准与开放式结构

产业标准决定智能制造的互换性与相互依存性。目前，智能制造缺乏统计口径和产业标准，缺少系统、完善的统计数据。部分概念、内涵的界定处于模糊阶段，对智能制造的理解尚处于起步阶段。产业分类目录尚未建立，基础共性标准、关键技术标准、产品标准和重点应用标准亟待研究制定，质量认证机构亟须建立。为此，亟须建立统计体系和标准体系，建立智能制造产业划分标准、分类目录，制订统计工作实施方案和统计管理办法。

在此基础上，需要采用开放式的智能制造体系结构。智能制造的需求多样化、碎片化，企业需要面对不同行业、不同工作环境、不同标准下的工作和服务。网络化体系需要大量的接入者，开放一定的技术标准能吸引更多厂商和消费者的加盟，产生网络规模效应；有利于开展国际合作，与发达国家一起分享技术与市场。

四、从选择性产业政策迈向功能性产业政策

TM 时代，我国产业政策的主导模式是选择性产业政策，政府通过投资审批、目录指导、直接补贴企业等手段直接广泛干预微观经济。

IM 时代，企业通过创新探索新技术、新产品、新业态、新商业模式，不确定性加大，政府部门难以正确选择"应当"扶持的产业、企业和产品。这需要政府增进市场功能、完善市场制度、弥补市场不足。补贴、税收优惠等扶持政策，应重在扶持前沿技术和公共基础技术，强调研发、技术标准和市场培育的协同推进，发挥引导作用。

智能制造，不是企业迎合政府战略被动升级，而是企业基于市场本能的自觉行动。这是政策的着力点。

五、智能互联推进复杂产品集成

IM 时代，世界是平的，制造业可以突破传统的线性升级，实现非线性升级。智能互联是非线性升级的关键，其目标是形成复杂产品的集成系统，不论是集中式生产，还是分布式生产。复杂产品集成能力需要长期积累和探索。当前亟须培育集成企业和集成能力，探索更加模块化的工业物联网技术路线，将中国模块领域的技术优势作为发展智能制造的初始战略，并逐渐向综合集成优势提升，形成智能工厂和联盟级系统。

复杂产品集成，是芯片的集成与融合。目前，生物芯片产业兴起。生物芯片，是能够并行快速处理多个生物样品并对其所包含的各种生物信息进行解析的微型器件，是生物产业和信息产业的融合，是微电子半导体技术与生物化学技术的融合，具有微型化特征。

六、专利：鼓励创新与保护创新并重

调研显示，目前存在"重鼓励创新，轻保护创新"的现象。专利权得不到全面保护，这样企业很难做成大公司，也很难成为国际合作对象。对企业而言，国际专利官司，不能输，否则就有可能破产，所以目前企业逐渐到发达国家申请专利。我国要使企业专利"有恒产者有恒心"。某些领域的大企业，对产品升级的先进技术（尤其是境外来的科研成果），价值评估不高，难以在产品中嵌入先进技术。

七、激发企业家精神：理性的冲动

调研显示，2008 年金融危机后苹果手机的热卖，引发了与智能手机相伴随的传感器的热销，传感器的技术需要企业提前储备，需要企业家预见未来；PM2.5 的网络化关注，引发了空气净化器的热销，无耗材式的净化技术需要企业提前储备，需要企业家预见未来。

企业的每一次市场定位、市场细分，以及与之相匹配的技术选择与技术创新，其实就是一次理性的赌博、理性的冲动。这需要企业家精神。企业家理性的冲动选择，是看重未来，是创新的起点。供给侧结构性改革的微观基础之一就是企业家。

根据调研，企业家的国际化理念、国际化经验和国际化激情，是决定智能制造发展水平的关键因素之一。企业家的全球要素整合能力至关重要。另外，企业家的英语水平，是竞争力因素的组成部分。

八、产业工人应成为中等收入者

智能制造需要高素质的产业工人。《中国制造 2025》主攻以下领域：信息技术产业、高档数控机床和机器人、航空航天装备、海洋工程装备及高技术船舶、先进轨道交通装备、节能与新能源汽车、电力装备、农机装备、新材料、生物医药及高性能医疗器械。中国人力资源市场信息监测中心 2015 年发布的数据显示，这些领域高技术人员求人倍率均大于 3，人才严重短缺。

"中国制造2025"战略实施的关键支撑环节之一，就是要塑造一支可以和世界先进产业工人相媲美的产业工人队伍。这支队伍理论知识水平高，受过系统的实验室专业训练，能够很快适应并操作精密化、自动化、智能化的生产设备，既懂硬件又懂软件，尤其是能通过工业软件调整参数，完善并提升产品品质。

当前的关键问题，就是要扭转社会人员的就业偏好和就业去向，把不愿意当产业工人的大学生，激励成争先恐后去当产业工人的大学生。第一，去除干部和工人的身份划分。这一传统体制下的身份划分，造就了身份歧视，让干部成为"人上人"，成为劳心者，让工人成为"人下人"，成为劳力者，且很难翻身，造就了社会成员流动的身份壁垒。第二，塑造新产业工人身份。要让产业工人收入提高，过上体面生活，成为社会仰慕的职业。要让"我要当工人"成为社会的共识和主流氛围。在此需要说明的是，虽然近年来产业工人的工资有所提升，但距离过上体面的生活还有相当长的路程。第三，需要把工科和工程学塑造成社会热门专业。大学生积极选、热情学。工科的繁荣之日，就是产业强国之日，就是产业工人为社会荣光之日。技工学校和企业培训学院亟待发展。

九、软件增值硬件

智能制造的核心是数字化转型。智能互联互通需要系统化的软件工程支撑。软件产生智能，软件将改变一切，硬件产品将很快被软件颠覆。所谓智能互联互通，就是产品本身的软件与工业互联网、消费物联网形成一个系统，嵌入式软件决定了产品提供的服务本身。软件本身不赚钱，但软件使硬件增值。未来，制造业企业都将变成物联网企业，所有产品都将是智能化的。软件工程需要大量软件人才，这既是企业的短板，也是学校的短板。

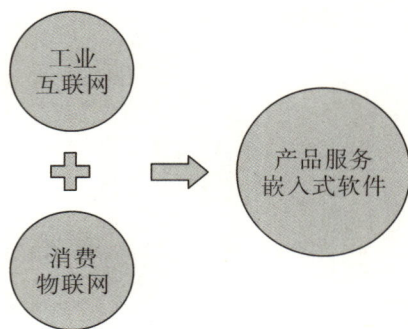

软件系统图

与此同时，虚拟现实技术，通过计算机和相关感知设备，进行虚拟设计、虚拟制造、虚拟消费，创造出虚拟世界，使人们有接近真实世界的体验和感受。未来的虚拟现实实验室，将是智能制造的重要支撑。这更需要软件由嵌入式变成模块化，并形成软件系统，需要软件模块集成研究人员。

十、基础学科补短板

调研显示，智能制造技术及其系统，基础学科（如基础算法、高压电、电路板整合）是理论基础。新材料，基础学科是化学和物理学；工业软件、智能工厂，需要基础算法。基础学科与企业应用相结合，是企业和大学合作的契合点。但当前我国大学基础学科严重滞后于企业需求，企业多依靠国外的力量，海外留学博士生的技术在国内具有较大的优势。这是我国大学亟待补齐的短板，大学理工科的专业设置与课程设置，不能仅仅跟随市场热点之风而动，而是要踏踏实实研究基础理论并进行讲授。智能制造需要回到数理化。有了数理化，走遍天下都不怕。

总之，基础学科水平决定了智能制造的长期竞争力。

结束语　智能制造，为了更好地生活

历史学家尤瓦尔·赫拉利在《人类简史：从动物到上帝》一书中指出，经过 40 亿年的自然选择之后，我们站在新时代曙光乍现的时间点，生命即将改由智能设计来操控；如果这种可能性终于成真，事后看来，到这之前为止的人类历史，就能够有全新的诠释。这是一个实验和实习的过程，最后就是要彻底改变生命的游戏规则。

智能制造时代的来临，我们无论是愿意看到，还是不愿意看到，都将是不可阻挡的、不断拓展人类合作秩序的文明进程。

时代的呼唤，需要我们行动。2012 年 11 月 15 日，习近平总书记发出了时代最强音："人民对美好生活的向往就是我们的奋斗目标。"在调研过程中，众多企业家做出了响应。"拿出使人民生活变得更好的产品和服务，是企业家的使命"，企业家们如是说。

"一个国家要生活得好，首先必须生产得好。"美国学者沃麦克在《改变世界的机器：精益生产之道》一书中如是说。智能制造从根本上说是为了其产品更好地为人所用，为了更好地生活。智能制造技术必将提出智能制造伦理的要求，在信息安全、保护隐私、事故责任划分等方面，需要规则系统随之建立。智能社会，需要智能规则。智能，让生活更美好。

"除非科学终结，否则历史不会终结。"福山在《我们的后人类未来》

一书中这样告诉我们。阿尔法围棋（AlphaGo）大战李世石的现实告诉我们：机器不是一个人在战斗，它通过网络共享一切资料，存储能力可以无限大，运算速度可以无限快，可以不知疲倦地深度学习。

智能，一直在前进！

的确，智能制造，永远在路上。

下编　专题报告

专题一　新工业革命的产业冲击与
经济社会范式转型调研报告

暨南大学新工业革命调研组[①]

一、新工业革命：一场范式新革命

（一）新工业革命："看不懂"成为新常态

2014 年 10 月 8 日，联想创始人柳传志先生借用"罗辑思维"的微信平台，以联想旗下的农产品"柳桃"为例子，请教大家互联网营销应该怎么做。他坦承："很多现象，看不懂了。"

的确，看不懂正在成为我们这个社会的新常态。永远在线的移动互联

---

　　① 本调研组受暨南大学校团委资助，于 2014 年暑假开展系列调研活动，撰写专题调研报告，形成总报告。调研团队荣获广东省大中专学生志愿者暑假文化科技卫生"三下乡"社会实践活动优秀团队称号。调研组共有 24 名成员，其中，项目负责人：刘金山，暨南大学经济学院副院长、教授、博士生导师；王伟，暨南大学经济学院研究生。各子项目及其成员构成：子项目 1（3D 打印、工业机器人与制造业转型），成员：李雨培、蔡淑丽、王鲲鹏；子项目 2（电子商务与新型城镇化），成员：李泽宇、付翔、伍凯玲；子项目 3（互联网金融的冲击与发展趋势），成员：刘畅、陈敏莹、姚楠；子项目 4（服务外包与生产性服务业新动态），成员：王伟、俞慧娴、汪晓一泓；子项目 5（新工业革命与企业发展模式转型），成员：麦健明、王立、黄嘉立、曾晓文；子项目 6（新工业革命与大学生创业新动态），成员：王梦婷、熊峰、方悦、郭士晴、董灿、陆涛、王灿。

网时代，万事万物快速更新，一切都在快速变化，每一个人、每一个企业、每一个地区、每一个国家都无时无刻不面临着"Present Shock"（当下的冲击）。似乎一切都在颠覆，蝴蝶效应此起彼伏，最优化的理性选择似乎难以实现。

经济学有一句名言："天下没有免费的午餐。"然而，免费模式恰恰颠覆了这句名言。一种商业模式既可以统摄未来的市场，也可以挤垮当前的市场，这并不是一件不可能的事情。免费就是这样一种商业模式，是一种建立在电脑字节基础上的经济学，代表着数字化网络时代的商业未来，无穷大的货架空间使"长尾"式的多样化产品销售成为可能，几近为零的货架成本也使免费销售成为可能，在零成本基础上创造一个全球经济的新趋势已经不言自明。免费的实质是交叉补贴，我们生活在一个交叉补贴的世界里，渠道为王的时代将一去不复返，口碑才是获胜之道。

美国《连线》杂志前任主编克里斯·安德森的《长尾理论》一书所描述的是，技术正在将大规模市场转化为无数的利基市场（获利空间），文化和经济重心正在加速转移，商业和文化的未来不在于传统需求曲线上那个代表"畅销商品"的头部，而是那条代表"冷门商品"的经常被人遗忘的长尾。长尾就是范围经济，就是产品多样性、小批量、多品种。互联网和智能化，使那条无限的长尾蕴藏着巨大的利润空间，其背后的实质是从规模经济向范围经济的迈进，意味着制造业发展范式的转型：从大规模标准化生产转向大规模定制化生产。这意味着企业做大做强有了新的选择路径，企业规模并不一定越大越好。发现长尾，是未来的竞争优势所在。专注、极致、快速反应，比规模更重要。

正是免费和长尾，使产品的生产方式发生了革命性变化。顾客不再是上帝，而是制造业参与者，是伙伴，大家一起玩，这就是创客运动。创客使用开源设计和3D打印，自己动手设计产品，将制造业搬上自家桌面，实现全民创造。这意味着互联网实现了自由人的自由联合。人民群众的智慧是无穷的，众多发明家和爱好者集聚在一起，集体智慧喷薄而出，开放、互动、智能化、生产消费一体化的全球制造业模式将逐步形成。创客运动中的重大机遇就在于保持小型化与全球化并存的能力，创造出世界需要但尚未了解的产品。

技术正在颠覆传统世界，经济社会运行范式的重大变革正在汹涌而来。

（二）新工业革命：孕育着新的范式革命

新工业革命（第三次工业革命）是一场波及全球的革命，将为全球带来颠覆性的变化，会对产业发展和经济社会转型造成极大的影响和冲击。我们需要深入认识第三次工业革命的实质与核心命题，这是有效应对的前提。

对第三次工业革命的认识主要分为两大视角。一是"能源基础观"，强调可再生能源、分布式能源生产和配置、氢能存储和新能源汽车等技术变革为人们带来的影响。广东各界曾经深入研读的美国学者杰里米·里夫金所著的《第三次工业革命：新经济模式如何改变世界》一书，是此类观点的代表作。二是"结构性技术基础观"，强调大数据、人工智能、机器人、数字制造等技术对制造范式带来的影响。英国《经济学人》杂志2012年4月21日刊发的《制造：第三次工业革命》一文以及研究大数据的学者，代表了这种观点。

这两种观点应该是一个整体，不可偏废。两种观点相互融合，意味着第三次工业革命所带来的，不仅仅是技术基础、能源基础、生产组织、生活方式等方面的变革，更是社会资源配置机制的变革与经济社会运行模式的变革。这些变革，对不同的国家和地区，因其发展阶段和发展基础不同，将产生不同的影响。第三次工业革命所蕴藏的制造范式变革以及由此引起的社会运行范式变革，将对我国产生极大的影响和冲击。

制造业的数字化革命与生态化革命，是第三次工业革命的核心。这将对我国制造业产生颠覆性的冲击。我们必须认清这场革命的实质，研究这场经济社会运行范式革命的冲击。

（三）迎接冲击：调研组在行动

暨南大学，百年华侨学府，"忠信笃敬"的校训激励着暨大师生满怀激情、开拓创新，迎接新工业革命的到来。

经过一番紧锣密鼓的招贤纳士，新工业革命调研团队在全校范围内招募了 24 名成员，他们来自经济学院、管理学院、外语学院、法学院、国际学院、理工学院、生命科学技术学院等，其中有 16 名本科生、8 名研究生，既有校本部的学生，也有珠海校区的学生。由于实践活动以及课题研究需要，调研团队又分为 6 个小组分开进行调研，每个团队由 3 ~ 7 人组成。

2014 年暑假期间，调研团队分赴祖国的四面八方，安徽、湖北、江苏、山西、广东，深入企业、产业园，深入农村，或访谈，或问卷调查，或参观，或记录……

一幅新工业革命的画卷轮廓初步形成，既有喜悦，也有忧伤。喜的是，我们正在经历伟大的变革时代，可以享受最新的科技成果；忧的是，这场革命的冲击无时无刻、无所不在，我们似乎还没有准备好，甚至不知道如何准备。

二、智能制造：制造业的挑战与机遇

（一）3D 打印：具有工业革命意义的制造技术

1. 3D 打印意味着制造业模式转型

3D 打印，首先应用计算机软件设计并加工样式，然后通过成型设备（3D 打印机），用液体状、粉状或片状的材料将这些截面逐层地打印出来，再将各层截面以多种方式黏合起来从而制造出一个实体。有三种主流技术：熔融沉积成型（Fused Deposition Modeling，FDM）、立体平版印刷（Stereo Lithography Appearance，SLA）、选择性激光烧结（Selective Laser Sintering，SLS）。

3D 打印技术，对于制造业具有重大的战略意义。3D 打印将极大地降低产品研发创新成本，缩短创新研发周期，并且能够简化制作，提高产品的质量与性能。过去一些需要分开制造的产品，可通过 3D 打印技术整体制造出来；能制造出传统工艺无法加工的零部件，极大地增强了工艺实现能力；提高了难加工材料的可加工性，拓展了工程领域；开拓了绿色制造模式，节省材料，并将带来传统的设计方法，包括零件设计方法和模具设计方法的变化。

传统的设计方法是面向制造工艺的设计，现在可能是面向性能的设计。3D 打印将变革传统制造模式，形成新型制造体系。未来的制造模式可能是个性化制造，一个人可能就是一个制造工厂。3D 打印支撑个性化定制和高级创新模式实现，催生一些专业化创新服务模式。

2. 3D 打印：想说爱你不容易

第三次工业革命发展出以 3D 打印为代表技术的制造系统，使得制造业的制造能力大大提高，制造产品的多样性不断提升，制造出的产品样式也变得更加丰富多彩。广东作为全国制造业大省，正感受着3D打印给制造业带来的变化与冲击。

被调研的一家企业不采购机器，而是直接通过3D打印服务商打印出公司设计，主要打印材料是金属粉和石蜡粉。该企业利用3D打印技术打印成型的主要是商品和部分自用品，半成品没有涉及。3D打印技术的引进，使企业生产效率提高，生产成本稍微下降，产品质量上升，值得继续发展下去。该企业每周使用3D打印技术的需求是两到三次，频率不高，可知虽然此项技术已经被引入使用，但还没有广泛利用。事实上，3D打印技术可以满足生产需要，基本符合企业当时引入时的设想。而且引进3D打印技术之后最大的方便是产品制造更符合要求了，生产效率也相应提高了，成品的精确性更高，产品更能满足顾客的需求。3D打印的优点很多，最主要的是精确实体复制、设计空间无限和零时间交付，这些都是企业采用它的重要原因。然而，3D打印也存在着一些问题。

（1）企业应用并不普遍。

调查问卷显示，大多数人对3D打印技术不太了解，表明企业对3D打印技术的宣传力度还不够。调查中我们发现，即使是工作在与3D打印技术相关的企业，员工对于3D打印技术也不是十分了解，他们只是顾着自身的工作，没有觉察到3D打印在企业发展中起到的重要作用，也不清楚企业未来的走向。

超过一半的人认为产品不是引入3D打印技术之后才可以生产的；部分人不清楚；少数人认为产品必须引入3D打印技术才能产生，表明3D打印技术在原产品的基础上是有所创新的。大多数员工对于3D打印品成型是否有后续步骤不清楚。

部分受访的员工对企业的运行不是十分了解，大多数人不清楚企业是否会加大相关投资，不过还是有部分员工选择相信企业会加大投资，他们对企业有信心，也看好3D打印技术。

（2）消费者依然心存疑惑。

消费者方面，出于对安全和质量的考虑，对3D打印成品提出质疑。企业要加大宣传力度和保证自身企业产品的安全与质量，让消费者放心，才能更好地发展3D打印技术，更好地发展企业。

大多数人认为3D打印技术会融入百姓家庭，使用频率高，不过也有部分人对此提出质疑，觉得这是媒体宣传的噱头，并不看好3D打印技术的未来，担心这种新技术只是一时兴起而已。当然，3D打印技术在一些方面还是存在不足的，特别是建模软件使用困难、打印原料单一和打印品质一般等。对3D打印技术不了解、价格太高和认为其不实用可能是阻碍消费者购买3D打印产品的原因。

大多数人认为在工作、生活中，3D打印技术可作为其他技术的替代，但是对它的需求不会十分迫切或者完全不需要；对3D打印产品更多的担心来自安全和质量方面。企业要加大力度确保3D打印成品的质量和实品的安全。

（3）政府缺乏政策引导。

引进3D打印技术，存在人工成本增加、产品原料单一、模型建立困难等方面的问题，但政府并没有出台相关的政策来协助企业发展。对于这样一种较新的技术，还是需要政府的大力扶持，政府可以适当给予优惠政策，协助企业发展3D打印。

（二）工业机器人：技术替代劳动

1. 发达国家普遍应用工业机器人

工业机器人最早应用于美国。美国发展高端制造业，用工业机器人代替人力。1967 年，日本川崎重工业公司率先引进美国机器人及技术，研发制造出自己的工业机器人并投入使用。日本已成为在世界汽车制造业中，工业机器人应用密度最大的国家。2012 年，日本在汽车制造领域平均每一万个工人就拥有 1 562 台工业机器人，在其他领域是平均每一万个工人就拥有 219 台工业机器人。德国工业机器人广泛应用于制造业中，工业机器人使用密度持续增长，达到平均每一万个工人就拥有 1 137 台。放眼欧洲，各个国家都积极投身于工业机器人的研发和应用中，欧盟第七框架计划在 2007—2013 年在机器人方面投入的研究经费达 6 亿欧元，未来更计划将研究经费增加到 140 亿欧元。

2. 中国开始尝试使用工业机器人

近年来，中国在工业机器人领域不断加大投资。汽车制造业工业机器人使用密度持续增加，2006—2012 年，从每一万个工人仅拥有 51 台增加到 213 台。在其他领域，工业机器人使用密度虽有增长，但每一万个工人仅拥有 11 台。2013 年共有 3.7 万台工业机器人在中国市场上销售，是 2012 年的近 3 倍，约占全球销量的 1/5；总销量超过日本，位居全球第一，中国成为世界上最大的机器人市场。可见，我国对工业机器人需求大，工业机器人市场具有很大潜力。

工业机器人属于高端制造业，我国在这方面的技术离美国、日本、德国等国家仍有很长的一段距离。虽然在一些领域有所突破，但我国工业机器人企业自主核心技术仍很薄弱，高性能产品还处于摸索阶段。从工业机器人的使用方面看，外国产品占据主要份额；国产产品主要应用于性能要求低的领域，高性能的机器人主要被外国产品垄断，而且产品价格昂贵，使得中小企业望而却步，因而目前仅是大型制造企业踏上了企业转型升级的征途，中小企业只能望洋兴叹。

3. 广东工业机器人在行动

广东是中国工业机器人市场最活跃的部分。越来越高的人工成本，促使许多企业都选择用工业机器人代替人力，越来越多企业开始将机器人应用于码垛、搬运、装卸、投料、装配、分拣、焊接、喷釉、研磨、抛光等岗位，这要归因于需求的带动和政府的扶持。

（1）需求的带动。广东省制造业发达，省内从事制造业的企业大大小小不胜枚举，制造业带动了经济的发展，提高了人民的生活水平，企业工人工资增加，最终导致劳动力成本增加。依靠廉价劳动力生产的产品附加值低，利润空间有限，企业为了长久发展就需要转变经济发展方式，用高新机械设备代替人力，加大产品利润空间。广东省拥有如此多的制造业企业，需求之大不言而喻，因而吸引了国内外许多工业机器人生产企业前来驻扎。国外机器人生产商主要有瑞士 ABB、德国库卡、日本安川电机、日本发那科等，无一例外都在珠三角设立了分公司或通过代理公司的专员到珠三角企业推广机器人产品。本土品牌也在激烈的竞争中不断提高自身实力，运用大量人力、物力从事研发，也在关键领域和核心环节取得了突破，如广州数控在控制器和伺服驱动方面国内领先，巨轮股份在 RV 减速器方面取得突破，打破国际垄断，在市场上获得一席之地。

（2）政府的扶持。各级政府目前都纷纷出台政策扶持。广州提出到2020 年，全市 80% 以上的制造业企业应用工业机器人及智能装备。政策规定，采购或租赁本市制造的工业机器人整机，最高补贴为 3 万元/台，采购或租赁成套设备按照 10% 补贴，整套设备累计补助额不超 50 万元。东莞出台《东莞市推进企业"机器换人"行动计划（2014—2016 年）》，提出到2016 年争取完成相关传统产业和优势产业"机器换人"应用项目 1 000 ~ 1 500 个，力争推动全市一半以上规模以上工业企业实施技术改造项目。到

2020 年，力争全市大部分规模以上工业企业应用工业机器人智能装备。顺德成为全国唯一"装备工业两化深度融合暨智能制造试点"，推出顺德"机器代人"计划，计划用 15 亿元资金支持制造业企业开展智能化技术改造，全方位、立体化打造以智能装备和工业自动化为核心的全产业链条，力争在 5 年内产值达到 3 000 亿元，成为珠三角西岸机械装备产业带核心区。广州、东莞、深圳、佛山、珠海等地准备在各地建立园区，利用园区加速制造业对工业机器人的应用，通过制造业对机器人的需求带动科学研究。

4. 工业机器人应用依然问题重重

用工业机器人代替人力虽好，在广东省内的发展前景也很乐观，但在调查中发现以下问题：

（1）设备昂贵，投入金额庞大，资本回收期长，小微企业资金有限，对于工业机器人虽心向往之，但囊中羞涩。尽管部分地方政府对购机企业进行补贴，却也不能很好地解决。补贴的形式多是通过退税或是给予部分资金资助，基本上是隔靴搔痒，治标不治本。一些企业的生产具有季节性，使得回收期更长。

（2）我国工业机器人生产企业所生产的机器人大多为中低性能的，高端性能的机器人几乎被国外垄断。我国机器人生产企业的关键零件对国外依赖大，没有掌握核心技术，原始创新能力不足，缺乏竞争力。

"机器代人"是一项系统工程，既需要硬件的更新，也需要软件的个性化定制，还需要相应地提高员工素质，需要研发人员提供支撑，而这方面的人才还是紧缺的。

（三）政策建议

1. 加快 3D 打印技术发展与应用的政策建议

（1）加大扶持力度，提高技术水平。政府应尽快出台 3D 打印产业的整体规划，制定行业标准，明确 3D 打印产业的长远目标、重点培养领域、具体发展步骤等，设立 3D 打印专项扶持基金，公平、公正、公开地扶持 3D 打印的各个领域的技术发展。同时，制定优惠的财政政策，支持 3D 打印技术设备的投资、研发、生产、进出口等。

（2）刺激市场需求，推进产品推广。应推进 3D 打印产品的推广，进行技术产品的推广与试点，尤其着重于在航空航天、汽车、医疗等领域进行应用推广，让更多人与企业更详细地了解到 3D 打印技术对制造业各领域的积极影响，知道 3D 打印这种新型生产技术的优势与特点。对购买 3D 打印机器的企业进行一定的补贴，促进市场需求，让市场逐渐接受这种新工业技术，使 3D 打印市场发展得更为迅速、长久。

（3）强化 3D 打印的知识产权保护。3D 打印作为一种新兴的工业技术，新奇的创新与设计很容易被抄袭。应尽快完善关于 3D 打印知识产权保护的相关法律法规，给那些试图抄袭他人创意、影响市场正常成长的人以沉重打击，保证 3D 打印市场良性发展。

（4）推广 3D 打印技术，提高社会认知度。政府与 3D 打印机器生产厂商应更加致力于技术的社会推广，不仅要让更多的大中小企业了解到 3D 打印技术的种种优势，更要让企业员工与普通百姓知道 3D 打印技术能为自己的工作和生活带来的改变，由此提高社会认知度，打开 3D 打印技术的潜在市场。

（5）建造 3D 打印科研点，设立重点培养对象。在广东省这样的制造业大省进行 3D 打印科研点的建造，统一科研力量与科研人才，打造产业联盟，重点培养一些科研项目和企业，将有限的精力与金钱集中在某几个点上，有计划、有侧重地进行技术上的攻关与突破。结合广东省特色产业，将此新技术在航空航天、汽车、医疗等领域进行示范性应用。

2. 加快工业机器人发展与应用的政策建议

对工业机器人制造企业而言，首先，应明确目标市场，发挥自身本土优势，生产适销对路的产品。其次，工业机器人种类繁多，不同的工业机器人制造企业应细化发展，潜心研究相关技术，增强企业研究能力、创新能力，掌握核心技术，提高产品性能，增强产品竞争力。制造企业应与使用企业加强沟通、联系，相互促进，良性发展。

对工业机器人应用企业而言，要转变生产方式，引进新型机器设备，利用工业机器人代替人力加大产品利润空间。小微企业若需要工业机器人，一次性买断确实是不切实际的做法，故可灵活选择其他方式如融资租赁、经营租赁等将工业机器人运用到企业的生产中去。特别是季节性生产的企业，经营租赁更是很好的选择。

政府注重对技术人才的培养，注重科技创新，研究学习美、德、日等国的发展方式，取其精华、去其糟粕，结合自身，运用到实际中去，提升制造业的整体发展水平和发展质量，实现制造业的转型升级。

三、电子商务：跨越城乡数字鸿沟

2014 年，电子商务在我国已走过 17 个春秋，中国电商巨头阿里巴巴以"史上最大 IPO"的身份登陆纽约证券交易所。然而，发展迅猛、前景广阔的电子商务长期以来被视为是城市居民的专利，拥有巨大潜力的农村电子商务则较少地受到决策层和学界的关注。据 CNNIC 统计，我国农村网民规模已达到 1.24 亿，占整体网民的 27.3%。农村电子商务已悄然进行着跨越式发展。在江苏沙集、浙江义乌青岩刘、四川青川等地，"农户＋公司＋网络"的模式正在广泛蔓延，改变着传统农业经济和产业，改变着当地人的生产生活方式。

（一）中国农村互联网应用情况

1. 农村互联网用户的特征

总体而言，农村上网的普及率并不是很高，从未上过网的调查对象占了调查总人数的41%[①]。上过网的调查对象中，很多人的上网时间并不是很多，一天上网在3小时以内的人占了85%。学历越高的人上网时间越长。因此，随着农村教育的普及，农村网络的使用情况也将会普及。

调查发现，农村网民在家里使用家用电脑上网人数（201人）远远多于去网吧（59人）以及通过其他方式上网的人数。这说明，尽管农村上网的普及率不是很高，但大多数家庭还是具备了上网的硬件条件。

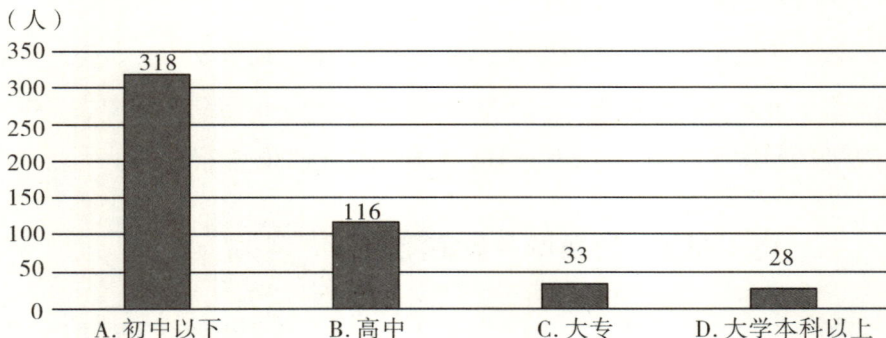

图1　农村网民的学历

[①]　为保持本调研报告的原貌，保留原报告的相关数据，并没有对其进行相应更新或更改。

（人）

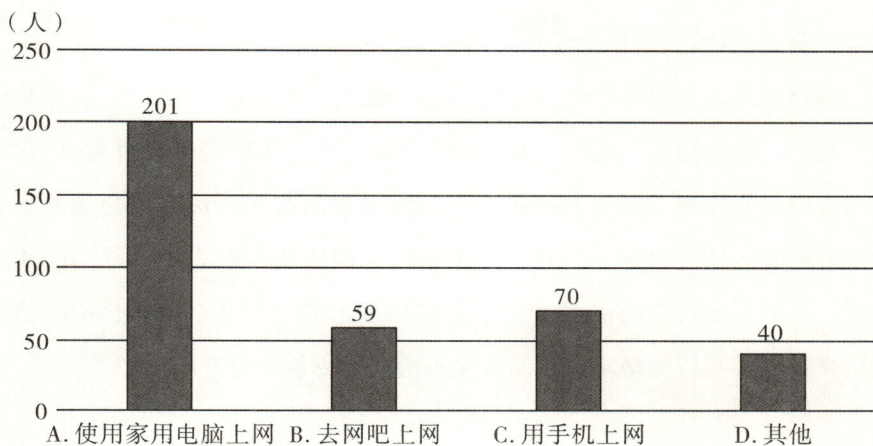

图2　上网的地点

（人）

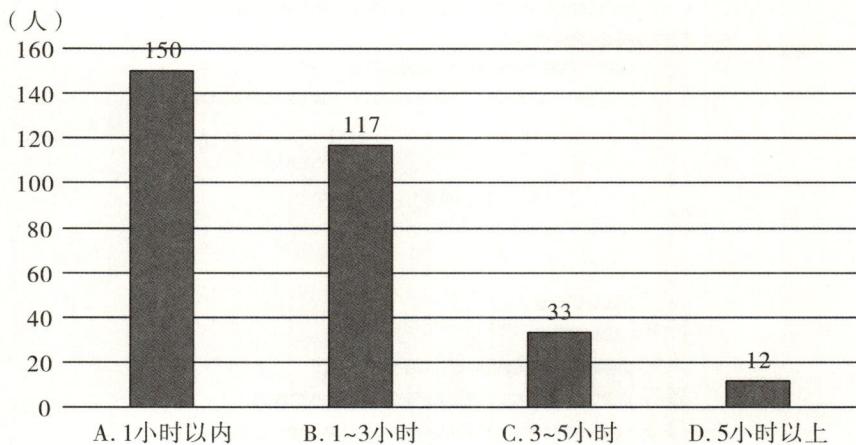

图3　平均每天上网的时长

2. 农村用户上网行为特征

调查发现，农村用户使用互联网的功能与目的分布广泛，但仍然是以娱乐居多，比如游戏、影音与 QQ 聊天。这与农村用户的受教育程度有关。在调查中我们发现，即使上网次数与时间不多的农村网民，也会玩网络游戏并利用聊天软件来与亲人联系。很多农村网络用户都表示，网络改变了生活，加强了亲人之间的联系。但是稍微复杂的功能诸如博客、BBS 等则使用得较少，利用网络来进行商务交易的人数更是十分有限。

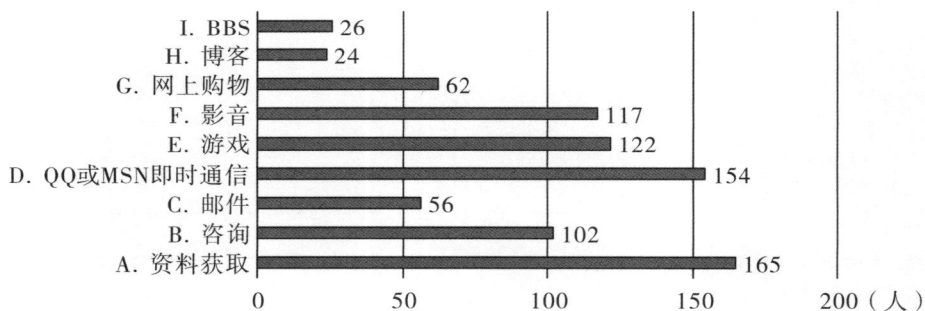

图 4　上网的主要目的

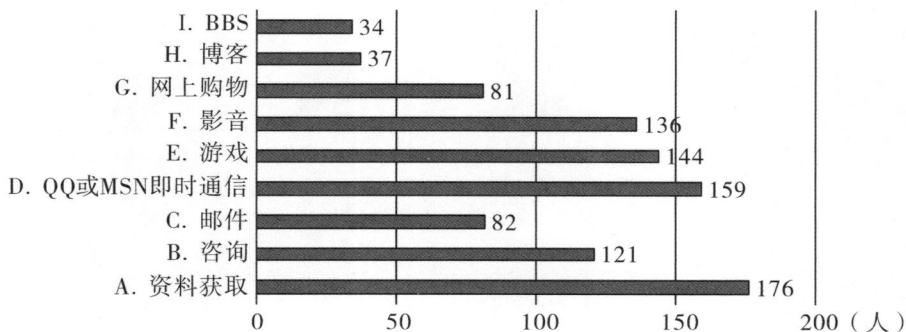

图 5　上网使用过的功能

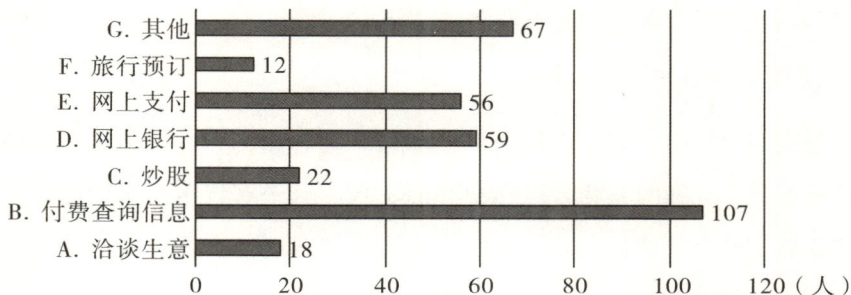

图6　在网上进行过的商务交易

调查发现，搜索引擎在农村用户中使用频率很高，使用过搜索引擎的调查对象比例达到了71.4%。农村用户使用的搜索引擎主要集中在百度与Google上，其中百度的使用者超过了被访人数的八成，而使用其他搜索引擎的人较少。搜索方式主要集中在页面搜索上，44%的人每次上网都要运用到搜索引擎。

（二）中国农村电子商务发展状况

1. 对电子商务的态度和行为

农村用户参与网购次数并不多，一个月只进行一两次网络购物的人数占到了82%。网购网站除进一步拓展农村网购用户外，更应当注重如何让消费者使用更多金额来进行网购。农村用户不进行网购的原因主要在于担心网购的安全性，一方面涉及对网上支付资金的安全性的担忧，另一方面对网购商品质量保障提出了质疑。不可忽视的一个方面是，由于农村网络普及程度低，不少用户表示，网购流程太过麻烦是他们没有参与网购的一个重要原因。尽管如此，高达66%的人表示以后愿意尝试网络购物。调查发现，通过网络来交易农产品的农村用户少之又少，413 份问卷中只有 10 人曾利用过电子商务来销售农产品。

2. 电子商务的支付与物流

64% 的农村用户表示他们当地已经拥有了物流配送。这个比例仍然有待进一步扩大。在问卷调查过程中我们发现，很多农村用户表示他们必须到比较远的地方取货，十分不方便。送货上门在农村的普及率仍然不是很高。货到付款是农村用户最喜欢的支付方式，支付宝付款的使用也拥有一定比例。所有接受调查者都表示，1 周以内到货是他们可以接受的极限。只有 3.2% 的农村用户对目前的配送服务表示不满。由此可见，农村用户对物流配送服务的忍耐度相对较高，因此扩大配送地区的范围仍是电子商务物流在农村发展的当务之急。

（三）结论与政策建议

1. 调查结果与结论

农村互联网和电子商务的发展前景十分广阔。大多数农村家庭已经具备了上网的条件，使用网络的能力也有很大提高，即时聊天工具和搜索引擎的使用得到普及，受过较高教育的农村居民使用网络的积极性和能力更高。同时，农村网购渗透率在提高，农村居民对待网购的态度也是比较积极的，对网购有尝试的意愿。农村居民对网购的要求并不高，关注的重点还是价格。对于物流服务，农村居民主要看重物流网络的覆盖，对物流配送时间和提货便捷的要求并不高。支付宝等第三方支付方式已经得到农村居民的认可。而且知名网购网站的品牌效应在农村也有体现。可以看出，随着农村教育以及网络的普及，加之农村物流网络覆盖面的扩大，网购的便捷与价格优势将会在农村地区进一步显现，农村的电子商务会有更广阔的发展空间。

农村的电子商务发展还面临着诸多制约因素。网络还没有在真正意义上进入农村居民的生活，很多农村居民从未上过网。对于电子商务，许多农村居民都是浅尝辄止，参与网购的次数和金额都较少。农村居民通过电子商务平台销售农产品的情况并不普遍。我们调查所得的数据显示，沙集镇的个例在广大农村中并不具有广泛的代表性。信息不对称和商家的信誉问题是制约农村电子商务发展的主要原因，农村居民对产品质量和支付安全的关注已经超过了对价格的关注。农村居民会更多地依赖于亲友的推荐，对购物网站本身并不信任。

农村居民的网购反馈参与度也不高，许多农村居民的网购维权意识并不强，面对不满意的网购结果时他们多选择"用脚投票"。综上，提高电子商务的诚信制度建设不仅反映了城市电子商务发展的重点，而且也日益成为农村网购这一新兴市场的诉求。提高农村居民电子商务参与程度要求在推进诚信交易的过程中不断改变农村居民对网购的认知，实现网购参与和网络诚信建设的良性循环。

2. 政策建议

（1）自上而下加强农村电子商务人才的培养。通过调查我们发现，电子商务在农村还未广泛普及，很多农民甚至连电子商务的概念都不是十分了解，也没有任何网购经历，更别说利用网络来销售农产品了。而有些农民则对电子商务存在偏见，要么认为在农村实现电子商务这种高科技还太时尚，要么全盘否定电子商务的诚信度，认为网购是不可能存在诚信的。因此，要扭转这种观点必须发挥政府的作用，在普及电子商务知识以及培养人才方面，为农民们揭开电子商务神秘的面纱。大力宣传一些已经成功的农民网商的典型案例，如江苏东风的"沙集模式"、浙江义乌的"青岩刘模式"，以及河北邢台的"东高庄模式"等。

（2）自下而上让农村自发构建电子商务平台。除了政府自上而下的宣传，我们更需要农民自下而上地参与到电子商务中来。让农民通过网上购物了解并熟悉电子商务，乃至转向网上销售当地农产品。单个农民自己开网店，无法适应农产品市场快节奏的变化，应鼓励农民自发地构建电子商务合作团队，做到产品相对多样化和质量标准统一化，让电子商务市场形成规模。利用互联网和电子商务平台了解市场信息和需求，结合当地资源，实现生产销售有的放矢。另外，电子商务平台应该致力于打造一个信息对称的市场，让买卖双方可以迅速匹配并且诚信交易。

（3）加快、加强农村电子商务基础设施的建设。政府应当采取有效措施，减少农民的上网费用和购买电脑网络设备的成本，鼓励农民接触电子商务，并且完善当地物流。在调查过程中我们发现，由于农村交通不方便、送货成本高，物流配送体系在农村不够完善，因而存在送货慢或无法送货的现象。而物流体系是发展农村电子商务的基础，国家可考虑在税收或政策上给予物流公司必要的支持。

四、互联网金融：草根力量的释放

（一）互联网改变金融业态

技术进步从需求和供给两个维度极大地改变了金融业态。从需求看，互联网及移动互联网使得客户随时随地处于"连接"和"在线"的状态，其偏好、行为甚至心情，能够被实时发现和追踪，从而使金融需求显性化，更容易被低成本地发现。从供给看，大数据分析丰富了营销和风险管控的手段，云计算降低了金融服务的成本并提升了金融服务的效率。金融的需求和供给因此得到了更好的匹配。以此为基础，互联网金融最大的创新就是互联网的平台价值，像阿里小贷、腾讯财付通以及众多第三方支付组织和宜信、人人贷等机构，基本都是在互联网数据开发的基础上挖掘金融业务的商业附加值，利用现代互联网技术搭建出了各种不同于银行传统模式的业务平台。

1．"免费"商业模式造就近乎为零的信息交互与资金交易成本

正如创新工场董事长兼首席执行官李开复所说，在互联网时代，"免费"的模式有着深远影响，用免费的产品和服务去吸引用户，然后再用增值服务或其他产品收费，这已经成为互联网公司的普遍成长规律。传统金融业务出于网点、人工等成本考虑，准入门槛较高，基本无法覆盖小型和微型资金客户。互联网金融服务机构由于其接近于零的交易成本，因此客户门槛也接近于没有，使得互联网金融服务机构可以服务几乎所有的客户。互联网金融的低成本性使得资金的流动更加便捷容易，互联网金融的服务范畴与市场参与者也更为大众化，并能充分整合碎片资金，提高资金的使用效率。

2．迅速快捷的信息传递能力与复制能力

这决定了标准化程度高、复杂度相对低的金融产品及服务在未来将非常适合从网下走到网上。当然，对于复杂度较高，对客户定制化需求也高的金融产品及服务，未来仍然是传统金融机构的优势领域。传统金融机构长期积淀的风控能力、产品设计能力是目前互联网金融机构中短期所不能达到的。

3．大数据特征将推动业务效率的快速提升

信息交互产生的大数据集可为互联网金融信用分析体系的建立提供坚实的基础，给出任何资金需求者（机构）风险定价或动态违约概率，快速

合理地实现资金定价，提高资源匹配效率。比如阿里小贷就是一个极好的典范，拥有庞大的交易数据和信用评价体系，其可以针对商家更加准确地制定风险定价及相关的贷后管理制度。

4. 以客户为中心的互联网基因，改变传统金融业思维导向

几乎可以肯定的是，具有良好用户体验的互联网金融服务机构和相关产品未来会很快、成批地出现，以此获得较高的用户黏性。未来互联网金融服务机构的产品、服务创新速度也一样会继承其在互联网业务上的时效基因。

互联网的公益性和公立性特征，以及其更低的运行费用、更快的传播速度、更高的运行效率、更少的时间成本等特点决定了互联网未来将会极大地改变传统金融的运行模式。互联网金融也许会从信息处理、风险评估、资金供求、支付方式、供求方匹配、产品设计、交易成本等诸多领域对传统金融形成多方面的冲击。

这意味着，未来互联网金融的趋势必然是：支付电子化、渠道联网化、信用数字化。

(二) 互联网金融市场发展调查问卷分析

本次问卷是在网上制作完成，通过微博和微信等社交工具进行宣传，邀请网友参与填写，问卷公开接受答卷时间为 2014 年 8 月 14 日至 9 月 14日，共收到有效答卷 49 份，独立 IP 数 49 个。其中通过手机提交的答卷数是 47 份，通过网页链接的方式提交的答卷数是 2 份。49 份问卷来源于 10个省份，其中有 38 份问卷来源于广东省，占了 77.55%。

49 个答卷人中 33 个为女性，16 个为男性。年龄处在 20～30 岁的为 35人，30～40 岁的为 5 人，其他年龄段为 9 人。这一方面说明微信等社交工

具的使用群体偏年轻化，另一方面说明对互联网金融的关注群体偏年轻化。其中，33人为大学本科学历，11人为硕士，5人为专科及以下，说明对互联网金融话题比较感兴趣的多为文化水平比较高的人。其中，在校学生32人，白领9人，创业者2人，个体工商户2人，其他4人。由于身份多为在校学生，所以真正做过互联网金融的比较少。月收入2 000元以下的为29人，这与填写人多为学生有关，2 000~3 000元的为3人，3 000~5 000元的为8人，5 000~8 000元的为6人，8 000元以上的为3人。

1. 互联网金融尚未普及

只有18.37%的受访者是比较关注互联网金融的，大部分的受访者对于互联网金融的认识只处于听说过或者初步了解的阶段。在接下来的调查中，我们还可以看到，对于互联网金融，不少受访者是通过网购这一与生活密切相关的渠道才了解的。可知，互联网金融对于很多人来说是个既熟悉又陌生的概念。

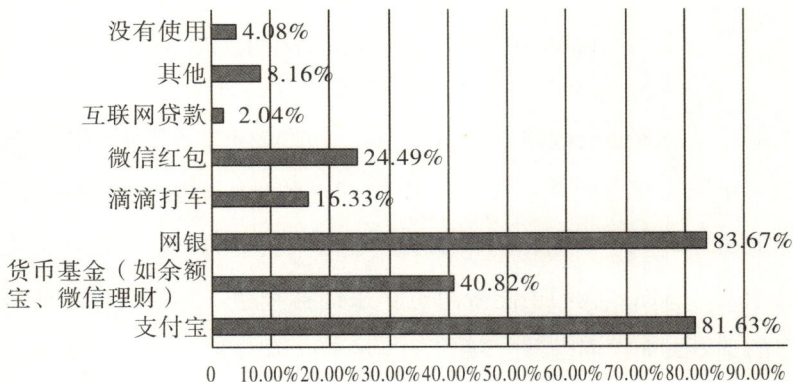

没有使用 4.08%
其他 8.16%
互联网贷款 2.04%
微信红包 24.49%
滴滴打车 16.33%
网银 83.67%
货币基金（如余额宝、微信理财） 40.82%
支付宝 81.63%

0 10.00% 20.00% 30.00% 40.00% 50.00% 60.00% 70.00% 80.00% 90.00%

图7 受访者使用过的互联网金融产品

大部分受访者接触互联网金融是通过网购，支付宝、网银等是受访者使用最多的互联网金融相关产品。而类似于余额宝、微信理财等新兴货币基金也受到了不少受访者的青睐,虽然大部分受访者在其中的存款并不多,但由于操作方便,且收益率也有一定的保障,不少受访者都愿意抱着"试试看"的心态做少量投资。

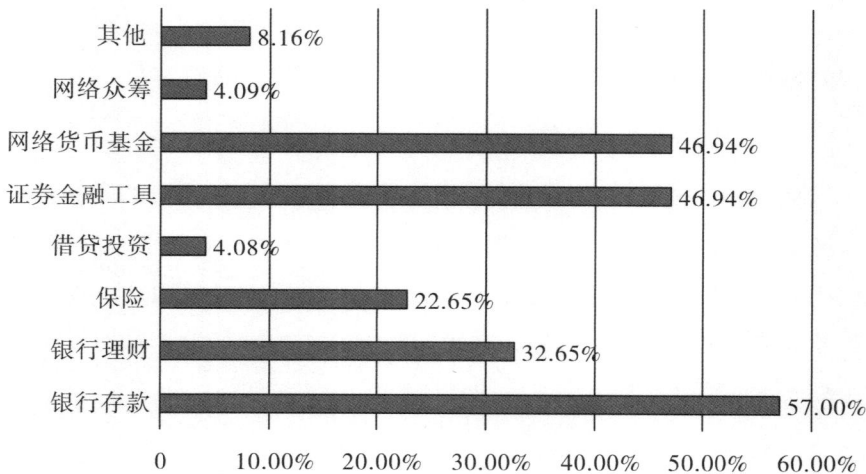

图8 受访者愿意选择的投资理财方式

大部分受访者还是倾向于银行存款这一项较保守的投资理财方式。这也符合《中国家庭金融调查报告》中的调查结果,中国家庭金融资产中,银行存款超过50%。这与国内存款利率、国内投资渠道以及国民的投资理念息息相关。从图8我们还能看出近年来证券金融工具投资也逐渐成为人们投资的重要方向。而随着互联网金融的诞生和发展,网上融资投资也开始吸引投资者的目光。随着投资渠道越来越多样化,可以预见,人们的投资也将走向多样化。

2．民间借贷发展的环境好转但仍有待提升

对民间借贷持反对态度的受访者只是少数，绝大部分的受访者都希望民间借贷可以规范化、合法化，甚至与银行借贷合作。国家鼓励创业发展，而银行借贷门槛却把很多心怀理想的创业者拒之门外。不少受访者表示，若国家政策法律能规范引导民间借贷，民间借贷的存在将会利大于弊，这也有利于促进互联网金融的健康发展。

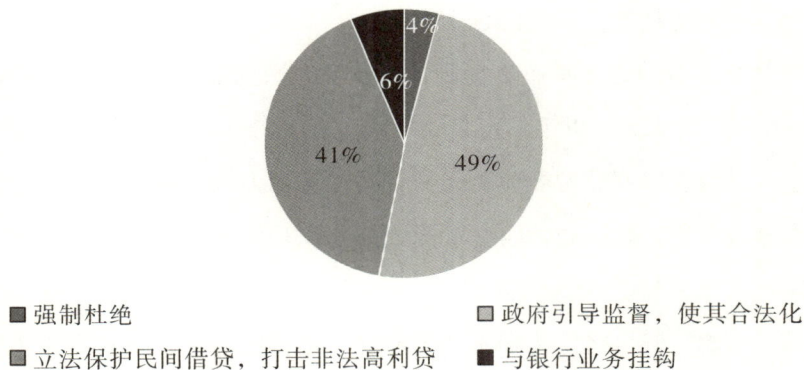

图9　受访者对民间借贷的看法

大部分受访者都听说过 P2P 借贷平台，但曾参与其中的受访者却寥寥无几。当被问及原因时，大部分受访者的答案都是担心网络借贷"不靠谱"，而且网络借贷"跑路"的新闻几乎每天都有。由此可见，大部分受访者虽然理解这一概念，但对这一新兴产物的信心还有待加强。由此，我们也希望国家的政策法律能尽快对网络借贷进行规范引导。

对于大部分受访者来说，是否在 P2P 借贷平台做投资的标准主要有两个，分别是安全问题和收益问题。当前投资者对借贷平台信心不大，大部分受访者把安全性问题放在了首位。小部分投资经验较丰富的受访者还会关注标的期限、借贷方线下资源等信息。

由于受访者当中实际参与过 P2P 平台投资的不多，因此，对网贷资金运营情况的了解程度，大部分选择的是"不清楚"。略有了解的受访者大多也是从报刊上得知一二，他们表示，网站或是介绍类的文章都把运营情况写得比较完美，但实际操作如何，他们无从认证，再加上负面新闻屡见不鲜，因此也降低了他们对网贷的信心。受访者中非常了解资金操作流程的人数为零，由此我们也可以得知，平台的运营操作过程这一块还有待公开透明化，以便增加投资者的信心。

对 P2P 平台的资金操作流程非常了解的人数为 0，而完全不清楚的占了 51.02%，高达一半以上。可见，目前人们对于 P2P 网络借贷的了解甚少。这一随着互联网的发展和民间借贷的催生而发展起来的新的金融模式还没有被大多数人所认知，而对于资金操作流程的缺乏了解会使得投资人在 P2P 平台上进行投资的倾向减小，不利于 P2P 平台的发展。因此，P2P平台可以考虑将资金操作流程更加透明化，加大宣传力度，使得更多投资人愿意将手中的资金投入其中，以促进其发展，达到互利共赢的局面。

36.73% 的受访者因为资金利率高而想要利用 P2P 网络借贷市场理财，因为新奇想要尝试的人数占 30.61%，而因为风险小想要尝试的人数仅占10.2%。在大多数人的心目中，P2P 网络借贷是一种利率高而风险大的理财方式。我国 P2P 行业发展初期，由于其明显高于银行的利率使得投资者愿意将资金投入，但是考虑到风险性，许多投资者也有可能望而却步。从我国 P2P 行业发展初期到现在为止，许多平台的风控团队的资质较低，风控措施不到位，信息透明化也做得比较差，而市场上的投资者鱼龙混杂，许多冲着高利率而盲目投资的初级投资人惨遭破产，这方面也给 P2P 市场的发展带来了一些负面的宣传，使得很多人不敢涉水。随着行业洗牌加剧，许多优质的平台将浮出水面，而国家的相应监管措施也将进一步完善，相信 P2P 投资者的队伍将会发展壮大，整体素质也会更高。

63.27% 的投资者愿意将闲置资金的 5%～10% 进行 P2P 网络信贷投资，而没有人愿意将 20% 以上的闲置资金投入 P2P 平台。可见大多数人在 P2P 平台上的投资有着"试水"的性质，并不会将其作为主要的投资方式。这与 P2P 网络信贷作为一种新型的投资模式，其投资的风险性和投资者对于 P2P 网络信贷投资的了解情况都有一定的关系。要想将其发展为一种被大多数人看重的投资方式，还需要从宣传力度、风险控制和收益率等方面进行调整。

高达 63.83% 的投资者更倾向于选择收益率在 7%～10% 的投资标的，约 1/3 的投资者愿意选择收益率在 7% 以内的投资标的，极少数人愿意选择收益率更大的投资标的。高的收益率意味着高的风险率，而之前大多数 P2P 平台的年化收益率都在 10% 以上，这恰恰意味着较高的风险，这或许是投资者不愿意将大部分闲置资金投入 P2P 网络信贷市场的原因。有一些 P2P 平台也针对这一情况做出了相应的调整并推出了相应的产品，如平安旗下的陆金所推出了"稳盈－安 e"产品，将年化利率控制在 8.4%，以吸引更多的投资者。可见，较高的利率不一定能吸引更多的投资者，将利率控制在一定范围反而使得投资者更为安心，也能更好地进行风险控制，这是 P2P 平台能否获得更好发展所需要思考的问题。

3. 投资与金融知识有待普及

关注信用良好、有按时还款记录的企业的投资者比关注盈利预期比较高的企业的投资者多。这表明在网络信贷投资中，虽然投资者也会考虑盈利，但相较于盈利，他们更加注重所投入的资金的安全。相较于小微企业，投资者更倾向于规模大的企业。显而易见，规模大的企业的经营模式更为成熟，资金更为充裕，资金安全更有保障，这使得投资者更加信赖大企业，更愿意将资金投入大企业中以获取利益。

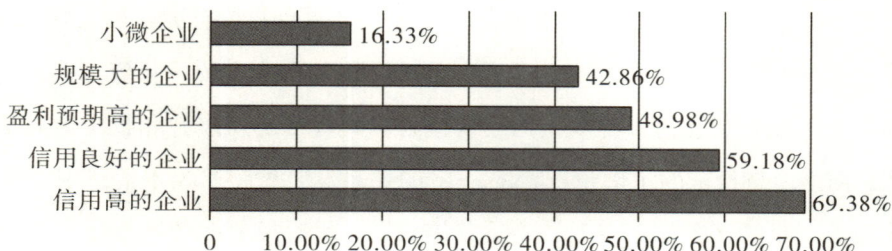

图 10　投资者在网络信贷投资中对企业的选择

53.19%的投资者会对金融投资的知识偶尔进行了解，大约 1/4 的人非常关注金融投资的知识，而 17.02%的投资者是跟随别人行事。可见，大部分投资者都比较了解有关金融投资的知识，对于金融理财产品也有自己的分析和见解，所以相应的金融理财产品需要更加合理的设计以满足投资者的需求。同时，也需要加大对于相应金融理财产品和相应金融投资知识的宣传，让更多的人能够接触并了解金融投资，特别是网络信贷投资，从而促进互联网金融的发展。

超过一半的投资者认为，借款人在平台的借款记录、平台对借款人的评级、借款人的抵押品、借款人通过的资料认证和借款人的年收入比较重要。也就是说，投资者更加关心借款人的还款记录和还款能力，更加关心自己所投入的资金能否有效收回，风险是否太大。从这一点出发，P2P 平台需要更加注意对借款人在平台的借款记录进行整理，对于借款人相应信息的审核也应该更加严格。

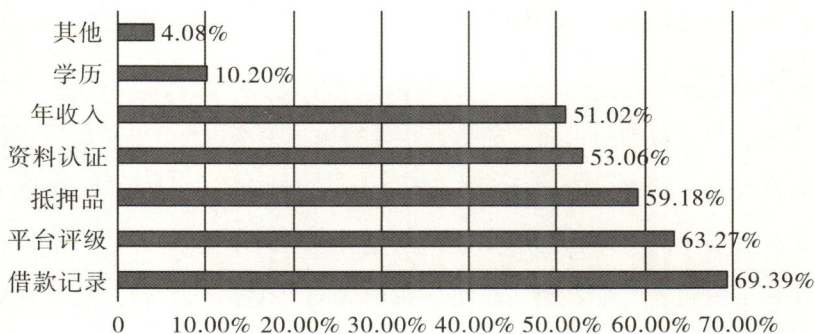

图 11　投资者所关心的借款人信息

4. 借贷规模相对较小，投资途径有限

根据调查结果，81.63%的受访者在 P2P 平台的借款额度倾向于小额借款（30 000 元人民币以下），而希望能借到 10 万元以上的占极少数（4.08%）。可见，大多数借款人只是希望能够在手头不宽裕的情况下，将 P2P 平台作为小额贷款的一种方式。因为银行业务主要是大额贷款且利息高，较少涉及小微企业和个人，P2P 平台的存在恰好对其做了一定补充，从而满足了广大人民群众的需求。

52.08%的贷款人的贷款主要用于创业和生意周转，较少用于消费和投资理财。这从侧面反映了 P2P 互联网小微金融模式是面向具有还款能力和还款意愿的优质中小企业或个人，帮助解决投资者投资起点高、融资难、融资时间长、银行贷款利息高等问题，使得更多的人能够有足够的资金进行自主创业，提高了全社会的资金利用率。66.67%的受访者期望的利率在 0~5%，33.33%的受访者期望的利率在 5%~10%，没有人期望利率在 10% 以上。换言之，大部分人期望的利率要低于银行的贷款利率，如果利率过高，贷款人很有可能放弃在 P2P 平台上贷款，而选择银行贷款这种更有保障的贷款方式。

5. 安全意识快速提升

虽然经过行业内的热议，"去担保化"被人们广泛认为是 P2P 行业的未来发展趋势，但国内目前的征信系统发展尚不健全，"去担保化"还很不现实。根据调查结果，即使是在正规的 P2P 信贷平台，83.67% 的投资人认为贷款人需要提供担保和信用凭证，而仅有 4.08% 的投资人认为不需要提供担保和信用凭证。这表明，即使是在正规的 P2P 信贷平台，投资者对于自己投入资金的安全性仍然存有疑虑，目前正规 P2P 信贷平台的权威性也远远没有达到让投资者完全信赖的地步。为了增加投资者的信赖度，让更多的投资者将更多的资金投入，P2P 信贷平台应该通过加大自身的风控力度来提高自己的公信力，投资人也应该强化自身的风险意识，提高风险辨别能力，做一个高水平的投资人。

受访者普遍认为的目前网贷平台的不足之处有：无法获得法律保护、还款不及时甚至存在跑路危机、平台无信用评级或信用评级不可信等。无法获得法律的有效保护是现在网贷平台发展受到限制的原因之一，而信用的问题也使得投资者无法完全信赖网贷平台，不会将手中大量的闲置资金投入进去，不利于网络借贷市场的进一步发展。

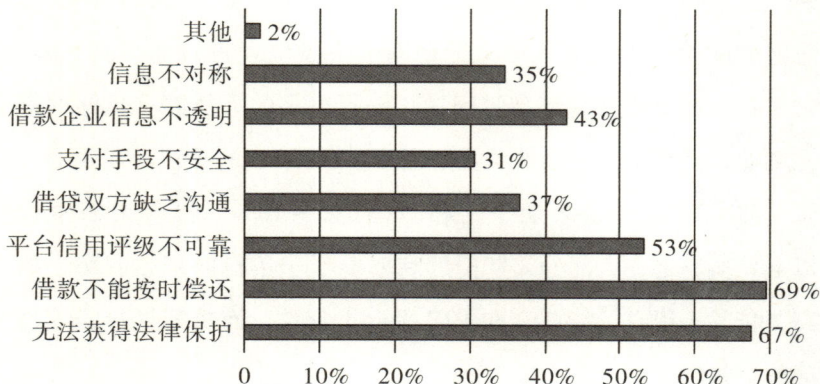

图 12　受访者认为网络借贷的不足之处

59.18%的受访者因为担心无法收回本金而没有尝试过网络信贷，高达42.86%的受访者因为对此不了解或不感兴趣而没有参加。可见，要想促进网络信贷市场的发展，首先要提高平台的可信度，推出一系列风险控制措施，降低风险率。其次，还要加大宣传力度，让更多的人了解网络信贷平台，也可以加入一些通俗易懂的元素让更多的人对网络信贷平台产生兴趣。

6. 发展前景看好但充满疑惑

51.02%的人看好互联网金融（特别是网贷融资）的发展，而46.94%的人持中立态度，认为其以后的发展前景未能预测，要看政府的导向。网贷融资固有的低成本、高效率和覆盖广等特点使得越来越多的人对其发展有所看好。但是它在一定程度上冲击了银行业务，其未来的发展还要看政策的导向。

五、服务外包：跨越时空的产业链分工

（一）我国服务外包业发展现状

据商务部统计，2014年上半年我国共签订服务外包合同87 507份，合同金额522.1亿美元，同比增长35.3%；执行金额372.0亿美元，同比增长36.2%。其中，承接国际服务外包合同金额349.6亿美元，同比增长28%；执行金额253.4亿美元，同比增长31.1%。

（1）美国、欧盟、日本和中国香港是购买国际服务的主要发包市场。2014年上半年我国承接美国、欧盟、中国香港和日本的离岸服务外包执行金额分别为60.8亿美元、35.4亿美元、34.8亿美元和26.8亿美元，约占离岸服务外包执行总金额的23.9%、13.9%、13.7%和10.6%。

（2）示范城市产业集聚作用突出。2014年上半年，21个服务外包示范

城市签订离岸服务外包合同金额 319.4 亿美元，同比增长 28.8%；执行金额 229.8 亿美元，同比增长 32.2%。离岸合同金额和执行金额分别约占全国的 91.4% 和 90.7%，示范城市产业集聚和引导作用突出。

（3）服务外包就业规模稳步扩大。2014 年上半年，我国服务外包新增从业人员 32.4 万人，其中大学生 22.8 万人。截至 2014 年 6 月底，我国共有服务外包企业 26 277 家，从业人员 568.6 万人，其中专科以上学历 378.7 万人，约占从业人员总数的 66.6%。

（4）信息技术外包（ITO）占主导地位。2014 年上半年，我国承接离岸信息技术外包（ITO）、知识流程外包（KPO）和商务流程外包（BPO）占比分别为 53.3%、32.9% 和 13.8%，信息技术外包仍占主导地位。知识产权研究、分析学和数据挖掘、医药和生物技术研发与测试等知识流程外包业务增长迅速。

近年来，广东省服务外包产业快速发展，呈现以下特点：一是产业规模迅速扩大。自 2009 年以来，广东服务外包企业接包合同额和执行额分别由 20.4 亿美元和 16 亿美元增加到 2012 年的 81.1 亿美元和 52.2 亿美元，年均增长率分别为 58.4% 和 48.3%。截至 2012 年年底，全省累计登记服务外包企业 1 543 家，从业人数 63.3 万人，企业获得国际资质认证的数量达 421 家。二是产业结构不断优化。服务外包业务正由低端向价值链中高端延伸，产业咨询、研发服务外包等高附加值、高技术含量的业务比重不断提高。继传统的信息技术外包之后，商务流程外包和知识流程外包发展迅速。三是示范城市引领作用明显。广州、深圳两个国家服务外包示范城市的服务外包企业数量分别占全省的 46.3% 和 36.5%。其中广州天河软件园的企业数量、产业规模、服务创新和技术平台建设水平等居国家软件产业基地首位，深圳软件园已聚集了 IBM、甲骨文、微软等知名软件企业，为我省服务外包产业竞争力的提升发挥了重要的引领和示范带动作用。

（二）汇富模式：一个企业样本

东莞汇富在 2008 年之前并不是做贸易服务的，而是像普通企业一样做进出口贸易。但是，金融危机的爆发给对外依存度很高的东莞企业以严重的打击，很多做进出口贸易的公司纷纷停业倒闭。在这种危急的情况下，公司毅然选择转型去做贸易服务，这一块在当时尚属于新领域。后来的事实证明，公司的转型不仅拯救了自己，而且其所创造的汇富模式还帮助了众多中小微企业摆脱了困境。

那么，汇富模式究竟是什么呢？通过交流我们了解到，汇富模式就是一种向中小微企业提供外贸方面的供应链解决方案的企业经营模式，包括快速通关、财税规划、贸易咨询、国际展览、贸易融资、外贸培训、国际物流和国际采购八大环节，几乎涵盖了进出口贸易的全流程，解决了中小微企业在进出口贸易方面的众多难题，得到了中小微企业一致的好评。通过总结，我们发现汇富模式实际上就是服务外包领域中处于中间层次的商务流程外包中的供应链管理，这条供应链几乎涵盖了一切的商务流程。它的出现让诸多的企业可以将自己核心业务以外的业务流程委托给专业的服务提供商，腾出更多的人财物资源去做好自己的核心业务，提高企业的生产经营效率和企业的核心竞争力。

（三）天河软件园：一个产业园样本

我们对广州市天河软件园的 10 家公司进行了问卷调研。其中，60% 的企业从事的是比较基础的信息技术外包，30% 的企业从事的是服务外包中等层次的商务流程外包，仅有 10% 的企业从事的是对技术、知识和人才要求比较高的知识流程外包。这说明，企业目前从事的服务外包大都集中在价值链的中低端，而技术含量和产品附加值较高的商务流程外包仍发展缓慢，如物流设计、人力资源管理和供应链管理等领域，虽然近两年发展势头良好，但不少企业还缺乏接包经验，与客户之间的沟通、销售能力以及技术水平都存在不足。对于价值链最高端的知识流程外包来说，广东省在国内的综合竞争力还较为薄弱，虽然深圳在这方面取得了较大的进步，但是总体上来看 KPO 业务所占比重偏低。

被调研企业中仅有 4 家承接国际服务外包，仅占调研对象的 40%。这 4 家承接国际服务外包的企业中，4 家拥有美国市场，2 家拥有欧洲市场，2 家拥有日本市场，1 家拥有巴西市场。在开展国际服务外包的企业中，有 44% 的业务是来自美国，来自欧洲和日本的业务占比都是 22%，仅有 12% 的业务是来自巴西。不难得出结论，在开展离岸服务外包的企业中，大部分的业务仍然是来自欧、美、日等世界主要经济体，而来自新兴市场的业务则很少，但是仍然处于不断发展之中。

企业服务外包业务的来源渠道如图 13 所示：

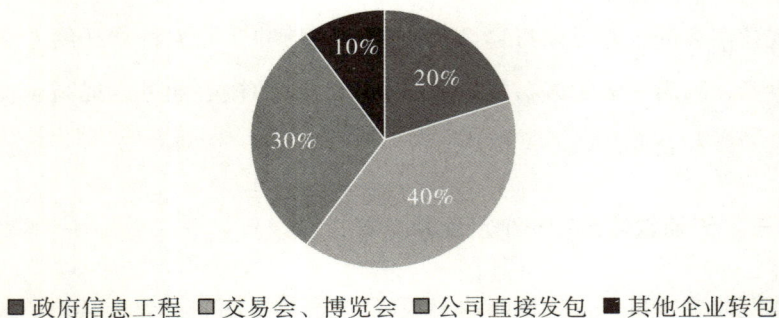

■ 政府信息工程　■ 交易会、博览会　■ 公司直接发包　■ 其他企业转包

图 13　企业服务外包业务的来源

企业服务外包业务的主要来源渠道是专业的交易会和博览会，有40%的企业是通过这种方式去获得客户的，这也是主要的客户搜寻渠道。然而，政府提供的各类信息化工程远远不能够满足企业的需要，这说明政府相关部门在这方面做的工作比较欠缺，还有很大的改进空间。政府应争取为企业提供更多的机会去接触国内外客户，拓宽企业的发展空间。

很少有企业是依靠自己的技术创新优势去吸引客户的，企业吸引客户的方式主要是依靠价格优势和专业资格认证优势。对于在人才和技术方面要求较高的客户，企业很难满足他们的要求。这一方面说明众多的发包商选择接包商的时候主要考虑的是价格水平，另一方面也说明了这些接包商在人才和技术创新方面的优势较小，不能够提供更高水平的接包服务。

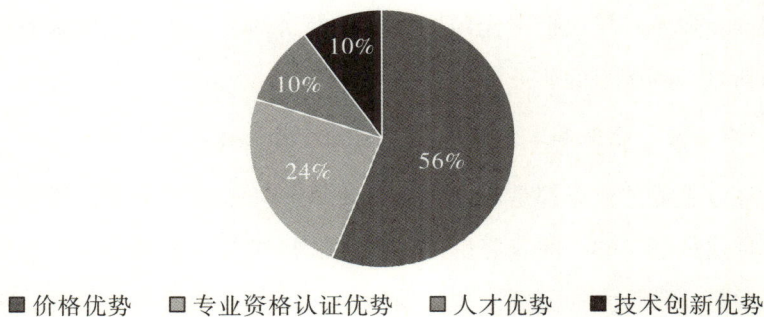

图14　企业吸引客户的方式

（四）政策建议

1. 积极培育大型国际化服务外包企业

目前，大多数开展服务外包的企业规模较小，难以形成规模和品牌效应，因此也难以承接一些大型的、附加值高的服务外包业务，可以通过以下几种途径来扩大服务外包企业的规模和能力：首先，政府应加大对企业的金融支持力度，采取引入风险投资、私募股权等形式来拓宽企业的融资渠道；其次，鼓励和支持已经初具规模的企业并购国内外优质企业来实现快速扩张，与此同时，也鼓励大型企业之间的强强联合，以实现资源共享，优势互补；最后，为我国企业与国际大型服务外包企业的联系提供便利和条件，提高境内企业外包服务水平，争取更多的处于价值链顶端的外包业务。

2. 积极开拓新兴市场国家业务

我们发现，企业大部分的业务来源于欧洲、美国、日本等发达经济体，来自新兴市场国家的业务所占比重较小。事实上，全球的新兴市场国家目前正处于一个快速发展的上升阶段，伴随着经济的快速发展和产业转型的进行，对外包服务的需求也在不断地增加，未来的需求潜力巨大。所以，我们国内企业不能仅仅把眼光停留在发达经济体上，而应积极地做好准备去开拓新兴市场国家的业务。

3. 政府应为企业和客户的对接创造更好的机会

大部分企业的业务都是通过专业的交易会和博览会提供商搭建的展会平台这种途径获得的，而政府搭建的平台和提供的信息较少。对于我们这个政府力量非常强大的国家来说，这种情况下一旦政府参与其中，势必会为企业提供更多的机会和平台。例如，政府可以利用其特殊的信息优势，通过在专业的网站发布相关信息，让企业能够有更多的机会去寻找更多的客户资源。

4. 企业应加大人才培养力度，增强技术创新能力

目前客户主要选择价格水平较低的企业，对于那些处于价值链顶端的业务，大部分企业仍然很难承担，主要原因是企业的技术水平仍然达不到客户的要求。面对新工业革命的冲击，企业不能再仅仅依赖于价格优势来

生存，因为这种优势将会慢慢地消失。唯一的办法是，加大企业的人才培养力度，增强自身的科技创新能力，不断地向价值链顶端迈进。

六、企业发展模式：变化与创新将是永恒

（一）新工业革命催生企业发展方式转型

新工业革命使全球要素配置方式、生产方式、组织模式以及人们的生活方式发生了革命性的转变。企业生产经营方式正在发生变化。

1. 日益平缓的"平均成本曲线"

无论是否考虑技术进步，规模经济的适用都在于其能够有效地降低企业的平均成本，从而降低生产成本。然而，随着第三次工业革命的到来，各种先进制造技术得到了应用，如3D打印技术，这是指通过电脑辅助设计技术完成一系列数字切片，并将这些切片的信息传送到3D打印机上，后者采用分层加工、叠加成型等技术，将连续的薄型层面堆叠起来，直到一个固态物体成型。其工作原理与普通打印机基本相同，与电脑连接后，通过电脑控制把"打印材料"一层层叠加起来，最终把计算机上的蓝图变成实物。这些新型制造技术很有可能会使得单个产品的生产成本与大规模生产的单位产品的成本几乎没有差别。

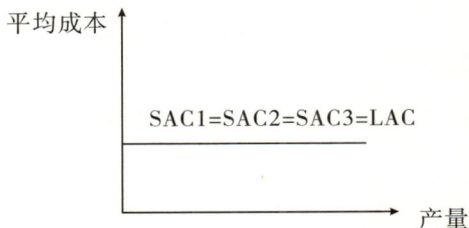

图 15　企业平均成本曲线（范围经济）

无论是长期平均成本曲线还是短期平均成本曲线，都将变成一条水平线，不再因为生产规模和产量的变化而变化。这也就意味着，这种成本无差别将颠覆传统的规模经济理论，规模经济的大规模生产在降低企业成本方面的作用将逐渐下降。

2. 供给方——"供应一条龙"

为了适应当今高度动态化的产品市场，产品的供给方需要的不再是传统的流水线生产，也不再是一味地扩大自己的生产规模，而是一种具有更强的适用性和灵活性，能够紧密贴进消费者需求变化，及时生产消费者需要的产品，实现全生命周期产品的生产。毫无疑问的是，这将对产品的供应链，产品的供给方提出新的要求。美国学者托马斯·弗里德曼（2008）在《世界是平的：21世纪简史》一书中所提及的美国零售商巨头沃尔玛的"供应一条龙"，为我们展示了范围经济的力量。在沃尔玛的配送中心，从不同供给方那里获得的装有商品的盒子被转送到大大小小的传送带，电眼系统会扫描每个盒子上的条形码，根据不同的内容将它们进行再一次的分流，然后将其传送至各个沃尔玛商场所派来的专属卡车上，由其运送到各个沃尔玛商场。而当消费者从货架上将其取走，收银员在扫描商品的同时也通过沃尔玛的网络给这个产品的供给方发出信号，供给方在收到信号后马上就会通过上述的供应链给沃尔玛的配送中心进行商品的补充，周而复始。所以当你每从沃尔玛的货架上取走一件商品时，这也就意味着世界的某个地方将会再生产出同样的商品。沃尔玛以这样一种"供应一条龙"的方式，在供给方、零售商和消费者之间展开合作，确保在消费者需求变化多样的时代，仍然能够及时把握消费者的最新需求——短缺永远比过剩带来更多的利润。

这种全新的零售商运营方式背后所蕴含的是范围经济的精髓，它将供给方、物流运输、消费者结合于自身销售，形成一条不受阻碍的低成本供应链。首先，沃尔玛要求其货物供给方按其要求的规格制作特定的条形码和供货电子系统，有效降低自身与供给方的交易成本，提高货物配送的准确性与高效性。其次，对于沃尔玛而言，由于每种商品都可以从同样的批发商处获得，所以要想获得比其他的零售商更低的进货价格，只有从生产商处直接购进商品。但让生产商将商品送到各个沃尔玛商场显然是不现实的，因此沃尔玛建立了自己的物流配送中心。虽然增加了经营配送中心的平均成本，但省去了批发商环节所需的成本，还是让沃尔玛在最终成本上有所下降。同时，将货物销售信息与供给方及时共享，使得沃尔玛可以有效节约成本，避免存货积压，并及时获得最新的消费者需求信息。总而言之，供应链的规模越大和范围越大，沃尔玛就越能以更低的价格向消费者出售商品，在和供给方讨价还价的过程中更加具有优势，这样获得的收益也就越来越大。

3. 需求方——个性化、差异化需求突出

美国学者克里斯·安德森在其《长尾理论》一书中提出：我们的文化和经济重心正在加速转移，从需求曲线头部的少数大热门（主流产品和市场）转向需求曲线尾部的大量利基产品和市场。在一个没有货物空间限制和其他供应瓶颈的时代，面向特定小群体的产品和服务，可以和主流热点具有同样的经济吸引力。这意味着，作为消费者，我们的选择更加多样化、更加个性化，不再局限于规模化生产的标准化产品。这样的变化主要依赖于以下三个方面：①选择空间的膨胀。随着生产技艺的发展，生产者已经从企业、工厂转移至个人，各种各样的产品无时无刻不在产生。因此我们的选择空间正在以前所未有的速度膨胀，成倍扩大可选产品的阵营。②搜索成本的下降。如今互联网使消费者可以轻易搜寻一切他们所需要的、更加具有个性化特点的产品。通过网上购物，消费者可以轻易地获得千千万万的商品。③柔性生产方式。先进的生产技艺使得个性化产品成为可能，通过 3D 打印技术，可重构生产系统，消费者可以获得自己的定制化产品。例如，当消费者在惠普商店购买电脑时，消费者仅仅需要把自己对电脑的配置、功能需求告诉工作人员，工作人员便可在 2 ~ 3 天为其定制一部个性化私人专属电脑。

这一切都在促进消费者不断追求差异化的商品，也使得商品的生命周期变得越来越短。消费者需求市场的这种快速变化，再一次对供给方提出了新的要求。只有建立一个能够对市场做出快速反应，及时满足消费者随时变化的个人需求的产品供应链，才能在第三次工业革命中保持企业的经济增长能力。毫无疑问的是，范围经济利用其不同产业间的协同效应，有效降低成本的同时也在快速对市场做出反应，其在生产个性化产品方面有着自己独特的作用。

（二）调研对象

本次调研的对象为广东凯普生物科技股份有限公司（以下简称凯普生物）、广州智惟高教育科技有限公司（以下简称智惟高）以及广东省惠州市的三家中小型制造企业，分别为：通行手袋制品有限公司（以下简称通行）、佳兴工艺制品厂（以下简称佳兴）、新艺木制品厂（以下简称新艺），还有湖北省广水市的两家企业和仙桃市的一家企业，分别为：湖北广达机床有限公司（以下简称广达）、双剑鼓风有限公司（以下简称双剑）、康舒电子（武汉）有限公司（以下简称康舒）。各企业均有自己的商业模式和业务特色，在新工业革命的冲击下，相信也会有其独特的应对策略。

凯普生物是一家专注于妇科肿瘤及其他肿瘤诊治产品研发、生产、销售的综合性高科技生化企业，是核酸分子基因诊断特别是 HPV 检测的中国领军企业，年销售收入达 1 亿多元，利润达 3 000 万元。在融资渠道方面，凯普生物采取了股权众筹的新模式，通过互联网金融进行其 3 000 万元的新一轮股权融资，改变了以往只通过银行贷款的旧融资渠道。在生产方面，实行以销定产、适量库存备货、手工与半自动化相结合的生产模式。

智惟高主要从事早期教育机器人的自主研发。截至 2014 年 5 月，实现营收 500 万元。在销售渠道方面，公司拟采用 9 大渠道销售产品，分别是传统经销商、大卖场、集销、电视、礼品、母婴、O2O、出口、电视购物。通过各渠道的销售数据实时调整重点渠道，基本以外包为主，目前拥有经销商 40 多个。

惠州的三家企业均为成立近 10 年的中小型制造企业，年销售收入达 200 万元以上。仅通行有外资投入，其余均是民营企业。人力资源方面，并未出现所预期的对信息技术人员的迫切需求，大多是基于本公司业务、管理、研发等需要的传统型人员。融资渠道方面，均未涉及任何新兴方式，仍以银行贷款及民间筹资为主。通行在产业链中处于设计、生产、代工的位置，故研发投入能达到 40% 以上；佳兴主要是来料代工，新艺主要是按客户要求生产，研发投入甚至都达不到 2%。

（三）新工业革命背景下企业对于发展模式转型的态度

在面对互联网改写各行业全新业务模式的新工业革命的冲击时，企业均表现出一定的转型意愿。凯普生物对移动医疗产生了浓厚的兴趣，并表示如有好的移动医疗平台和 App，会尝试合作推广公司产品。

智惟高也表示将在其研发第二代产品前，建设好自己的微信营销团队，坦言会在最近一轮的融资中把募集来的资金用于建设云数据平台，整合内容资源，并强调在线教育是公司未来发展的一个重要领域，在线教育市场不容忽视，尤其是幼儿早期教育。

就佳兴、新艺而言，其转型意愿主要出于外部因素的影响，如行业产能过剩、恶性竞争、市场整体需求下降等；而通行还基于企业自身发展规划及对当前形势的判断，相对来说转型更具主动性。通行及新艺对转型有更为迫切的认识，认为转型是企业发展的必经之路；佳兴则较为消极，认为企业在当前环境下不转型升级一样可以生存，在零利润下更为保守，"变则更可能死"，将企业生存寄希望于同行退出市场和竞争的理性化。通行、新艺拟在企业其他方面做转型的尝试，佳兴则更谨慎地希望借用成本较低的互联网完成调整。

在政府帮助中小型企业转型的措施方面，通行、新艺、佳兴均表示当前政府帮助甚少，期望当地政府有更积极有效的举措，例如完善财政支持体系，在财税上加大扶持力度；创造更多与国企、外企合作的机会；完善中小型企业的融资方式；建立健全利益补偿、风险分摊和产学合作机制等。

关于信息技术的运用，通行、新艺、佳兴都所知甚少，或限于企业生产特点，或限于员工素质、企业规模等，在绝大部分问题上坚持传统方式，新工业革命所带来的影响并不明显。

再来看湖北省的三家企业，广达称已基本转型完毕，基本实现自动化，且处于行业前列；康舒绩效良好，是惠普、联想等企业的供应商，没有太大的转型意愿；双剑有转型意愿，但目前设备较落后，希望进一步实现自动化。三家企业对微信微博营销、电子商务、新的融资方式、网络会议等都不感兴趣，但均对自动化情有独钟。

（四）调研结论

企业规模较大、资金具有外资成分、研发投入更大的企业（如通行），对企业转型升级的意愿更为迫切，同时也更能获得政府的帮助。政府在帮助企业转型的过程中，具有不可忽视的作用，体现在融资、财税、人才招揽、合作接触、信心树立等方面。

大部分中小型企业虽有不同程度的转型意识，但普遍对新工业革命及相关技术了解甚少，缺乏相关的指导建议，也因此阻碍了企业转型的尝试。

新工业革命的影响，并未如预期一样对中小型企业产生明显的影响，其中关键因素包括：政府指引、企业环境（资金、员工素质等）、社会需求。

微信微博营销：目前还不适合制造业，较适合服务业。

网络会议：提议很好，但要开展必须考虑到公司人员的习惯和文化程度等。

所调研企业比较注重实体经济，对于虚拟经济都不太感兴趣；自动化程度较高，但都限于产业链制造这一方面，对于服务业这一方面基本没有展开；产品技术含量不高，科研投入不高。

目前效绩良好且公司成立时间较短的企业（康舒、广达）并无太强的转型意愿，而企业效绩一般、设备较老且成立时间较长的企业（双剑）有转型意愿。企业是否转型在很大程度上取决于外部压力（效绩、设备等）。

七、创业：从学生到企业家的磨炼

在当今大学生越来越多、工作岗位供不应求的情况下，许多大学生选择逃离充满竞争与不公的求职市场，转向自主创业。但是大学生的自主创业通常与普通的创业不同，大学生们在创业时往往揣着自己的理想抱负，想将自己的知识运用到创业上，可是理论常常无法运用到实际，导致很多大学生创业失败。经调查，农民工创业的成功率远远高于大学生创业的成功率。这引起了我们的思考：为什么大学生创业如此艰难？社会、学校要如何做才能真正帮助大学生实现创业理想呢？我们从大学生创业的经历中学到了什么？为此，我们对安徽省合肥市庐阳区百帮创业园进行了调查研究。

（一）庐阳区百帮创业服务中心概况

庐阳区百帮创业服务中心创建于 2001 年 1 月，是合肥市较早成立的一家非正规就业劳动组织服务机构。多年来，创业服务中心坚持立足社区，有序发展，积极引导、吸纳、安置下岗失业人员、农民工以及刚刚毕业的大学生自谋职业、自我创业，探索出从创业培训、优惠提供创业场地、指导开业到免费登记办证、免费开取服务发票、小额贷款支持等一系列的绿色再就业通道。

1. 成功企业案例

（1）农正农业。任涛，毕业于安徽农业大学资源与环境学院，主要研究植物营养学和农产品推广，曾在多家公司担任产品销售经理，有着丰富的公司管理经验和市场操作能力。2010 年 7 月，经过创业服务中心培训之后，进入庐阳大学生创业园，在庐阳区百帮创业园童有文局长的指导下，成功注册了"庐阳区百帮农正农业"，享受到庐阳区大学生创业园房租和物业管理费免去、水电费减半及无息贷款的优惠政策，获得了中国农业部颁发的农肥登记证，并在原有"亚洲丰"的基础上研制出营养全面、快速吸收、解除药害、抗病、抗虫、抗倒伏的"安谷瑞"多功能氨基酸液态肥。2011 年，公司在各个方面取得了很大的进步，团队从原来的 8 人发展到 17 人，其中博士学历 2 人，研究生学历 4 人，本科学历 5 人，大专学历 4 人，普工 2 人；市场销售量从原来的 400 吨发展到现在的 1 200 吨，增产 200 亿公斤，增收 500 亿元，市场销售区域也在逐步从省内市场转向省外市场。

（2）合肥香江吸塑制品有限公司（简称香江吸塑）。前身为合肥庐阳百帮香江吸塑制品厂，创办人王雪飞毕业于安徽师范大学秘书专业，大学毕业后在创业服务中心接受 SYB 创业培训并创办香江吸塑，生产销售各类吸塑包装制品。香江吸塑一点一滴的进步离不开自身不懈的努力，更得益于政府对创业大学生出台的各项创业优惠政策。从王雪飞参加创业培训开始，就有老师、专家对其各项创业计划进行指导分析；进入创业园后，各项好的政策更是落到实处。例如，减免租金的厂房解决了刚毕业不久的大学生们的创业之路要从哪里起航的实际困难，设施完备的食堂和宿舍解决了就业员工的生活问题，在企业流动资金不足时创业服务中心更是及时为企业提供了 30 万元的政府贴息贷款。

香江吸塑依托合肥良好的创业环境，积极寻找发展方向，逐步在行业中脱颖而出，开始为格力电器等知名家电企业提供产品外协服务。从 2009 年发展至今，公司已从最初的非正规就业组织发展为一般纳税人，员工从最初的 5 人发展为 20 余人，从最初单一生产吸塑制品发展为吸塑、注塑、吹塑和小五金加工并行的产品生产模式，从最初年产值不到 50 万元发展为现在的年产值 200 余万元。

2. 成功企业家案例

（1）王颖，浙江温州人，毕业于万博职业技术学院，是一个活泼可爱、性格开朗的女孩子。2011 年，她凭借着完善的创业计划书顺利通过申请进入庐阳区大学生创业园创办了庐阳区百帮百灵印业。创业初期，王颖在产品销路和企业融资上都遇到了问题，合肥市创业服务专家志愿团的专家们先后 20 余次上门帮助其建立完善的企业规划，明确市场定位，通过树立品牌、客户分层，迅速找到目标客户，打开了市场。同时，因王颖家族是做皮具、笔记本生意的，王颖从家族那里得到了一部分客户，解决了创业初期的销路难题。在企业融资上，创业服务中心通过区中心企业信用担保有限公司为王颖提供了20万元的小额担保贷款，解决了她的企业融资难题。如今，王颖和她的百灵印业已经步入企业发展的正轨，年营业额近500万元，带动就业近30人。王颖本人也成了远近闻名的大学生创业者榜样。

（2）李军，2009年毕业于安徽工业大学商学院，积极参加社团活动，大一时就自主创办了书画学社，和一群性格相投的人一起努力。在校期间虽然辛苦，但是这为他毕业后的创业打下了坚实的基础，甚至寻到了一起放弃良好工作待遇，一起走上创业之路的工作伙伴。

2010年毕业以后，李军在父亲的安排下进了一家在芜湖相当强大的上市公司工作，这对一个刚刚毕业的大学生来说已经相当不错了。但从高中时就埋在心里的创业梦想让他无法安于现状。半年之后，他瞒着父母，毅然辞职，独自来到合肥开始了自己的创业之路。

创业之初的李军心里深深地压上了一块大石头，家人的担忧、外界的质疑、启动资金的筹集、公司的选址以及创业团队的建立，让他喘不过气来。后来，他和父母进行了连续几天的长谈，终于说服了父母，从父母那里得到了一部分创业资金，再加上亲戚朋友同意入股，也终于使他筹集到了所需的创业启动资金。同时，工作地点也从原来的生活小区搬到了如今的大学生创业楼，既降低了运作成本，也改善了工作条件。

李军公司的员工由此前只有三四个人发展到现在的16个人，在合肥拥有近60个销售网点，在马鞍山和芜湖都有自己的直营店面。

从优秀企业家的经历中可以体会到，大学生想创业不是拥有勇气、说说理论就可以的。在创业之前，一定要有冷静的分析能力，仔细调研市场前景，了解自己有无人脉、资金，同时知道如何面对创业初期的种种难题。

如果自己没有人脉、没有资金，只是拥有很好的想法，这个时候创业的大学生，就必须要借用外力帮助自己，时时了解政府的政策，多去咨询如何贷款、是否有优惠政策等。同时一定要事先找到市场的切入点，如果空有产品却无人问津的话，企业也会很快失败。

大学生如果有创业的念头，大学里的校园活动是必不可少的一环。积极参加校园活动，不仅可以让自己提前感受一下小社会，锻炼自己的组织能力、协调能力、合作能力，还能够拥有一群好友，说不定其中就会有志同道合的、能够帮助自己创业的忠实朋友。

大学生创业遇到困难是在所难免的，在相同的阻力下，有些人迎难而上，有些人被打击得头破血流，这绝对不是因为运气。他们之间的不同在于，是否事先预测到这些困难，并且事先调查解决这些困难的途径；是否在遇到危机后及时找到自身的薄弱点，充分利用手里的有限资源，不停找寻新的机会，将这些困难一一击破。

（二）调研问卷数据分析

本次调研主要涉及大学生创业等相关问题，为了更好地了解相关情况，共发放调研问卷 40 份，收回 40 份，有效问卷 29 份，问卷填写者主要为创业者和创业团队核心成员。为保证数据的可靠性，40 份问卷男女均分，在有效问卷中，有 15 份由男性创业者填写，14 份由女性创业者填写。创业者大部分并未拥有较高学历，可见只要创业者能够把握机遇，善于团结员工，积极整合并合理利用相关资源就很有可能成功创业。这份数据间接反映出高学历者似乎对创业并未展示出浓厚兴趣，创业解决了相当一部分低学历人群的就业问题。

1. 创业方向

大学生创业已呈现多元化、多方向的局面，不再是早期的单一加工制造业打天下，更多地开始转向服务业和技术含量更高的电子方面，但加工制造业仍占据主导地位。

有13位创业者从事的是自己相关专业领域的项目，11位是选择自己感兴趣的领域进行创业，还有一些是往当下热门的领域发展，又有一些创业者选择了创业风险较低、成本较小的产业。

（位）

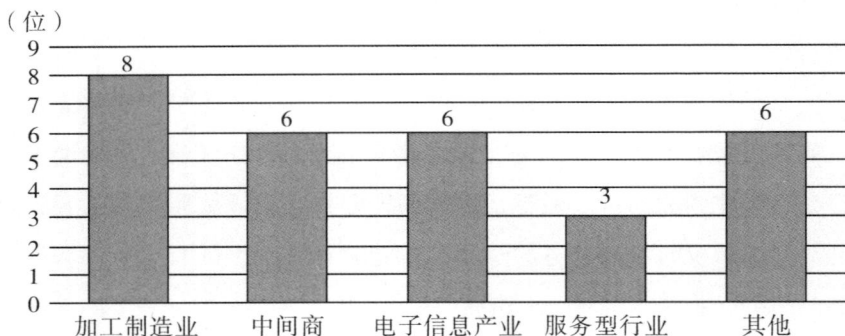

图16 受访者创业方向

可见，影响创业的因素是多方面的，但创业者会更倾向于选择自己所熟知的、感兴趣的领域，这为以后的创业者提供了良好的借鉴作用。诸多的成功创业者中极少有"摸着石头过河"的，他们都在创业前期对市场做足了调研，在启动资金方面也做足了准备，而且他们并不急功近利，都预留了相当一段时间的企业缓冲期，甚至在企业成功盈利之后仍时刻准备好迎接企业的不利局面。创业虽像一场投资的赌博，但精明的投资者不打无准备之仗。

2. 创业过程中遇到的困难

在创业面临的困难方面，资金和技术俨然成为创业道路上两只最大的拦路虎。在资金方面，随着银行对小微企业贷款额度逐步放宽，企业在资金方面的难题会得到一定程度的解决。而在技术方面，除了引进高技术骨干人才和购买他人技术外似乎没有更好的解决办法，这就需要企业下狠心、花大价钱去引进人才、积极创新。

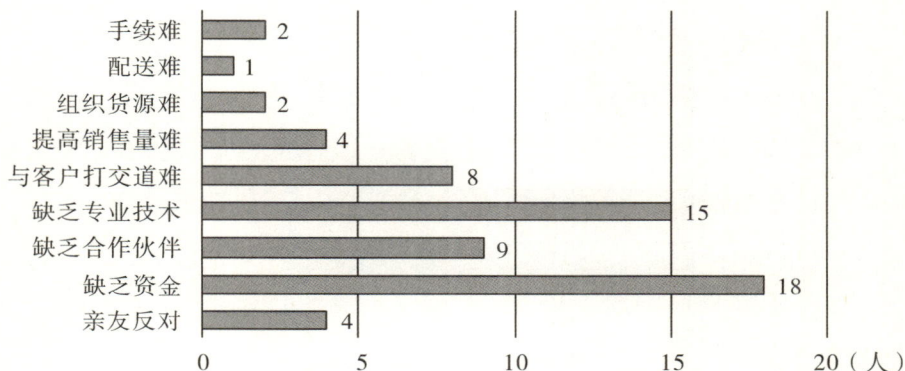

图 17　受访者认为创业困难所在

观察图 17 中的数据可以发现，以前一直担心的"办事难"现象似乎得到解决，很少创业者选择"手续难"这一项，可见大学生创业在政策上是享有很大优惠的，在办理相关手续的时候会尽可能走绿色通道，提高了企业的运营效率和企业"存活率"。

同时也发现，与客户打交道似乎是令人头疼的问题。既要保证企业的利益又要维持长期稳定的客户关系，这对创业者来说是个不小的挑战。在寻找销售渠道时，人脉的积累显得格外重要。

3. 创业准备

在涉及对创业准备的建议时，一直认为可以帮助大学生提早融入社会的兼职工作显然不受青睐，创业者们反倒是希望学校开设更多有关创业方面的课程及相关活动，理论和实践相结合可以让大学生充分体验创业的过程。大学生在课堂上学到相关知识，然后在学校组织的活动中加以运用，让大学生在学到知识的同时又丰富了自己的课余生活。

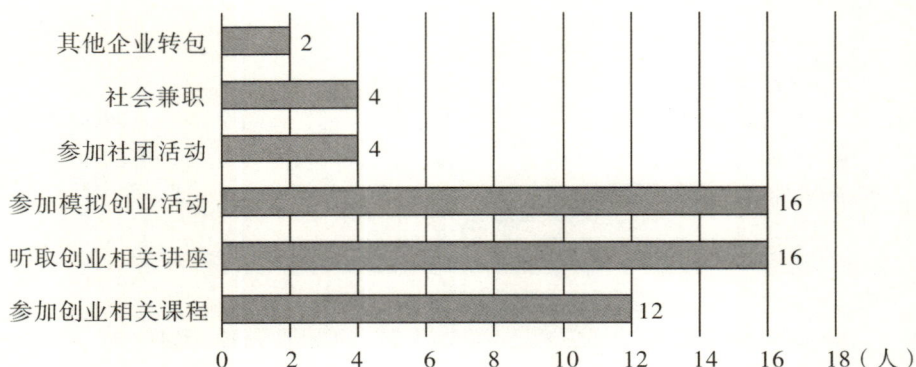

图18　受访者愿意参加的创业准备活动

　　创业者的讲座是大学生了解、学习创业过程的一个良好的平台。创业者既向大学生宣传了自己的企业，又可以帮助大学生了解更多的创业知识和当下形势，是一种一举多得的活动，学校应积极鼓励和支持相关讲座的开展。同时，创业者可以解答大学生在生活和课堂中遇到的创业问题，以其切身经历来帮助大学生，让大学生在以后的工作乃至创业过程中少走弯路、少犯错误。另外，讲座也是丰富大学生知识和课余生活的十分有效的活动。

　　4.　创业环境与创业者的不足

　　（1）生产规模受限，生产环境较为简陋。在创业园调研的过程中我们发现，虽然有很多搭建的厂房，但是园区的总体规模还是很有限，生产车间几乎就生产一种产品，而每个厂房中的工人数量也并不是很多。虽有专业的生产设备，但是受到空间和数量的限制，并不能形成大规模的生产。而厂房是用塑料板搭建起来的，比较简单。内部有很多节能灯，几台电扇吊在顶上吹着，夏天走在厂房里会感觉无比闷热，工人的工作环境比较简陋。

（2）政策的实施程度不够。政府承诺为中小企业提供30万元的无息贷款，可是一些确实有困难的企业就是没有办法拿到这笔钱。比如曾经有家工艺品企业，一度陷入资金周转困难，虽然政府政策是给中小企业一口喘气的机会，但是这家工艺品企业经过了重重关卡，也没有成功借到30万元。一些已经初具规模的企业，反而比较容易借到这笔钱，但是这笔钱的价值也就相对地缩水了，30万元无息贷款只是促进了企业资金的增加，有还是没有并不具有决定性意义。但是真正需要这笔贷款的企业却很难拿到款项，因而出现了政策与实施相悖的矛盾。

（3）受创业者自身素质所限。由于是国家鼓励大学生群体创业的项目，很多大学生毕业后便义无反顾地投身创业的洪流中，没有考虑到实际的情况，包括自己及整个社会的。所以在创业园中，实际上存在很多被现实撞得头破血流的例子。创业是高质量的就业，相对于就业而言，创业更具难度。当前的大学生创业者不能很好地完成科技信息的收集与整理，工作也很少依托自身的专业优势做出理性的选择，自身能力相对不足，主要表现为：①知识结构比较单一，知识面比较狭窄。②社会经验，尤其是创业经验和市场经验缺乏，考虑创业问题简单化、理想化，导致在项目选择、规划设计、市场运作等方面出现困难。③心理承受能力较弱，经受不起坎坷和挫折，面对可能遭遇的风险和失败畏惧不前，往往导致半途而废。

（三）政策建议

1. 对政府的建议

（1）完善大学生创业信贷融资体系。支持大学生创业，关键在于完善大学生创业信贷融资体系，主要在于积极培育和引导成立大学生创业风险投资机构。大学生创业者的特点决定了他们比其他创业者更需要风险投资机构的介入和支持。目前，中国风险投资机制还很不发达，企业融资相当困难。地方政府应当承担起积极的主导作用，扶持这类面向大学生创业群体的风险投资基金的设立，给予此类基金以较大幅度的税收减免优惠，并帮助大学生向风险投资商推荐创业项目。

（2）建立和完善大学生创业政策性资金支持体系，关键在于建立共同基金扶持系统。其核心内容是资金来源：资金使用和激励约束机制。其手段主要包括：设立以政府出资为主、多方集资为辅的大学生创业种子基金；高校资金支持，利用高校资源和相关企业、个人捐资，给大学生创业提供原始资金借用支持；设立创业奖励基金，政府出资奖励扶持大学生创业，同时可以将大学生创业项目分为专利产品生产经营、非专利产品生产经营、产品代理或销售、服务类、其他五种类型，从项目的技术含量、市场前景、创业团队基础等方面对报审的各类项目进行评级，按不同级别给予不同程度的政策性低息或免息贷款。

（3）扩大税收优惠范围和减免力度。鉴于大学生创业受到资金、经验等方面的限制，因而需要从税收扣除、加速折旧、税收抵免、盈亏相抵和延期纳税等方面加以完善，扩大对大学生创业的税收减免范围和减免力度。

（4）建立完善的政策协调机制。大学生创业的区域结构和大学生的知识型特点，其在区域经济的均衡发展和产业结构升级中的作用与地位，均不可小视。因此，必须考虑到大学生自主创业与相关宏观经济政策的协调与配合，必须与产业发展政策相协调，针对不同产业或行业的发展现状和未来发展趋势，鼓励或抑制，区别对待；与区域经济发展政策相协调，根据不同地区的经济发展状况，特别是根据人力资本供求结构与其他要素，建立不同的激励和约束机制。

（5）其他政策支持。大学生创业，除了资金、经验、项目等外还面临着许多其他问题，其中最突出的是社会保障问题。政府应及时制定科学合理的相关政策，以解除大学生创业的后顾之忧。

2. 对大学生创业的建议

（1）注重自身能力的综合培养。大学生要学会认知，学会做事，学会生存创业。创业考验的是一个人多方面的能力。从事创业的人既要懂经营，又要善管理；既要能协调处理各方面的关系，又要当机立断、临危不乱；既要能言善辩，又要能公关谈判；既要能开拓创新，又要不怕挫折。因此，创业能力的综合性很强，包括管理能力、组织协调能力、创造能力、经营能力、语言表达能力、判断能力、应变能力、分析问题和解决问题的能力、把握机会的能力、谈判能力以及心理调适能力等。

（2）注意在思想上和精神上锤炼自己。要树立自信、自强、自主、自立意识。自信就是对自己充满信心，相信自己有能力；自强赋予人主动积极的人生态度和进取精神，相信自己能够成为创业的成功者；自主就是具有独立的人格，具有独立的思维能力，不受传统和世俗偏见的束缚，不受舆论和环境的影响，能自己选择自己的道路，善于设计和规划自己的未来；自立就是凭借自己的头脑和双手，凭借自己的智慧和才能，凭借自己的努力和奋斗，建立起自己的生活和事业基础。

（3）广泛获取创业经验。如今，不少大学都开设了创业指导课，教授创业管理、创业心理等内容，帮助大学生打好创业知识的基础。大学图书馆也提供创业指导方面的书籍，大学生可通过阅读增加对创业市场的认识。通过这种途径获得创业知识，往往针对性较强，因此提倡先打工后创业。作为创业所需的三个条件之一的经验，是需要时间的积累和实际的经历的。没有经验，刚有想法就去干容易失败，即使别人给你投钱，你也会赔。大学生靠什么积累经验和提升能力？去打工。打工时，积累了经验，提升了能力，同时也能认识一些比你强的人，增加一些人脉，这样就为以后的创业打下了良好的基础。

（4）慎重选择创业项目。选择什么样的创业项目很关键。要选择有发展前景、投入少收益高、竞争不激烈的非传统行业。目前和今后一段时间，三个行业具有发展前景：①互联网将有很大的发展前景，尤其是电子商务。②农村市场有很大的发展空间。设想一下，如果农村每家每户每年多花1 000块钱，能够拉动多少点的 GDP 增长？③新能源的前景仍是广阔的。当前传统能源是一次性能源，对环境污染严重。新能源不仅为社会创造价值，还对环境不产生破坏作用。

（5）加强创业者团队精神的培养。大学生在创业活动中，不仅需要知识、能力、资金、经验、心态和机遇，更需要有创业团队。在强调团队精神的今天，靠单打独斗获得成功的概率非常小。在风险投资商看来，再出色的创业计划也具有可复制性，而团队的整体实力是不可复制的。而纵观成功创业者的创业人生，如比尔·盖茨有七人智囊团，从中我们也可以看出一个优秀团队的重要性。构建一个内部团结、合作良好、取长补短的强有力的团队必不可少，而始终保持这个团队积极向上、凝聚力强大则是团队核心组织者所必须具备的才能。

（6）犯错与改正。一次营销决策失误、一次小型财务危机抑或是一次上门推销失败，都有可能成为大学生创业路途中的绊脚石，都会在一定程度上打击没有打创业持久战准备的大学生创业者，让他们在心理上元气大伤。大学生要正确看待创业过程中遇到的问题与麻烦，因为这是十分正常不过的现象，我们只要在犯错后迅速改正，或多多请教别人的意见与建议，一定会"吃一堑，长一智"，要善于在交了犯错误的"成本"后，及时分析与总结，要学会从失败中找到自己的弱点与不足，并加以改正。很难想象没有犯错误的创业会成功。

（7）坚持就是胜利。再充分的创业准备都是不完善的，再周密的商业计划书也难免有顾及不到的地方，再团结的创业伙伴也会发生摩擦，再厚实的资金都有周转不灵的时候——这些都说明在瞬息万变的创业环境中，能影响我们创业的不确定因素太多了，谁都无法保证，在下一个路口我们能选对方向。所以，创业过程中会遇到挫折与失败是再正常不过的事情。也许我们有时候会觉得前途一片茫然，有时候会觉得很无助，有时候又觉得创业太过辛苦，无法再继续……其实，就像子夜到了，黎明就不远了一样，胜利的曙光就在我们的前面。坚持就是胜利。

专题二　互联网背景下制造业集聚的行业差异研究[①]

互联网发展带来经济社会运行方式的全面转型，行业集聚方式和机理也随之而变。行业集聚表现为价值链上相关企业的空间集聚，是世界范围内的现象。无论是发达国家还是发展中国家，制造业集聚是最常见的组织形态。在新工业革命背景下，互联网和制造业结合，使生产方式和组织方式发生了颠覆性的变革。此时，行业空间集聚的必要性还是否存在？什么样的行业更适合集聚？互联网环境对不同行业集聚的影响方向、影响程度有何不同？本文通过理论和实证分析，对这些问题进行探讨。

一、文献综述

信息化水平会影响企业的成长能力、创新能力、创新水平和经济绩效（M. Balzat，H. Hanusch，2004）。互联网平台、大数据及云计算等新型互联网技术的应用能够突破时空限制，降低企业与用户之间信息不对称的程度，从而有效控制企业的成本（Carlton，1979），将经济社会推向数字化、智能化、协同化新阶段，并向帕累托最优状态不断逼近（柳洲，2015）。互联网带动产业间的跨界融合，交易满足消费者深层次的需要，消费者个性化需

[①]　本专题报告由李雨培和刘金山执笔。

求倒逼制造业企业向柔性化生产方式转变，进而推动整条产业链向更有效率、更加灵活的方向变革（阿里研究院，2015）。

李海舰、田跃新和李文杰（2014）强调互联网平台企业的重要性，线上产业集聚现象增加了用户和商家的黏性，为规模化定制生产提供了市场基础。陈文玲、刘秉镰和刘维林（2016）认为，网络技术与制造业生产工序、工业产品相结合是实现智能制造和网络化、柔性化生产的第一步。服务化是互联网和制造业深入融合后的产业发展方向，产业链分工能降低产品个性化生产成本，增加产品附加价值。制造业企业通过产业链重组，加工制造环节与设计环节分离，协同企业间产品服务，实现生产性服务和服务性生产（童有好，2015）。

Otto Brauckmann（2015）认为"互联网＋"环境下，工业转型优化方向重点不在于传统生产要素，而在于生产流程创新。Pekkarinen 和 Uiknenmi（2008）建议厂商应组织模块化供应链分工管理，在保证客户对产品多样化需求的同时节约产品设计成本。姚树俊、陈菊红和赵益维（2015）根据高端制造业生产日趋复杂的现状，提出通过劳动分工和知识分工将复杂生产分解，实现模块化生产。而 Campagnolo 和 Camuffo（2010）发现模块化生产经营需要 IT 行业与制造业融合，并引导制造业企业日常管理和后续发展。

互联网通过电子商务改变购物方式实现产业空间重构。以番禺里仁洞村为代表的"淘宝村"，以服装加工制造业为主，此类"淘宝村"依托电子商务，形成了家庭式小作坊围绕大型制造业企业的网络集聚形式（杨思、李郇、魏宗财、陈婷婷，2016）。夏令敏（2015）认为，"互联网＋纺织业"能创造产业生态系统，利用网络平台与消费者及时深入互动，通过消费者需求的叠加实现规模化的定制生产。"互联网＋食品制造业"利用物联网、信息融合传输、大数据以及互联网技术可对原材料实行标准化控制，对生产环境和产品质量进行监控，对生产过程和运输过程实行智能化管理（唐伟、张志华，2015）。

互联网构建了企业间的信息网络，这种网络包含企业之间的模仿、学习、合作等多种交互形式。但交互网络中的企业并不会也不可能与所有企业交互，而是存在交互惯性，临近企业间有更密切的关系。R. Baptista，P. Swann（1998）认为，地理性的集聚并不会因为线上平台的出现而被削弱，反而进一步降低了产业内部的创新成本。

朱蓉（2016）通过对浙江案例的分析，提出传统制造业企业要依托互联网实现网络化协同制造，通过从整体产业链上获取消费数据和产品数据，整合上下游企业数据资源，进行个性化、柔性化定制式智能制造；通过搭建对本地企业开放的数据平台，增强产业集群的竞争力。庄雷、周勤和赵天骄（2015）研究不同集聚程度下制造业互联网化的动力来源，认为在集中度较高的行业，企业自身是互联网化的推动力量；而较为分散的行业，网络化的动力则来自集群外部。

综上所述，在对互联网与制造业关系的研究中，缺少对制造业地理集聚形态及其具体表现的深入讨论。下文将就此展开讨论。

二、互联网对行业集聚影响的理论分析

（一）互联网对制造业的影响

"互联网＋制造业"并不是二者的简单相加，而是利用互联网技术和互联网思维，整合资源，进行价值链分工协作，适应产品定制化的市场趋势，引导制造业转型升级，实现互联网与制造业的深度融合。

1. 对需求端的影响

依托互联网技术，长期以来产销双方信息不对称的矛盾得到缓和，消费者的需求能够迅速传达给生产者，为柔性化生产提供了信息基础。产销双方凭借网络平台直接进行信息传递，线上交易呈指数增长态势，个体的消费习惯、消费偏好能够被准确记录，并存储在云端，商家借此能够提供更好的产品和服务。在网络平台上，消费者之间能够实现低成本信息交换，将第三方的购买体验信息纳入考量范围，口碑宣传在产品营销中的作用越来越大。

依托网络平台，消费者议价能力增加，不再被动地接受产品，而是从产品设计环节就参与进来，不再满足于主流产品带来的效用。个性化生产的市场份额相对较低，生产成本较大，网络平台集结分散的同类型个性化需求，原本零散的个性化需求变成小有规模的产品市场。如图 1 所示，拥有同类型需求的消费者 d_1, d_2, d_3, $\cdots$, d_n 在网上集聚，形成一个小众产品市场 D，为生产者进行小规模定制化生产提供市场基础。个性化产品的销售成本、生产成本降低，使得带来的利润能够匹敌主流产品，消费端倒逼生产端变革，促进生产者向柔性化生产方式转变。

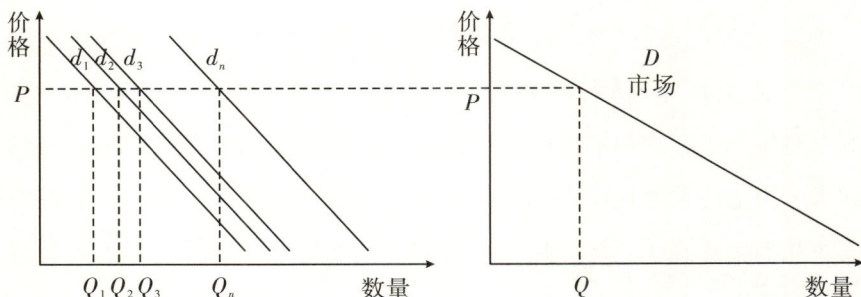

图 1　市场需求曲线

2. 对生产端的影响

资本及劳动力等传统生产要素不再是未来竞争的重点，未来，企业将通过生产模式优化及增加产品个性化设计来增加产品的附加价值。与传统生产函数不同，"互联网+"环境下，信息数据资源的重要性不断增加，成为新的生产要素，其边际产出相对较高。在式（1）中，y 为企业产值，I 为互联网技术投入，L 为劳动力投入，K 为资本投入。

$$y = A（I）\times f（L，K）\tag{1}$$

（1）互联网技术投入 I。

企业向柔性化生产转变，通过个性化设计增加产品附加价值，同时也增大了产品的市场风险，增加了产品的单位生产成本。互联网技术通过数据传输、数据存储、数据分析优化生产程序，降低上述风险。

首先，互联网技术降低产品市场风险。网络平台储存客户需求，为企业提供第一手数据。企业通过历史数据判断商品所处的生命周期，调整处于不同生命周期的商品的生产数量，增加成长期商品的产量，减少衰退期商品的产量，从而降低市场风险。

其次，利用互联网技术促进行业分工，降低生产成本。个性化生产面临着生产成本高、产品设计调试时间长、无法及时满足客户需求等问题，尤其是对生产工序较为复杂的产品，无法通过规模化生产同时满足多种客户需求。为适应柔性化生产的变革趋势，实现产品价值最大化，企业应采取模块化的生产方式，将产品分解成多个独立的模块，将生产过程分解成独立的子过程，分包给不同的供应商去完成。各模块生产的部件耦合度高，但功能之间互不重叠，这样最终产品才能够根据不同需求进行组装，节约了生产时间和生产成本。通过网络对生产线、产品装配中心等关键环节进行实时监控，按照客户需求快速集中组装，利用专业的信息系统实现各个模块之间的密切链接，满足低成本定制化生产，实现企业专业化和行业分工细化。

再次，互联网技术为中小企业提供了更适宜的生产环境。由于市场分工细化，大型企业主要生产主导型产品，而中小企业则利用灵活性高的优势，深入细分市场，在主流产品基础上进行个性化生产。利用网络销售平台，通过多频次、小批量的生产进行试水，寻找适销商品及目标客户群，开拓细分市场。

（2）劳动力投入 L。

在新环境下，很多企业都将一些非核心业务以较低的人力成本通过互联网进行外包，借此将更多的资金集中于聘请专业人才。同时，由于生产的模块化使企业间合作增加，企业间人才利用率增加，一定程度上解决了劳动力稀缺的问题。简单劳动力凭借互联网为企业提供服务，通常分散在人力资源成本较低的地区，而专业技术人才则会集中在企业内提供专门服务或者集聚在相关行业附近从事外包性服务。

（3）资本投入 K。

互联网环境下，企业的资本集中向专业化方向发展。企业分为两类，一类是产品生产企业，负责产品模块的生产；另一类则是服务集成企业，负责按照用户需求组合各模块，生产产成品。模块化生产的顺利完成，需要企业间的及时顺畅沟通，凭借网络技术能实现行业内融合和行业间融合。因此上述两类企业都需要加大互联网技术的资本投入，完善企业网络建设和信息流通渠道，以及数据共享平台的搭建。

3. 对产销双方的影响

互联网可以实现产销双方的尽快相遇，提高市场效率，使稀缺资源尽快满足多样化的社会偏好。互联网降低了信息传播的成本，推动了个性化生产的发展，改变了产销双方的地位。需求端倒逼制造业转型升级，生产端需改变传统的生产方式和思维惯式。增加产品附加价值和适应个性化的需求环境，是制造业企业转型升级的两个方向。价值链上企业需要向专业化生产转变，寻求企业间合作，协同制造。互联网从硬件到软件都为企业向柔性化生产转变创造了条件，网络平台能够为制造业找到足够规模的客户群，实现批量的定制化生产。

（二）互联网对行业集聚的影响

在互联网环境下，制造业向需求驱动的商业模式转变，企业的生产经营方式也随之发生变化，行业集群中各经济活动主体之间的互联互通方式也随之而变。

1. 扩散影响

（1）知识溢出效应降低。

行业集聚最初的原因是追求规模经济及用更低的成本获取信息，区域内企业由于搜寻成本和信息流通成本均较低，更容易建立合作关系。在通信网络不发达的时代，信息流动会随距离而衰减，地理上的集聚降低了信息传播的时间。但在"互联网＋"时代，信息传播的地理优势不再存在，网络平台上，企业能够及时获得最新信息，沟通不受时间和地点的限制，分散在任何地点，企业都能及时掌握信息。

（2）搜寻成本降低。

"互联网＋"时代，各类网上平台的出现，降低了搜寻成本、采购成本和交易成本，产业空间集聚的正外部性逐渐降低。传统生产要素不再是制造业生产的关键，企业开始将主要资本放在基于用户需求和体验的程序优化上，力求为用户提供更大的价值。能够敏锐捕捉到消费者需求及需求变化方向的企业拥有更强的竞争力。数字化的企业使得市场范围无限扩大，加上便利的物流网络，使得企业实体不断向地租优惠的地方扩散。供货方根据订单及时生产，仓储成本降低，制造业不需要依附于传统产业集群，产业链集聚所带来的集聚效应被削弱。

（3）产品定制化需求差异。

消费者对于不同类型产品的定制化需求会因经济发展水平的变化而产生差异。当定制化需求较弱时，企业更适合标准化、规模化生产，对互联网的应用就停留在企业内部，用于生产流程监控和拓展市场。由于互联网平台可以拓展无限的市场空间，在原材料不受限以及物流足够发达的情况下，产品运输相对便利的企业将向租金便宜、资源竞争较少、存在更多政策优惠的地区扩散。

2. 集聚影响

互联网环境下，行业集聚的根本原因是消费者对产品个性化的需求，直接原因是生产分工细化以及由此导致的行业内融合、行业间融合。消费者凭借网络平台增加自身议价能力，倒逼生产端改革；企业对于个性化需求的重视程度不断提高，为了降低生产成本，制造业向柔性化生产转型。

生产工序复杂的行业，互联网的发展为行业分工提供了技术支持，沿着产品价值链将生产环节拆分成各子模块，利用网络技术对生产线进行实时监控、统计，实现模块化生产。每个模块的产品为最终产品提供的功能可替代性低，但模块间耦合度高，这样能够根据需求进行最终产品的组装，实现高效的低成本个性化生产。个性化需求刺激行业分工，而产品模块间融合的需求则促进了生产企业之间的合作，刺激行业集聚。区域内的企业通常享有更相似的企业文化，更容易产生互信合作关系，综合运输成本、仓储成本等因素，合作更倾向于在区域内达成。

生产工序简单的行业，互联网环境下的集聚更有利于生产。生产工序相对简单而个性化需求相对多样的行业，价值增值过程集中在设计端，准入门槛较低，主要由中小企业构成。此类行业主要呈现服务集成企业与生产企业相互集聚的特点，服务集成企业根据客户要求寻找相应的生产商进行生产，由于企业间可替代性较强，因此区域内的企业更易达成合作。而对于生产工序简单的资源导向型行业，凭借网络平台面对市场，再加上现代物流的逐渐发展，不再受到市场限制，围绕着资源产地集聚更有利于企业发展。

互联网迅速发展，信息技术影响制造业的各个环节，催生了资源配置的新方式。行业内的企业开始往专业化方向发展，中小企业受资金规模的限制，将更多资源放在专业化服务以及创新研究方面。对于研究、生产所需的昂贵设备，中小企业多选择通过租赁等方式使用，因而他们会倾向于选择在大型企业或者公共服务平台附近集聚，便于租借研究设备进行创新研究。

3. 总体效应

（1）静态分析。

随着互联网的发展，不同行业可以根据自身特点选择有利于发展的生产组织方式。由于信息传播打破了时空的界限，极速的信息传播速度及近乎为零的信息传递成本，使得行业空间集聚的优势被削弱。企业的数字化发展和电子商务的普及形成产业线上的集聚，削弱了各类制造业企业集聚的必要性。

从产品需求出发，个性化需求越小，规模化生产方式越具优势，互联网环境下就越倾向于扩散；而产品个性化需求越大，柔性化生产需求就越大，集聚趋势就越强。从生产的复杂程度来看，行业分工和行业专业化发展程度越深，越倾向于集聚。

结合自身特点，互联网技术对行业集聚的推动力各异。互联网环境下，在扩散和集聚两股力量的作用下，生产组织形式呈现出较大不同。当集聚效应大于扩散效应，该行业表现为集聚；当集聚效应等于扩散效应，其集聚与否由其他因素决定；当集聚效应小于扩散效应，则该行业表现为扩散。

（2）动态分析。

网络技术的发展、企业对网络技术应用程度的加深以及经济发展过程中产品需求的转变等因素，都影响着行业空间布局。

网络技术发展初期，对其应用主要集中于信息传递。便捷的通信使集聚必要性被削弱，同时产品个性化需求较弱，规模生产更加有利，企业间分工需求相对较低，此时行业主要表现为扩散；随着网络技术应用的深入，行业间分工的细化和行业融合的必要性凸显，此时开始表现为集聚。

对于资源导向型行业，互联网为其转型升级提供了方向和手段。首先，凭借网络平台，行业内企业不再受限于目标市场，在选址决策时会更倾向于集聚在资源产地。其次，依托网络技术，各生产环节上的企业集聚，价值链上的企业互联互通，开展循环经济，实现行业转型升级。互联网环境下的行业融合是通过企业间分工协作达成的，分工不局限于行业内，也存在于不同行业间。某些行业提供的最终产品属于另一行业生产所需的原材料，为了能够更好地实现模块化生产，行业内部分工细化，按照提供产品的不同，分别集聚在其服务的目标行业周围，导致这类行业的最终表现为扩散。

三、实证分析

本专题运用 2003—2014 年全国 30 个省级行政区域的面板数据进行研

究（不含港澳台，且西藏因缺少数据而未被采用），分行业数据来源于《中国工业经济统计年鉴》，行业划分参照《国民经济行业分类》，选取 20 个行业作为样本进行考察。据区域熵（LQ）计算公式，计算出我国 20 个行业 12 年间的 LQ 指数，作为被解释变量——行业集聚度。

Hulten（2006）将互联网基础设施归为准公共物品。同一个地区内互联网的普及程度对不同行业有着不同的影响。利用不同行业各地区集聚度与各地区互联网普及率分析构成如下模型：

$$
\begin{aligned}
LQ_{i,j,t} = {} & \alpha_0 + \alpha_1 internet_{i,t} + \alpha_2 internet_{i,t}^2 + \alpha_3 tech_{i,j,t} + \alpha_4 traf\_des_{i,t} + \\
& \alpha_5 mscale_{i,j,t} + \alpha_6 k_{-i,j,t} + \alpha_7 y_{-i,j,t} + \varepsilon_{i,t}
\end{aligned}
\tag{2}
$$

其中 i 为地区，j 为行业，t 为年份。各变量含义如表 1 所示：

表 1 各变量所表示的含义

变量符号	变量名称	变量说明
$LQ_{i,j}$	i 地区 j 行业集聚程度	其中 $X_{i,j}$ 表示 i 地区 j 行业的产出
$internet_i$	i 地区的互联网普及率	
$tech_{i,j}$	i 地区 j 行业的技术研发投入	i 地区对 j 行业的技术研发投入
$traf\_des_i$	i 地区的交通密集度	
$mscale_{i,j}$	i 地区 j 行业的市场规模	i 地区 j 行业的主营业务收入
$k_{-i,j}$	i 地区 j 行业上一期的物质资本	i 地区 j 行业上一期固定资本总额
$y_{-i,j}$	i 地区 j 行业上一期的经济增长	i 地区 j 行业上一期工业销售产值

数据来源：《中国互联网络发展状况统计报告》《中国统计年鉴》《中国工业经济统计年鉴》《2004 年中国经济普查年鉴》以及万得金融数据库。

将 20 个行业分别进行面板回归，考察相应行业在互联网影响下集聚的具体表现情况。根据式（2），对每个行业分别进行 hausman 检验，确定使用固定效应模型还是随机效应模型，并在考虑时间效应的基础上得到实证结果，由于篇幅限制，不在此赘述。结果显示，互联网普及率与行业集聚度之间并非简单的线性关系，大部分行业的互联网普及率的平方项及其一次项在至少 $p < 0.10$ 的水平下是显著的，这表明互联网普及率对行业集聚是有影响的；而且随着互联网普及率的不断增加，不同行业集聚表现各异，但大部分行业并非单方向地集聚或者扩散。结果显示，我国制造业各行业的集聚在互联网影响下呈现四种情况：先扩散再集聚、始终集聚、先集聚再扩散、始终扩散。各类实证结果如表2、表3、表4及表5所示。

（一）行业集聚方向及其程度的讨论

首先对总体表现进行研究，互联网普及率的平方项（$internet^2$）为正，表示该行业最终表现为集聚，为负则表示该行业最终表现为扩散，而系数大小决定着互联网普及率对行业集聚的影响程度。对大多数行业而言，互联网最终促进了该行业的集聚。

表2 先扩散再集聚的行业实证结果

	交通运输设备	通用设备	饮料	食品	化学纤维
$internet$	-3.758 68 *** (-7.457)	-2.727 3 (-1.614)	-4.612 64 *** (-2.580)	-2.020 13 *** (-3.741)	-2.290 56 *** (-4.204)
$internet^2$	4.114 47 *** (5.724)	3.311 75 ** (2.242)	2.832 19 ** (2.304)	2.814 52 *** (3.041)	2.146 11 *** (2.886)
$k\_$					
$y\_$	0.445 65 ** (2.080)	0.252 15 (0.675)	0.571 56 (1.396)	0.032 28 (0.206)	0.709 22 *** (3.568)

（续上表）

	交通运输设备	通用设备	饮料	食品	化学纤维
mscale	−0.000 09 *** (−2.598)	−0.000 01 (−0.244)	0.001 30 ** (2.481)	0.000 01 (0.025)	0.000 37 ** (2.254)
RD	0.000 61 *** (4.071)	−0.015 21 (−0.813)	0.000 02 (0.152)	−0.000 17 (−0.964)	−0.000 22 (−1.467)
traf_des	0.286 54 ** (1.977)	0.064 49 (0.248)	0.007 55 *** (4.264)	0.009 66 (0.057)	0.120 14 (0.782)
_cons	1.339 77 *** (6.758)	0.949 03 *** (5.382)	0.753 36 *** (3.904)	1.444 41 *** (5.574)	0.570 14 (1.637)
N	267	279	271	280	280
	医药	专用设备	农副食品加工	化学原料	造纸
internet	−2.084 02 *** (−3.469)	−3.273 38 *** (−4.600)	−1.375 14 * (−1.747)	−1.160 06 ** (−1.974)	−0.349 2 (−0.855)
internet²	2.097 66 *** (2.706)	1.882 10 *** (3.200)	1.695 81 ** (2.564)	1.391 07 * (1.831)	0.873 08 ** (1.973)
*k_*	0.263 85 (1.535)			0.138 47 *** (2.981)	−0.033 93 (−0.282)
*y_*	0.769 75 (0.930)	0.439 86 ** (2.570)	−0.072 23 (−0.377)	0.136 79 (1.045)	
mscale	0.000 71 * (1.667)	0.000 13 ** (2.255)	0.000 18 *** (2.672)	−0.000 05 (−1.116)	
RD	0.000 37 *** (5.724)	0.000 06 (0.848)	0.000 09 (1.194)	−0.000 14 ** (−2.099)	−0.000 15 * (−1.955)
traf_des	0.202 06 (1.344)	−0.105 82 (−1.171)	0.001 99 ** (2.072)	0.076 27 (0.949)	−0.132 09 (−1.272)
_cons	1.164 48 *** (8.023)	0.895 54 *** (10.771)	0.877 52 *** (4.759)	0.988 15 *** (11.479)	0.947 63 *** (5.696)
N	280	307	271	280	300

注：* 表示 $p < 0.10$，** 表示 $p < 0.05$，*** 表示 $p < 0.01$。

交通运输设备制造业、通用设备制造业、食品制造业、化学纤维制造业、医药制造业、专用设备制造业、农副食品加工业、化学原料和化学制品制造业、造纸和纸制品业以及酒、饮料和精制茶制造业这十个行业的 $internet^2$ 项为正且 $internet$ 项为负数，表明随着互联网普及程度的加深，这十个行业表现为先扩散再集聚。如表 2 所示，$internet^2$ 项行业间差异较大，行业集聚受互联网正向影响最大的是交通运输设备制造业（4.114 47），影响程度最小的是造纸和纸制品业（0.873 08）。

表3 始终集聚的行业实证结果

	烟草制品	石油加工	纺织业	黑色金属	有色金属
$internet^2$	2.789 32 *** (3.086)	2.964 36 *** (3.539)	2.275 51 *** (4.401)	2.155 13 *** (3.569)	2.102 54 *** (2.781)
y_-	− 0.289 43 ** (− 2.191)	− 0.604 23 *** (− 2.880)	− 0.198 07 *** (− 5.047)	− 0.423 07 *** (− 4.089)	0.027 27 (0.031)
k_-	0.531 73 *** (3.588)	0.023 66 (0.302)		0.077 20 *** (2.893)	0.111 82 (0.384)
$mscale$	0.009 11 (0.470)	0.001 02 (0.557)	0.000 04 ** (2.153)	0.000 28 (1.322)	0.001 11 * (1.952)
RD	− 0.000 17 (− 1.520)	− 0.000 73 ** (− 2.311)	0.000 05 (0.953)	− 0.000 37 *** (− 4.339)	− 0.000 17 (− 0.911)
$traf\_des$	0.992 62 *** (3.074)	− 0.006 86 ** (− 2.137)	0.017 86 (0.268)	− 0.017 07 (− 0.161)	− 0.499 34 (− 1.471)
$\_cons$	0.740 37 *** (2.943)	2.036 69 *** (5.010)	0.774 30 *** (8.646)	1.346 27 *** (7.106)	1.912 03 *** (6.657)
N	268	278	278	280	280

注：* 表示 $p < 0.10$，** 表示 $p < 0.05$，*** 表示 $p < 0.01$。

　　烟草制品业、有色金属冶炼及压延加工业、黑色金属冶炼及压延加工业和石油加工、炼焦和核燃料加工业这类资源导向型行业以及个性化需求较明显的纺织业，$internet^2$ 始终为正，在互联网环境下始终集聚，且受影响程度行业间差异较小。

表 4　先集聚再扩散的行业实证结果

	电气机械	金属	通信设备
$internet$	1.086 91 *** (3.438)	0.894 42 (1.694)	0.920 93 ** (2.163)
$internet^2$	−1.876 42 *** (−3.228)	−1.806 07 ** (−2.277)	−1.787 11 * (−1.804)
$k\_$	0.157 32 * (1.982)	0.313 24 (1.463)	
$y\_$	0.145 73 (0.975)	−0.500 62 (−1.068)	0.484 95 ** (2.448)
$mscale$	−0.000 02 (−1.167)	−0.000 02 (−0.303)	
RD	0.000 27 *** (4.075)	0.000 24 ** (2.152)	0.000 29 ** (2.262)
$traf\_des$	−0.073 25 * (−1.791)	0.000 23 (0.175)	−0.123 65 (−1.646)
$\_cons$	0.533 35 *** (12.495)	0.586 34 *** (9.374)	0.546 03 *** (8.178)
N	280	280	296

注：* 表示 $p < 0.10$，** p 表示 < 0.05，*** 表示 $p < 0.01$。

$internet^2$为负表示相关行业在互联网作用下最终呈现扩散态势。其中，电气机械和器材制造业、金属制品业及通信设备、计算机和其他电子设备制造业表现为先集聚再扩散，如表4所示，上述行业$internet^2$项为负且在至少$p < 0.10$的水平下表现显著，绝对值处于1.7~1.8范围内。

表5　始终扩散行业的实证结果

	非金属矿物	仪器仪表
$internet^2$	− 1. 298 99 *** (− 3. 736)	− 1. 426 69 ** (− 2. 458)
$k\_$	0. 185 74 ** (2. 267)	1. 644 95 *** (3. 044)
$y\_$	− 0. 629 66 * (− 1. 881)	1. 315 84 (0. 399)
$mscale$	− 0. 000 02 (− 0. 485)	0. 000 53 (1. 004)
RD	0. 000 11 (1. 586)	0. 000 42 *** (2. 939)
$traf\_des$	0. 047 02 (0. 362)	0. 000 4 (0. 195)
$\_cons$	1. 219 33 *** (11. 232)	0. 536 26 *** (3. 738)
N	279	243

注：$*$表示$p < 0.10$，$**$表示$p < 0.05$，$***$表示$p < 0.01$。

如表5所示，非金属矿物制品业和仪器仪表制造业始终受到扩散作用影响，$internet^2$项为负且均在$p < 0.05$的水平下表现显著，两个行业间差异

也较小。相比最终表现为集聚的行业而言，互联网对扩散的影响程度较小，行业间影响程度差异也较小。

（二）行业集聚转折点的讨论

对于 *internet* 一次项不为零的行业，其一次项与平方项符号相反，表明存在转折点。根据实证结果计算出此类行业的转折点位置，均落在互联网普及率取值范围（0，100%）内，如表6、表7所示。不同行业根据自身特点，其生产组织方式在不同的互联网发展程度下发生改变。

表6　先扩散再集聚的行业转折点位置

排序	行业名称	对称轴的位置 [互联网普及率（%）]
1	造纸和纸制品业	20.00
2	食品制造业	35.89
3	农副食品加工业	40.55
4	通用设备制造业	41.18
5	化学原料和化学制品制造业	41.70
6	交通运输设备制造业	45.68
7	医药制造业	49.67
8	化学纤维制造业	53.37
9	酒、饮料和精制茶制造业	81.43
10	专用设备制造业	86.96

如表6所示，先扩散再集聚的10个行业中，造纸和纸制品业在互联网普及率达到20%时开始转为集聚，其余大部分行业的转折点一般在互联网

普及率处于 40%～50% 时产生，而酒、饮料和精制茶制造业及专用设备制造业从扩散转为集聚则要在互联网普及率达到 80% 以上时才发生。

表7　先集聚再扩散的行业转折点位置

排序	行业名称	对称轴的位置 ［互联网普及率（%）］
1	金属制品业	24.76
2	通信设备、计算机和其他电子设备制造业	25.77
3	电气机械和器材制造业	28.96

金属制品业，通信设备、计算机和其他电子设备制造业，电气机械和器材制造业的转折点位置如表7所示，三个行业先集聚再扩散，转折点均是在互联网普及度处于 24%～29% 时产生，行业差异较小。

2003 年以来，我国互联网普及率一直保持增长态势，2006 年之后增长较快，2012 年达到 42.10%，2015 年达到 49.76%。北京、上海、广东和浙江是全国互联网发展程度领先的省市，2015 年互联网普及率分别达到 76.50%、72.40%、73.10%、65.4%。2015 年互联网普及率最低的云南达到 37%，高于造纸和纸制品业，金属制品业，通信设备、计算机和其他电子设备制造业，电气机械和器材制造业的转折点，表明上述四个行业已在互联网影响下开始集聚或扩散。其余行业都在互联网普及率达到 40% 及以上时开始呈现出集聚的趋势。酒、饮料和精制茶制造业及专用设备制造业仍处于转折点前的扩散状态。

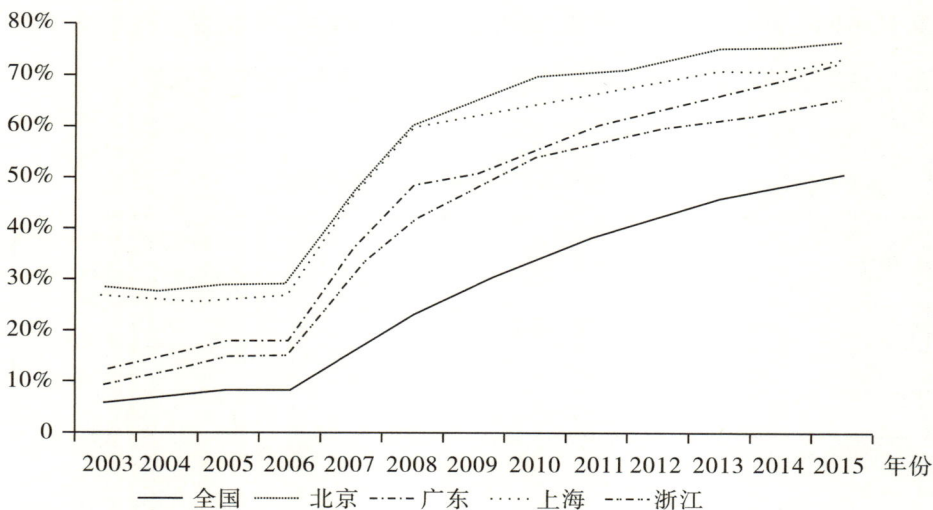

图 2　2003—2015 年全国及发展领先省市互联网普及率

四、进一步解释

（一）对最终表现为集聚行业的分析

根据实证结果，大部分行业最终表现为集聚，10 个行业先扩散后集聚，5 个行业始终集聚。这是由行业内分工、个性化需求及行业转型升级的需求所决定的。

互联网技术推动行业转型升级。互联网改变了读写方式，降低了对纸张的需求，造纸和纸制品业需要寻求新的发展方向，因而其最早受到互联网影响，从扩散转为集聚。以烟草制品为代表的资源导向型行业，网络平台和电子商务的广泛应用使这些行业布局不受市场限制，更多集聚于资源产地。高污染行业的集聚有利于发展循环经济，依托网络技术对供应链进行监控和数据分析，实现供应链前端和后端的废物循环再利用。

　　不受资源产地限制的行业中，部分行业具有生产工序简单、产品个性化需求强的特点，主要由中小企业构成。此类行业集聚主要受个性化需求的推动，当个性化需求不足时，产品生产追求规模效应，此时表现为扩散；随着个性化需求的增加，行业开始集聚。为适应个性化生产，企业细化为服务型企业和生产型企业。服务型企业根据客户需求寻找相应的生产型企业进行生产，围绕着生产厂商集聚。纺织业是个性化需求较明显的行业，因而始终受到集聚作用的影响。农副食品加工业、食品制造业及酒、饮料和精制茶制造业表现为先扩散后集聚，其中酒、饮料和精制茶制造业在互联网普及率达到81.43%时才开始集聚。可见，互联网发展水平代表着经济发展水平，对饮料的个性化需求要在一定的经济发展水平下才会产生，当消费者其他方面的个性化需求得到相对满足时才会显现，才开始倒逼生产端改革。此时，中小企业成为行业主导力量，从扩散向集聚发展。

　　对生产工序较为复杂的行业，互联网为其转型升级提供技术支持，分工细化促进行业集聚。新科技的应用存在循序渐进的过程，当网络技术不足以支持个性化生产时，规模化生产方式更加有利。实证发现，当互联网普及率达到40%～50%时，生产工序较为复杂的行业大部分都从扩散转为集聚。行业内分工推动行业集聚，行业间分工促使行业融合。提供服务的企业，生产的最终产品专业性越强，越倾向于分布在被服务企业的周围，最终表现为所在行业的扩散和行业间的融合。随着互联网普及程度不断加深，通用设备制造业较专用设备制造业先集聚，而专用设备制造业在发展前期主要布局于所服务行业的周围，随着互联网技术的发展，产品出现了通用性才发生集聚。

（二）对最终表现为扩散行业的分析

互联网促进行业分工与融合。行业内分工能够促进该行业集聚，行业间分工会导致向提供服务的一方扩散。对非金属矿物制品业这类技术含量高、功能导向性强的行业，互联网为其提供了专业化渠道。不同企业之间的产品定位更加明确，行业间分工程度加深。这类行业要适应高技术含量、低环境负担的发展要求，产品、生产技术需要更多考虑服务方的产品特性，以此发掘并提高自身产品的功能性和应用性，行业之间便开始融合。为实现更好的融合，此类行业倾向于在其服务的产业集群周围进行布局。

根据实证分析，产品通用性程度越高，越容易发生集聚；专业性程度越高，则更倾向于扩散。随着互联网普及程度的加深，功能导向型行业与其服务的行业逐渐融合。仪器仪表制造业、专用设备制造业和通用设备制造业等行业的最终产品多是完整的仪器设备，行业间融合难度较大；金属制品业与非金属制品业提供的最终产品多为所服务行业的原始材料，行业间融合较为容易。这说明同样是市场导向型的行业，却因各自产品特性的不同而表现不同。仪器仪表制造业等行业与其所服务的行业不断融合，而本行业产品通用性降低，内部集聚带来的经济效益小于布局于所服务行业周围带来的经济效益，因此这类行业最终表现为扩散。

五、结论

基于2003—2014年全国30个省级行政区域的面板数据所进行的实证分析，旨在研究互联网背景下制造业集聚的行业差异。研究发现，因行业特征差异，互联网对不同行业集聚的影响呈现多样性，具体分为四类：始终集聚、先扩散后集聚、先集聚后扩散、始终扩散。转折点亦呈现出行业差异：先集聚后扩散的行业转折点主要位于互联网普及率20%～30%的水平，而先扩散后集聚的行业转折点主要在40%～50%的水平。这些差异是由互联网背景下分工细化导致的行业间集聚、行业内集聚与行业内扩散综合决定的。

目前我国互联网普及率平均水平为49.76%，最低的云南省为37%。根据世界银行的报告，美国、日本互联网普及率均达到87%以上，我国需要继续加强网络基础设施建设，增加云计算、云服务的通用性，建立数据共享平台，降低中小企业应用信息数据的成本，提高网络利用效率，顺应集聚变化规律，推进行业集聚的形态变化。

专题三　中国装备制造业产业竞争力研究

——基于"钻石模型"和投入产出的分析①

一、引言

随着"中国制造 2025"的提出，"中国要建设成为引领世界制造业发展的制造强国"已经成为中国制造业未来发展的重要行动纲领。在中国建设制造强国的过程中，装备制造业无疑将会发挥中流砥柱的作用。尤其在"新常态"的背景下，装备制造业的发展更是对中国能否顺利实现经济高速发展这一目标起决定性作用。同时，随着 3D 打印、柔性生产、可重构生产系统等先进制造技术的大量运用，一场以智能化、数字化、个性化、网络化为特点的"新工业革命"对全球制造生产范式造成了深刻影响，这是一场工业系统变革（黄群慧，2014）。在新工业革命愈演愈烈的时代背景下，无论是制造业数字化、网络化、智能化，还是提高自主创新能力，都离不开装备制造业的发展。为此，本专题期望通过构建我国装备制造业产业竞争力评价体系，测算国内产业竞争力指数。同时，利用中国和 OECD 各国（地区）的投入产出表，根据各类产业关联系数，分析我国装备制造业产业

---

① 本专题报告由曾晓文和刘金山执笔。

的国际竞争力。

目前关于产业竞争力评价体系的研究，主要源于 Michael E. Porter 的"钻石模型"，他认为，一国的产业竞争力具体取决于要素状况，需求状况，相关产业与辅助产业，企业战略、结构与竞争，机遇作用以及政府作用这六个方面。世界经济论坛 WEF（1998）则认为，国家的国际竞争力主要通过开放程度、政府、金融、基础设施、技术、管理、垄断、法律制度等形成，并根据这八大因素分类确定反映指标。金碚（2006）从国产工业品的市场占有率和盈利状况出发，建立产业国际竞争力分析框架。裴长洪（1998）指出产业国际竞争力的评价指标可以分成两类：显示性指标主要通过市场占有率、利润率和增加值来说明与衡量产业竞争力；分析性指标则用于解释产业竞争力的形成。张金昌（2001）利用市场占有率指标、贸易盈余指标和出口占比指标衡量产业国际竞争力。陈立敏（2009）采用生产率、市场份额和利润率三个不同层次的指标构造产业国际竞争力的评价体系。张继良（2010）以"钻石模型"为研究基础，构建由产业发展环境、产业发展成本和产业发展能力三个部分的一级指标所组成的区域产业竞争力评价体系。齐阳（2014）采用因子分析法，从地区生产要素、需求条件、市场结构和政府四个方面设计评价指标，对我国装备制造业空间布局内的产业竞争力进行定量分析。

关于制造业和装备制造业的产业关联分析主要集中于区域间制造业、装备制造业和其他产业的融合问题上。胡晓鹏等（2009）认为，中国各个地区生产性服务业和制造业的发展需要将共生关系放在重点地位。黄莉芳（2011）研究发现，我国生产性服务业对制造业的后向推动能力低于社会平均水平，中等和高标准化服务业对制造业的感应度水平较低。姚星等（2012）发现生产性服务业的拉动作用较大，中国的生产性服务业与制造业应该加快融合发展。乔均等（2012）运用江苏的投入产出表进行研究后发现，生产性服务业和制造业的良性互动尚未完全形成，目前正处于互动发展初期阶段。张亚军等（2014）认为制造业对经济增长的拉动力量高于生产性服务业，但对于生产性服务业的溢出效应不明显。楚明钦（2013，2015）指出，我国装备制造业的发展主要靠物质性投入，生产性服务投入严重不足；装备制造业对生产性服务业的中间需求率很低。陈爱贞等（2016）利用中国省级投入产出数据进行测算后表明，中国装备制造业企业参与国内分工的程度下降，更偏好国际分工。陈丽娴（2016）指出，我国技术密集型制造业的生产性服务投入比重最高，生产性服务投入对技术密集型制造业有显著的促进效应。

二、理论分析

（一）"钻石模型"理论分析

1. 生产层面

我国装备制造业目前的生产仍然以经济型和普及型的机械设备为主，数控设备、尤其是高端数控设备占比仍然相对较低。根据波特的理论，经济型和普及型的机械设备是初级生产产品，属于一国简单投资或者直接技术引进就能够得到的，但这类产品对于产业竞争力优势的贡献存在着逐渐下降的趋势。相比较而言，数控设备则属于高级生产产品，需要长期投资和高端生产要素支撑，这种产品对于一国产业竞争优势的形成日益重要。发达国家的制造业之所以极具国际竞争力，其背后所依赖的正是本国装备制造业的产业技术优势；中国装备制造业由于核心生产设备仍大部分依赖进口，关键技术受制于发达国家，因而陷入"低端产能过剩、中端发展缓慢、高端依赖进口"的困境。

2. 市场需求

从发达国家装备制造业发展的角度来看，国内市场需求成为促进产业竞争力提升的重要因素。例如，美国是数控机床的发源地，这最初源于美国军方对于高精度数控系统的持续需求，使得美国数控技术在"高、精、尖"方面进步很快，高性能数控机床技术在世界占据领先地位。日本则通过紧密贴近国内市场需求，大力发展低成本通用机床生产技术，逐步建立自身产业竞争力优势。中国装备制造业的快速发展，正是国内旺盛的市场需求所不断推动的结果。从 20 世纪 80 年代的解决短缺为主到如今工业大国再向工业强国转变，我国重工业发展势头强劲，并且伴随着现代化工业的不断深化，对装备制造业产生巨大需求，从而促进我国装备制造业的产业竞争优势不断形成。

3. 相关及支持性产业

一个优势产业往往会与上下游企业实现协同发展，达成产业集群效应。对于装备制造业而言，其产业竞争力优势主要来源于高质量的装备元器件和生产设备。此外，随着下游行业的生产工艺越来越复杂，对柔性制造的要求越来越高，厂商需要获得大量关于客户的信息，厂商和客户在研发活动中结合得越来越紧密，这进一步促进了装备制造业技术的不断发展。例如，汽车、航空等下游产业的高速发展，有效地刺激了装备制造消费需求的持续增长。

4. 企业结构和发展战略

从企业结构和发展战略层面来看，随着现代企业制度改革的逐步进行，从完成计划、指令到追求效益，企业自主权提高，竞争意识增强。尤其是当民营企业进入装备制造业后，为整个产业注入活力，无论是企业规模还是销售收入，其发展速度远快于国有控股企业。同时在管理制度方面，企业引进国外的先进制造管理理念和制度，稳定员工队伍，提高生产效率，有效促进了产业竞争力的不断提升。

5. 政府层面

政府可以通过多种方式直接或者间接地影响一国产业的国际竞争力，例如通过教育、补贴、人才引进等政策来影响一国生产要素的质量和流向。"十五"和"十一五"期间，我国装备制造业获得了快速发展，首先得益于国家出台了若干重要政策，对装备制造业的发展给予明确的支持。近年来，高端装备制造业更成为我国产业发展的主要方向，《中国制造2025》《高端装备制造业"十二五"发展规划》和《智能制造装备产业"十二五"发展规划》的提出，进一步加速了我国装备制造业的发展，引导地方、企业和社会资本加大对智能制造装备产业的研发和产业化资金投入，产业政策扶持作用不断得以放大。

6. 机遇

机遇大多来自企业的外部环境，有一定的不可预期性，机遇对其他几大要素的发展将造成影响，一般而言，机遇将改变原有的发展状态。例如，中国加入WTO后，设备引进的关税率大大下降，进出口猛增。同时，随着外资企业进入而导致的产业内激烈竞争，使相对落后的企业纷纷退出市场，行业龙头企业则纷纷组成产业集团。近年来，国内龙头企业逐渐开始兼并国外部分企业，促进我国装备制造业的产业竞争力优势进一步形成。但是机遇往往也意味着挑战，随着目前国内市场的逐步饱和，装备制造业的增长速度已经明显放缓。发达国家长期积累的技术优势使我国装备制造业面临新一轮的外部冲击。

（二）产业关联理论分析

产业关联是指以各种投入和产出为联系纽带的产业间技术经济联系，这种联系主要表现为横向联系和纵向联系。装备制造业，向上游可延伸至零部件生产、机器服务等专业化供应商，向下游可延伸至服务企业和客户，甚至扩展到辅助性产品、配套制造企业。由于其资本和技术密集型的产业特点，还将衍生出大量相关支撑机构，包括提供专业化技术支持的研发机构、金融服务机构、贸易中介机构等。装备制造业的产出增长将通过产业间的关联带动其他产业的产出增长。

在经济全球化时代，发达国家通过海外分包和 FDI 活动，推动全球价值链的片断化和空间重组，企业往往根据其核心能力和关键资源重点从事价值链上的某一环节或某一工序。因此，产业关联效应已经成为产业国际竞争力的重要体现。基于投入产出的产业关联分析，主要通过以下的产业关联系数加以反映：

（1）直接消耗系数 a_{ij} 反映了在一个经济循环体系中，任意两个产业部门之间的直接依存关系程度，这是反映两个产业部门之间依存关系的最基础参数，其计算公式如下所示。x_{ij} 表示第 j 部门生产中直接消耗的第 i 部门产品的价值，X_j 表示第 j 部门的总投入价值量。

$$a_{ij} = \frac{x_{ij}}{X_j} \ (i, \ j = 1, \ 2, \ \cdots, \ n)$$

（2）完全消耗系数 b_{ij} 反映了第 j 部门对第 i 部门的完全关联程度，b_{ij} 为完全消耗矩阵中的元素，完全消耗系数矩阵 $B = (I - A)^{-1} - I$，I 为单位矩阵，A 为直接消耗系数矩阵。

（3）分配系数 r_{ij} 的大小反映了将 i 部门产品分配给 j 部门产品时的中间消耗使用量在总产出量中所占的比例，计算公式如下所示。其中，X_i 表示第 i 部门的总产出价值量。

$$r_{ij} = \frac{x_{ij}}{X_i} \ (i, j = 1, 2, \cdots, n)$$

（4）完全分配系数 d_{ij} 借助产品的分配使用，反映了产品分配给不同部门，产生的对不同部门的推动作用，体现产业的前向关系。完全分配系数矩阵 $D = (I - R)^{-1} - I$，R 为分配系数矩阵。

（5）影响力系数 F_j 反映了国民经济中某一部门增加一个单位的最终使用时，对国民经济各部门产生的生产需求波及程度。影响力系数 F_j 的计算公式如下。其中，$\overline{b_{ij}}$ 为里昂惕夫逆矩阵 $(I - A)^{-1}$ 的元素。

$$F_j = \frac{\sum_{i=1}^{n} \overline{b_{ij}}}{\frac{1}{n} \sum_{i=1}^{n} \sum_{j=1}^{n} \overline{b_{ij}}} \ (j = 1, 2, \cdots, n)$$

（6）传统感应度系数 E_i 反映了当国民经济各部门均增加一个单位的最终使用时，某一部门由此受到的需求感应程度，即需要该部门为其他部门的生产提供的产出量。感应度系数 E_i 的计算公式如下。其中，$\overline{b_{ij}}$ 为里昂惕夫逆矩阵 $(I - A)^{-1}$ 的元素。

$$E_i = \frac{\sum_{j=1}^{n} \overline{b_{ij}}}{\frac{1}{n} \sum_{i=1}^{n} \sum_{j=1}^{n} \overline{b_{ij}}} \ (i = 1, 2, \cdots, n)$$

（7）修正感应度系数 $\overline{E_i}$ 反映了第 i 部门对其他部门产出增量的推动水平与社会平均推动水平。刘起运（2012）指出，利用里昂惕夫逆矩阵所进行的结构分析，只能表现最终产品的拉动、带动作用，不能反映推动作用。因此不能认为影响力系数具有拉动作用，感应度系数具有推动作用。本文借鉴《投入产出分析——理论、方法与数据》（夏明等，2012）的计算方法，运用分配系数和完全分配系数矩阵对感应度进行修正，方法如下所示。其中，d_{ij} 为完全分配系数矩阵 $(I-R)^{-1}-I$ 的元素。

$$\overline{E_i} = \frac{\sum_{j=1}^{n} d_{ij}}{\frac{1}{n}\sum_{i=1}^{n}\sum_{j=1}^{n} d_{ij}} \quad (i = 1, 2, \cdots, n)$$

三、装备制造业产业竞争力微观测算

本专题选取我国 A 股市场 186 家装备制造业上市公司作为研究对象。这些企业资产优质，经营规范，成长性良好，能够有效体现全行业最核心的产业实力。由于机遇和政府这两个因素对于这些上市公司而言，基本具有一致性，所以在本专题所构建的我国装备制造业产业竞争力评价体系中，主要从生产要素、需求条件、企业战略和技术这四个层面进行评价与分析。同时，由于产业竞争力评价体系中的指标较多，且多为定量指标，统计数据规范，可比性强，因此采用主成分分析法能够全面反映评价结果。具体评价体系如表 1 所示：

表1 我国装备制造业产业竞争力评价指标

一级指标	二级指标	三级指标
综合竞争力	生产竞争力	企业人数
		总资产
		营业收入
	盈利竞争力	销售净利率
		总资产报酬率
		投入资本回报率
		净资产收益率
	创新竞争力	技术人员占比
		高学历员工占比

1. 主成分提取

方差贡献法：如表2所示，根据SPSS输出的以主成分法初步抽取的主成分可得出。由于我们有9个指标变量，因此得到9个主成分方程，其中第一个主成分特征值为3.743，方差贡献率为41.594%；第二个主成分特征值为2.619，方差贡献率为29.102%；第三个主成分特征值为1.432，方差贡献率为15.915%，三者累积方差贡献率达到86.611%，能够较全面地反映所有信息。因此，提取前三个主成分即可。

表2 解释的总方差

主成分	初始特征值			提取平方和载入		
	合计	方差贡献率（%）	累积（%）	合计	方差贡献率（%）	累积（%）
F_1	3.743	41.594	41.594	3.743	41.594	41.594
F_2	2.619	29.102	70.696	2.619	29.102	70.696
F_3	1.432	15.915	86.611	1.432	15.915	86.611

2．产业竞争力得分线性表达式

由表3可知，主成分 F_1 与销售净利率、总资产报酬率、投入资本回报率和净资产收益率等指标的相关系数较大，因此可称主成分 F_1 为资本盈利能力因子。主成分 F_2 与企业人数、总资产和营业收入等指标的相关度较高，可称为经营规模能力因子。主成分 F_3 中技术人员占比和高学历员工占比两个指标载荷值较大，可称其为技术创新能力因子。

表3 成分矩阵[a]

三级指标	主成分		
	F_1	F_2	F_3
企业人数	−0.054	0.842	−0.319
总资产	−0.017	0.949	−0.108
营业收入	0.122	0.91	−0.108
销售净利率	0.892	−0.088	−0.05
总资产报酬率	0.959	−0.055	−0.153
投入资本回报率	0.979	−0.006	−0.096
净资产收益率	0.97	−0.031	−0.08
技术人员占比	0.296	0.218	0.795
高学历员工占比	0.153	0.352	0.796

注：提取方法：主成分分析法；a：已提取了3个主成分。

因此，产业综合竞争力综合评价函数（S）的最终表达式为：

$$S = 0.412\,8 \times F_1 + 0.287\,7 \times F_2 + 0.189\,4 \times F_3$$

3．各因子主成分得分

根据主成分线性表达式和相关上市公司数据计算可得，表4为我国A

股市场 186 家装备制造业企业中各因子主成分得分和综合得分在前 20 名的上市公司。

表4　装备制造业竞争力因子主成分得分和综合得分

上市公司	资本盈利能力因子（F_1）得分	排名	上市公司	经营规模能力因子（F_2）得分	排名	上市公司	技术创新能力因子（F_3）得分	排名	上市公司	综合竞争力得分	排名
广日股份	2.864 2	1	天地科技	3.209 2	1	金自天正	3.057 2	1	广日股份	1.570 7	1
豪迈科技	1.748 9	2	中材国技	1.904 9	2	天华院	2.943 3	2	豪迈科技	0.976 3	2
中亚股份	1.576 2	3	中国一重	1.251 4	3	机器人	2.563 6	3	机器人	0.971 6	3
东音股份	1.368 5	4	沈阳机床	1.136 5	4	厚普股份	2.304 9	4	厚普股份	0.923 1	4
浙江鼎力	1.367 7	5	金自天正	0.913 9	5	国机通用	2.139 1	5	上海机电	0.850 2	5
法因数控	1.366 0	6	湘电股份	0.889 9	6	东方精工	2.127 5	6	天华院	0.825 5	6
永和智控	1.337 4	7	中信重工	0.889 8	7	弘讯科技	1.649 2	7	金自天正	0.799 1	7
先导智能	1.315 0	8	大连重工	0.876 7	8	广日股份	1.480 4	8	中材科技	0.756 4	8
世嘉科技	1.263 3	9	上海机电	0.856 1	9	神雾环保	1.474 0	9	中亚股份	0.724 6	9
四方冷链	1.212 1	10	天华院	0.818 4	10	博实股份	1.416 7	10	博实股份	0.675 9	10

（续上表）

上市公司	资本盈利能力因子（F_1）得分	排名	上市公司	经营规模能力因子（F_2）得分	排名	上市公司	技术创新能力因子（F_3）得分	排名	上市公司	综合竞争力得分	排名
斯莱克	1.189 7	11	豪迈科技	0.815 3	11	东杰智能	1.315 1	11	斯莱克	0.656 5	11
恒锋工具	1.187 9	12	机器人	0.734 8	12	中泰股份	1.205 0	12	兰石重装	0.655 0	12
上海机电	1.167 0	13	盾安环境	0.730 3	13	华昌达	1.146 6	13	国机通用	0.652 1	13
中泰股份	1.109 5	14	东山精密	0.686 5	14	隆华节能	1.127 2	14	中泰股份	0.625 3	14
康力电梯	1.100 7	15	中航重机	0.673 6	15	埃斯顿	1.116 5	15	永和智控	0.624 5	15
兰石重装	1.090 7	16	秦川机床	0.673 3	16	新美星	1.101 3	16	东音股份	0.590 5	16
日机密封	1.039 2	17	三花股份	0.586 8	17	劲拓股份	1.068 1	17	先导智能	0.582 0	17
厚普股份	1.039 1	18	软控股份	0.499 1	18	斯莱克	1.013 2	18	弘讯科技	0.581 8	18
博实股份	0.868 5	19	广日股份	0.494 2	19	蓝英装备	0.994 3	19	世嘉科技	0.554 2	19
机器人	0.840 0	20	科达洁能	0.493 6	20	永和智控	0.929 5	20	康力电梯	0.546 5	20

由表4可知，在资本盈利能力因子（F_1）方面，广日股份在186家上市公司里具有较强的产业内竞争优势，因子得分为2.864 2。在经营规模能力因子（F_2）方面，天地科技和中材国际的竞争优势较为明显，因子得分

分别为 3.209 2 和 1.904 9，居 186 家上市公司的前两位。在技术创新能力因子（F_3）方面，金自天正、天华院和机器人占据着行业内较为明显的领先优势。综合 F_1、F_2 和 F_3 三个因子来看，在综合竞争力方面，凭借在资本盈利方面的优势，广日股份和豪迈科技分别排在综合竞争力的第一位和第二位。

四、装备制造业产业关联效应的国际比较

本专题根据 WIOD 数据库所公布的各国家（地区）2011 年度的投入产出表计算出各国家（地区）的装备制造业对不同产业部门的产业关联效应，试图基于投入产出模型对我国装备制造业的国际竞争力做出新的解释。由于在 WIOD 投入产出数据库中并无装备制造业的明确统计口径，因此本专题选择其中的机械设备制造业进行相应的替代。

1. 消耗系数

无论是直接消耗系数，还是完全消耗系数，中国装备制造业的消耗系数都远高于发达国家，例如基础金属制品业是中国大陆装备制造业生产过程中直接依存度最高的部门，其直接消耗系数为 0.221 0[①]；日本和美国的基础金属制品业直接消耗系数则分别为 0.135 3 和 0.130 0，德国更是仅为 0.079 4。同时，发达国家装备制造业对设备租赁和其他商业活动的完全依存度远高于中国大陆。例如，在美国、德国和意大利等国，设备租赁和其他商业活动均是国内完全依存度排名第二的产业部门，但在中国仅为完全依存度排名第九的产业部门。

---

① 由于篇幅关系，消耗系数、分配系数、影响力系数、感应度系数、修正感应度系数不在文中一一列举，如有需要，可以向作者索取（E-mail：101215354@ qq. com）。

2. 分配系数

中国大陆装备制造业分配系数第一的产业部门为装备制造业自身，分配系数为 0.168 8。德国、英国、意大利和韩国与中国大陆相似，装备制造业自身和交通运输设备均是其分配系数位列第一、第二的产业部门，但分配系数明显低于中国大陆。欧美发达国家装备制造业对于各产业部门的完全分配系数明显小于中国大陆、韩国和中国台湾地区。中国装备制造业的自身分配系数为 0.238 1，发达国家装备制造业的自身分配系数则在 0.100 0 至 0.050 0 之间。此外，发达国家的第三产业成为装备制造业产出的主要投向部门，例如设备租赁和其他商业活动分别是美国、日本和意大利三国分配系数第七大和第六大部门；交通运输设备零售成为日本装备制造业分配系数第二大的产业部门。中国大陆仅有保健和社会工作产业部门进入装备制造业分配系数前十大产业部门之列，而在完全分配系数的前十大产业部门中无第三产业。

3. 影响力系数

如表 5 所示，除英国外，2011 年其余国家（地区）的装备制造业影响力系数均大于 1，其中中国大陆影响力系数为 1.174 1，在八个国家（地区）中排名第三，仅次于中国台湾地区和韩国。从各国家和地区装备制造业的影响力系数近十年的变化来看，中国大陆的装备制造业国内影响力系数大体呈现出逐年上升的变化趋势，从 2000 年的 1.147 9 上升至 2010 年的 1.194 1，2011 年下降至 1.174 1。美国、日本、德国、英国和意大利的装备制造业影响力系数近十年都出现不同程度的下降，其中美国和德国降幅最为明显。自 2008 年以来，两国装备制造业的国内影响力系数分别从 1.080 4 下降至 2011 年的 1.024 7 和从 1.032 8 下降至 2011 年的 1.016 1。

表 5   八个国家（地区）装备制造业影响力系数表

国家（地区）	2000 年	2002 年	2004 年	2006 年	2008 年	2010 年	2011 年
中国大陆	1. 147 9	1. 158 8	1. 128 2	1. 161 7	1. 183 2	1. 194 1	1. 174 1
美国	1. 072 9	1. 078 6	1. 078 7	1. 072 3	1. 080 4	1. 027 7	1. 024 7
日本	1. 159 2	1. 187 1	1. 163 9	1. 142 5	1. 137 3	1. 143 1	1. 146 0
德国	1. 034 6	1. 020 4	1. 022 6	1. 033 6	1. 032 8	1. 019 5	1. 016 1
英国	1. 016 9	1. 003 4	1. 018 1	1. 001 3	0. 972 6	0. 977 7	0. 970 5
意大利	1. 122 7	1. 132 7	1. 123 5	1. 108 6	1. 106 3	1. 119 8	1. 117 5
韩国	1. 179 9	1. 203 9	1. 208 9	1. 228 4	1. 216 9	1. 231 1	1. 240 5
中国台湾	1. 240 1	1. 248 4	1. 271 4	1. 263 9	1. 291 6	1. 310 6	1. 290 8

数据来源：WIOD 数据库。

4. 传统感应度系数

如表 6 所示，2011 年，中国台湾地区和中国大陆的装备制造业感应度系数在八个国家（地区）中分列前两位，分别为 1. 119 3 和 1. 078 9；韩国、德国、意大利、英国、日本和美国的感应度系数均小于 1，低于社会感应度平均水平。从近十年的变化来看，中国大陆的装备制造业感应度系数呈现出先增后减的变化趋势，虽然从 2000 年的 1. 194 3 上升至 2002 年的 1. 219 0，但自 2008 年以来逐年下滑至 2011 年的 1. 078 9。美国、日本和意大利则大体呈现出较明显的逐年下降态势，其中日本从 2000 年的 0. 814 8 下降至 2011 年的 0. 735 5，降幅在以上三国中最为明显。

表6　八个国家（地区）装备制造业感应度系数表

国家（地区）	2000 年	2002 年	2004 年	2006 年	2008 年	2010 年	2011 年
中国大陆	1. 194 3	1. 219 0	1. 031 8	1. 096 2	1. 200 1	1. 140 6	1. 078 9
美国	0. 728 0	0. 713 0	0. 717 3	0. 714 9	0. 712 4	0. 710 3	0. 709 4
日本	0. 814 8	0. 791 4	0. 811 8	0. 798 2	0. 803 6	0. 743 7	0. 735 5
德国	0. 869 4	0. 864 0	0. 880 6	0. 887 3	0. 892 6	0. 885 2	0. 920 2
英国	0. 740 0	0. 716 8	0. 758 8	0. 751 0	0. 705 3	0. 745 7	0. 752 5
意大利	0. 843 1	0. 810 9	0. 829 1	0. 827 8	0. 798 0	0. 791 9	0. 806 6
韩国	0. 985 1	0. 957 6	0. 992 4	1. 030 4	1. 004 3	1. 002 2	0. 979 6
中国台湾	1. 109 8	1. 035 2	1. 180 2	1. 219 6	1. 164 2	1. 210 0	1. 119 3

数据来源：WIOD 数据库。

5. 修正感应度系数

如表 7 所示，从修正感应度系数来看，2011 年中国台湾地区装备制造业对国内各部门的产出增量的推动效应最为明显，其修正感应度系数为1. 016 6；中国大陆的修正感应度系数居八个国家（地区）中的第三位，修正感应度系数为0. 828 8。发达国家的装备制造业修正感应度系数则远远低于中国大陆。从历年变化来看，自 2000 年以来，美国、日本、英国和意大利等国家，其修正感应度系数大体呈现出较明显的下降趋势；中国大陆自2008 年以来也呈现出明显下降的趋势。

表7　八个国家（地区）装备制造业修正感应度系数

国家（地区）	2000 年	2002 年	2004 年	2006 年	2008 年	2010 年	2011 年
中国大陆	1. 049 9	1. 054 8	0. 801 0	0. 839 2	0. 949 4	0. 903 7	0. 828 8
美国	0. 605 7	0. 599 2	0. 606 4	0. 597 1	0. 575 3	0. 525 3	0. 501 0

（续上表）

国家（地区）	2000 年	2002 年	2004 年	2006 年	2008 年	2010 年	2011 年
日本	0.515 1	0.508 1	0.491 5	0.467 6	0.498 3	0.442 7	0.416 3
德国	0.488 6	0.492 3	0.508 8	0.523 2	0.518 0	0.557 0	0.597 6
英国	0.532 8	0.496 2	0.644 4	0.604 0	0.411 3	0.543 2	0.526 6
意大利	0.479 5	0.452 6	0.479 4	0.471 4	0.422 8	0.431 1	0.428 1
韩国	0.893 9	0.827 7	0.881 6	0.910 6	0.884 6	0.905 1	0.857 8
中国台湾	0.884 1	0.796 6	1.025 5	1.087 8	1.053 2	1.167 2	1.016 6

数据来源：WIOD 数据库。

五、装备制造业产业竞争力综合评价

（一）我国装备制造业产业竞争力国内分析

从上文的实证结果中我们可以看出，目前我国装备制造业产业竞争力的优势主要来源于资本盈利、经营规模和技术创新三大方面，呈现出以下几个特点：

1. 资本要素是产业竞争力的首要影响因素

从主成分分析结果来看，资本获利能力是我国当前装备制造业上市公司产业竞争力优势的首要来源。以广日股份为例，虽然其经营规模能力因子得分仅排名第 19，技术创新能力因子得分排名第 8，但凭借 2015 年在销售净利率、总资产报酬率、投入资本回报率和净资产收益率上所取得的较高的资本盈利能力因子得分，使其综合竞争力得分排名第 1。此外，资本盈利能力因子得分排名前 20 的上市公司中，多达 15 家最终进入综合竞争力得分排名前 20，该比例远远高于经营规模能力因子和技术创新能力因子，正是这样的高收益能力使得这类上市公司在同业竞争中更具优势。这主要源于：近 10 年来我国汽车和机械制造行业发展迅速，市场需求旺盛，国内外固定资产投资不断增速，使得行业资本盈利能力被放大，利润水平被推高。然而，随着发达国家对于制造业的重新重视，外商投资逐步缩减。国内市场随着经济下行压力的不断增大，也开始不断萎缩。我国装备制造业依赖于旺盛市场需求而获得较高市场利润，从而吸引资本不断进入的优势将慢慢衰减，对产业竞争力优势的维持也将逐步衰退，企业资本盈利所构筑的产业竞争力优势将会有所下降，难以维系。

2. 经营规模对产业竞争力优势的影响下降

中国目前已经成为装备制造业生产大国和消费大国，经营规模也成为目前我国装备制造业产业竞争力优势的第二大来源，对 186 家装备制造业上市公司的产业竞争力影响程度占比近 30%。但在与其他两个因子的得分对比后可以发现，经营规模对中国装备制造业的综合竞争力的影响作用开始减弱。例如，天地科技凭借其在总资产和营业收入方面的经营规模优势，经营规模能力因子得分排名第 1，其资本盈利能力因子得分和技术创新能力因子得分却没有进入前 20 名，最后的综合竞争力得分排名也没有进入前 20。进一步来看，在经营规模能力因子得分前 20 名的上市公司中只有 7 家上市公司的综合竞争力排名进入前 20，其余经营规模能力因子得分较高的上市公司，普遍在资本盈利和技术创新方面的得分不高，综合竞争力排名更是无一进入前 20。这无疑说明，国企或者国企改革的中国装备制造业企业，虽然具有先天的经营规模优势，例如经营规模能力因子得分较高的天地科技、广日股份和上海机电都是国资委管理，或国资委下属公司改制成立，但是其产业竞争力优势并没有得以凸显。随着市场化程度的不断加深，以及产品技艺的不断提升，经营规模因素对竞争力的的影响作用将逐步衰减。一味依赖于经营规模、生产规模扩大而获得的产业竞争力优势在未来也将面临更多的不确定性和不可持续性。

3. 技术创新对产业竞争力的影响不断扩大

装备制造业作为资本密集型和技术密集型产业,除了对于资金量有着巨大的需求外,技术创新能力同样对于产业竞争力有着巨大的影响。从我国装备制造业的产业竞争力形成来看,技术创新能力已经成为产业竞争力优势的第三大来源,影响程度占比为 15.92%。金自天正凭借其在技术创新方面的领先优势,虽然在对竞争力影响程度最大的资本盈利能力因子中得分没有进入前 20 名,但依旧进入综合竞争力得分前 10 名。总体来看,在综合竞争力得分排名前 20 的上市公司中,有 11 家进入了技术创新能力因子得分的前 20 名,比例明显高于经营规模能力因子。由此可见,技术创新能力因子虽然目前对于整体装备制造业竞争力的贡献度不如经营规模能力因子有优势,但在优质的企业中,技术创新能力因子对于产业竞争力的影响力正在不断加强。整体而言,我国装备制造业竞争力在技术创新方面并未形成较为明显的竞争力优势,有超过 100 家上市公司的技术研发人员比例不足 15%,超过 120 家上市公司的高学历员工比例不足 20%。这样的技术创新能力显然是远远不能满足未来的产业发展和产业竞争需求的,尤其是在智能制造概念日益深化的时代。因此,在未来的发展过程中,技术创新必须要进一步扩大在我国装备制造业产业竞争力中的影响,甚至成为主导性因素。

(二) 我国装备制造业产业竞争力国际比较

根据前文对于直接消耗系数、完全消耗系数、分配系数、影响力系数、传统感应度系数和修正感应度系数进行计算,并将我国与装备制造业发达的国家和地区进行比较分析，可得出以下结论。

1. 生产制造单位消耗过高

从直接消耗系数和完全消耗系数来看，目前我国装备制造业发展主要依赖于基础金属制品产品部门和装备制造业产品部门自身，这与目前大部分装备制造业发达国家相一致。但是我国装备制造业生产过程中的单位消耗水平明显高于发达国家。例如，我国装备制造业对于基础金属制品部门的直接消耗系数为 0.221 0，而美国、日本和德国分别为 0.130 0、0.135 3 和 0.079 4，仅相当于我国单位消耗的一半水平。当考虑到装备制造业生产过程中的全面要素投入消耗时，与发达国家的单位消耗对比则更为明显。仍以对基础金属制品部门的消耗为例，我国的完全消耗系数为 0.468 0，而美国和德国分别为 0.181 9 和 0.112 3，仅仅相当于我国不到 1/3 的单位能耗水平。由此可见，中国虽然已经成为世界公认的装备制造业生产和消费大国，但和美国、日本、德国等拥有发达装备制造业的国家相比较，我们的装备制造业生产消耗明显过高，在单位消耗方面并不具备国际竞争优势。

2. 与第三产业融合程度较低

我国装备制造业的发展主要依赖于上下游关联产业，并且主要集中在工业，尤其是制造业等相关产业，在直接消耗系数、完全消耗系数、分配系数和完全分配系数四个指标中，仅有批发零售、保健社会工作和设备租赁等商业活动分别进入分配系数和完全消耗系数前十大产业部门，且排名较为靠后。然而，发达国家装备制造业的发展明显已经突破传统的产业限制，与第三产业的各项细分产业进行广泛融合。例如，美国的设备租赁等商业活动部门均在以上四个产业关联系数中进入前十名；德国的设备租赁等商业活动成为其装备制造业完全消耗系数第二大产业部门；交通运输设备零售成为日本装备制造业分配系数第二大产业部门；零售贸易、房地产、金融中介等也成为发达国家装备制造业融合的主要部门。

装备制造业乃至整个制造业在未来的发展无疑是与第三产业服务业进行更加有深度的融合，例如上述国家的装备制造业通过与金融服务业的结合，有效扩大产业资本规模，从而为本产业的发展带来更多的附加值。从这一角度来看，目前我国装备制造业与其他产业、尤其是第三产业的金融服务业结合程度较低，是我国装备制造业缺乏转型升级的动力与资金支持，难以摆脱目前装备制造业产业的低端困境的主要原因。如何促进我国装备制造业产业与服务业，尤其是金融服务业的结合，将成为未来提升我国装备制造业产业国际竞争力的重要方向。

3. 国民经济发展的基础性产业和"瓶颈"产业

从影响力系数方面来看，装备制造业对我国国民经济的发展具有举足轻重的作用，尤其是中国作为当前世界上最具经济活力的国家之一，装备制造业对于各类国民经济部门的拉动作用尤为明显。从影响力系数的比较来看，中国装备制造业的影响力系数对于国内各国民经济部门的拉动作用明显高于美国、日本、德国等发达国家，在未来时期发展装备制造业，对于拉动我国经济内需仍有着明显的刺激作用。然而，我国装备制造业各产业部门的分配系数远高于发达国家，这意味着我国装备制造业必须生产比发达国家更多的产品才能满足其余部门的使用需求，装备制造业也逐步成为我国国民经济发展的"瓶颈"产业。从修正后感应度系数来看，中国大陆修正后感应度系数也明显高于欧美发达国家，这代表我国装备制造业对于国民经济的推动效应要高于发达国家，但也意味着一旦我国装备制造业产业的生产产量有所下降时，必然会使其余部门的使用需求受到更大影响，很有可能给国民经济带来更大的负面影响。因此，装备制造业目前既是我国国民经济发展的基础性产业，也成为制约我国经济发展的"瓶颈"产业。

4. 国内影响力作用突出, 全球化产业关联度不足

随着全球化产业链条的不断细分和延伸, 一些发达国家的装备制造业, 通过产业转移的方式, 将其产业链条不断向全球范围内生产成本更加低廉的国家转移, 国内往往只保留高附加值的研发部门, 或者与服务业融合程度更高的售后服务部门, 因此导致其影响力系数、传统感应度系数和修正感应度系数同步下降。中国大陆、韩国和中国台湾地区通过承接发达国家转移的产业链条, 大力推进本国或地区的工业化, 其装备制造业成为带动本国或地区国民经济发展的基础性产业, 带动本国或地区内相关的上下游产业的发展, 因此影响力系数和传统感应度系数会高于国内平均水平, 装备制造业的国内影响力作用突出。但是, 我国与发达国家的影响力系数和感应度系数的不同变化, 并不代表在未来时期装备制造业在国民经济发展中作用会有所下降, 它恰恰表明目前我国与发达国家装备制造业发展仍然处于不同阶段, 国际竞争力方面存在着一定差距: 发达国家利用自身产业的国际竞争优势, 通过全球化产业链条, 实现资本对外输出; 中国大陆仍依靠装备制造业带动本国上下游产业发展, 并且在逐步实现向装备制造业发达国家转变, 逐渐进入全球化市场, 构建全球装备制造业产业链。在未来的发展过程中, 中国装备制造业能否占据全球化产业链的主导地位成为问题的关键所在。

六、结论性评述

中国的装备制造业无论是生产规模还是消费规模都已经位居全球第一, 中国已成为名副其实的装备大国, 但目前我国装备制造业的产业竞争力优势主要源于资本获利能力, 经营规模对产业竞争力的影响有所下降, 技术创新对产业竞争力的影响不断扩大。与世界一流装备制造强国相比, 中国

装备制造业由于存在单位制造消耗过高、缺乏与第三产业融合、与全球化产业链关联程度不高等问题，导致其在全球化市场中缺乏国际竞争力。在未来时期，伴随着装备制造业产业发展的精细化和智能化的要求，技术创新因素无疑会成为我国未来装备制造业产业竞争力的主导因素。因此，增加企业科研投入，发展自主装备品牌，增加技术创新对产业竞争力的贡献率，将是中国装备制造业未来发展的重要战略方向。

附录1 我国智能制造业的相关政策文件

序号	政策文件	发文机关	发布时间
1	《中华人民共和国国民经济和社会发展第十三个五年规划纲要》	国务院	2016 年 3 月 17 日
2	《中国制造 2025》	国务院	2015 年 5 月 8 日
3	《"十三五"国家信息化规划》	国务院	2016 年 12 月 15 日
4	《"十三五"国家战略性新兴产业发展规划》	国务院	2016 年 11 月 29 日
5	《智能制造发展规划（2016—2020年)》	工业和信息化部、财政部	2016 年 12 月 8 日
6	《智能硬件产业创新发展专项行动（2016—2018 年)》	工业和信息化部、国家发展和改革委员会	2016 年 9 月 19 日
7	《机器人产业发展规划（2016—2020 年)》	工业和信息化部、国家发展和改革委员会、财政部	2016 年 3 月 21 日
8	《大数据产业发展规划（2016—2020 年)》	工业和信息化部	2017 年 1 月 17 日
9	《工业绿色发展规划（2016—2020年)》	工业和信息化部	2016 年 6 月 30 日

（续上表）

序号	政策文件	发文机关	发布时间
10	《软件和信息技术服务业发展规划（2016—2020 年）》	工业和信息化部	2016 年 12 月 18 日
11	《信息通信行业发展规划（2016—2020 年）》	工业和信息化部	2016 年 12 月 19 日
12	《信息化和工业化融合发展规划（2016—2020 年）》	工业和信息化部	2016 年 10 月 12 日
13	《产业技术创新能力发展规划（2016—2020 年）》	工业和信息化部	2016 年 10 月 21 日
14	《国务院关于积极推进"互联网＋"行动的指导意见》	国务院	2015 年 7 月 1 日
15	《促进大数据发展行动纲要》	国务院	2015 年 8 月 31 日
16	《信息产业发展指南》	工业和信息化部、国家发展和改革委员会	2016 年 12 月 30 日
17	《制造业人才发展规划指南》	教育部、人力资源和社会保障部、工业和信息化部	2016 年 12 月 27 日
18	《装备制造业标准化和质量提升规划》	质检总局办公厅	2016 年 8 月 1 日
19	《促进装备制造业质量品牌提升专项行动指南》	工业和信息化部、质检总局、国防科工局	2016 年 8 月 15 日

附录 2 中华人民共和国国民经济和社会发展第十三个五年规划纲要（节选）

第五篇 优化现代产业体系

第二十二章 实施制造强国战略

深入实施《中国制造 2025》，以提高制造业创新能力和基础能力为重点，推进信息技术与制造技术深度融合，促进制造业朝高端、智能、绿色、服务方向发展，培育制造业竞争新优势。

第一节 全面提升工业基础能力

实施工业强基工程，重点突破关键基础材料、核心基础零部件（元器件）、先进基础工艺、产业技术基础等"四基"瓶颈。引导整机企业与"四基"企业、高校、科研院所产需对接。支持全产业链协同创新和联合攻关，系统解决"四基"工程化和产业化关键问题。强化基础领域标准、计量、认证认可、检验检测体系建设。实施制造业创新中心建设工程，支持工业设计中心建设。设立国家工业设计研究院。

第二节 加快发展新型制造业

实施高端装备创新发展工程，明显提升自主设计水平和系统集成能力。

实施智能制造工程，加快发展智能制造关键技术装备，强化智能制造标准、工业电子设备、核心支撑软件等基础。加强工业互联网设施建设、技术验证和示范推广，推动"中国制造＋互联网"取得实质性突破。培育推广新型智能制造模式，推动生产方式向柔性、智能、精细化转变。鼓励建立智能制造产业联盟。实施绿色制造工程，推进产品全生命周期绿色管理，构建绿色制造体系。推动制造业由生产型向生产服务型转变，引导制造企业延伸服务链条、促进服务增值。推进制造业集聚区改造提升，建设一批新型工业化产业示范基地，培育若干先进制造业中心。

第三节　推动传统产业改造升级

实施制造业重大技术改造升级工程，完善政策体系，支持企业瞄准国际同行业标杆全面提高产品技术、工艺装备、能效环保等水平，实现重点领域向中高端的群体性突破。开展改善消费品供给专项行动。鼓励企业并购，形成以大企业集团为核心，集中度高、分工细化、协作高效的产业组织形态。支持专业化中小企业发展。

第四节　加强质量品牌建设

实施质量强国战略，全面强化企业质量管理，开展质量品牌提升行动，解决一批影响产品质量提升的关键共性技术问题，加强商标品牌法律保护，打造一批有竞争力的知名品牌。建立企业产品和服务标准自我声明公开和监督制度，支持企业提高质量在线检测控制和产品全生命周期质量追溯能力。完善质量监管体系，加强国家级检测与评定中心、检验检测认证公共服务平台建设。建立商品质量惩罚性赔偿制度。

第五节　积极稳妥化解产能过剩

综合运用市场机制、经济手段、法治办法和必要的行政手段，加大政策引导力度，实现市场出清。建立以工艺、技术、能耗、环保、质量、安全等为约束条件的推进机制，强化行业规范和准入管理，坚决淘汰落后产能。设立工业企业结构调整专项奖补资金，通过兼并重组、债务重组、破产清算、盘活资产，加快钢铁、煤炭等行业过剩产能退出，分类有序、积极稳妥处置退出企业，妥善做好人员安置等工作。

第六节　降低实体经济企业成本

开展降低实体经济企业成本行动。进一步简政放权，精简规范行政审批前置中介服务，清理规范中介服务收费，降低制度性交易成本。合理确定最低工资标准，精简归并"五险一金"，适当降低缴费比例，降低企业人工成本。降低增值税税负和流转税比重，清理规范涉企基金，清理不合理涉企收费，降低企业税费负担。保持合理流动性和利率水平，创新符合企业需要的直接融资产品，设立国家融资担保基金，降低企业财务成本。完善国际国内能源价格联动和煤电价格联动机制，降低企业能源成本。提高物流组织管理水平，规范公路收费行为，降低企业物流成本。鼓励和引导企业创新管理、改进工艺、节能节材。

第二十三章　支持战略性新兴产业发展

瞄准技术前沿，把握产业变革方向，围绕重点领域，优化政策组合，拓展新兴产业增长空间，抢占未来竞争制高点，使战略性新兴产业增加值占国内生产总值比重达到15%。

第一节　提升新兴产业支撑作用

支持新一代信息技术、新能源汽车、生物技术、绿色低碳、高端装备与材料、数字创意等领域的产业发展壮大。大力推进先进半导体、机器人、增材制造、智能系统、新一代航空装备、空间技术综合服务系统、智能交通、精准医疗、高效储能与分布式能源系统、智能材料、高效节能环保、虚拟现实与互动影视等新兴前沿领域创新和产业化，形成一批新增长点。

第二节　培育发展战略性产业

加强前瞻布局，在空天海洋、信息网络、生命科学、核技术等领域，培育一批战略性产业。大力发展新型飞行器及航行器、新一代作业平台和空天一体化观测系统，着力构建量子通信和泛在安全物联网，加快发展合成生物和再生医学技术，加速开发新一代核电装备和小型核动力系统、民用核分析与成像，打造未来发展新优势。

第三节　构建新兴产业发展新格局

支持产业创新中心、新技术推广应用中心建设，支持创新资源密集度高的城市发展成为新兴产业创新发展策源地。推动新兴产业链创新链快速发展，加速形成特色新兴产业集群。实施新兴产业全球创新发展网络计划，鼓励企业全球配置创新资源，支持建立一批海外研发中心。

第四节　完善新兴产业发展环境

发挥产业政策导向和促进竞争功能，构建有利于新技术、新产品、新业态、新模式发展的准入条件、监管规则和标准体系。鼓励民生和基础设施重大工程采用创新产品和服务。设立国家战略性产业发展基金，充分发挥新兴产业创业投资引导基金作用，重点支持新兴产业领域初创期创新型企业。

附录 3　中国制造 2025（节选）

三、战略任务和重点

实现制造强国的战略目标，必须坚持问题导向，统筹谋划，突出重点；必须凝聚全社会共识，加快制造业转型升级，全面提高发展质量和核心竞争力。

……

（二）推进信息化与工业化深度融合。

加快推动新一代信息技术与制造技术融合发展，把智能制造作为两化深度融合的主攻方向；着力发展智能装备和智能产品，推进生产过程智能化，培育新型生产方式，全面提升企业研发、生产、管理和服务的智能化水平。

研究制定智能制造发展战略。编制智能制造发展规划，明确发展目标、重点任务和重大布局。加快制定智能制造技术标准，建立完善智能制造和两化融合管理标准体系。强化应用牵引，建立智能制造产业联盟，协同推动智能装备和产品研发、系统集成创新与产业化。促进工业互联网、云计算、大数据在企业研发设计、生产制造、经营管理、销售服务等全流程和全产业链的综合集成应用。加强智能制造工业控制系统网络安全保障能力建设，健全综合保障体系。

加快发展智能制造装备和产品。组织研发具有深度感知、智慧决策、自动执行功能的高档数控机床、工业机器人、增材制造装备等智能制造装备以及智能化生产线，突破新型传感器、智能测量仪表、工业控制系统、伺服电机及驱动器和减速器等智能核心装置，推进工程化和产业化。加快机械、航空、船舶、汽车、轻工、纺织、食品、电子等行业生产设备的智能化改造，提高精准制造、敏捷制造能力。统筹布局和推动智能交通工具、智能工程机械、服务机器人、智能家电、智能照明电器、可穿戴设备等产品研发和产业化。

推进制造过程智能化。在重点领域试点建设智能工厂/数字化车间，加快人机智能交互、工业机器人、智能物流管理、增材制造等技术和装备在生产过程中的应用，促进制造工艺的仿真优化、数字化控制、状态信息实时监测和自适应控制。加快产品全生命周期管理、客户关系管理、供应链管理系统的推广应用，促进集团管控、设计与制造、产供销一体、业务和财务衔接等关键环节集成，实现智能管控。加快民用爆炸物品、危险化学品、食品、印染、稀土、农药等重点行业智能检测监管体系建设，提高智能化水平。

专栏2　智能制造工程

　　紧密围绕重点制造领域关键环节，开展新一代信息技术与制造装备融合的集成创新和工程应用。支持政产学研用联合攻关，开发智能产品和自主可控的智能装置并实现产业化。依托优势企业，紧扣关键工序智能化、关键岗位机器人替代、生产过程智能优化控制、供应链优化，建设重点领域智能工厂/数字化车间。在基础条件好、需求迫切的重点地区、行业和企业中，分类实施流程制造、离散制造、智能装备和产品、新业态新模式、智能化管理、智能化服务等试点示范及应用推广。建立智能制造标准体系和信息安全保障系统，搭建智能制造网络系统平台。

　　到 2020 年，制造业重点领域智能化水平显著提升，试点示范项目运营成本降低 30%，产品生产周期缩短 30%，不良品率降低 30%。到 2025 年，制造业重点领域全面实现智能化，试点示范项目运营成本降低 50%，产品生产周期缩短 50%，不良品率降低 50%。

......

（六）大力推动重点领域突破发展。

瞄准新一代信息技术、高端装备、新材料、生物医药等战略重点，引导社会各类资源集聚，推动优势和战略产业快速发展。

1. 新一代信息技术产业。

集成电路及专用装备。着力提升集成电路设计水平，不断丰富知识产权（IP）核和设计工具，突破关系国家信息与网络安全及电子整机产业发展的核心通用芯片，提升国产芯片的应用适配能力。掌握高密度封装及三维（3D）微组装技术，提升封装产业和测试的自主发展能力。形成关键制造装备供货能力。

信息通信设备。掌握新型计算、高速互联、先进存储、体系化安全保障等核心技术，全面突破第五代移动通信（5G）技术、核心路由交换技术、超高速大容量智能光传输技术、"未来网络"核心技术和体系架构，积极推动量子计算、神经网络等发展。研发高端服务器、大容量存储、新型路由交换、新型智能终端、新一代基站、网络安全等设备，推动核心信息通信设备体系化发展与规模化应用。

操作系统及工业软件。开发安全领域操作系统等工业基础软件。突破智能设计与仿真及其工具、制造物联与服务、工业大数据处理等高端工业软件核心技术，开发自主可控的高端工业平台软件和重点领域应用软件，建立完善工业软件集成标准与安全测评体系。推进自主工业软件体系化发展和产业化应用。

2. 高档数控机床和机器人。

高档数控机床。开发一批精密、高速、高效、柔性数控机床与基础制造装备及集成制造系统。加快高档数控机床、增材制造等前沿技术和装备的研发。以提升可靠性、精度保持性为重点，开发高档数控系统、伺服电机、轴承、光栅等主要功能部件及关键应用软件，加快实现产业化。加强用户工艺验证能力建设。

机器人。围绕汽车、机械、电子、危险品制造、国防军工、化工、轻工等工业机器人、特种机器人，以及医疗健康、家庭服务、教育娱乐等服务机器人应用需求，积极研发新产品，促进机器人标准化、模块化发展，扩大市场应用。突破机器人本体、减速器、伺服电机、控制器、传感器与驱动器等关键零部件及系统集成设计制造等技术瓶颈。

3. 航空航天装备。

航空装备。加快大型飞机研制，适时启动宽体客机研制，鼓励国际合作研制重型直升机；推进干支线飞机、直升机、无人机和通用飞机产业化。突破高推重比、先进涡桨（轴）发动机及大涵道比涡扇发动机技术，建立发动机自主发展工业体系。开发先进机载设备及系统，形成自主完整的航空产业链。

航天装备。发展新一代运载火箭、重型运载器，提升进入空间的能力。加快推进国家民用空间基础设施建设，发展新型卫星等空间平台与有效载荷、空天地宽带互联网系统，形成长期持续稳定的卫星遥感、通信、导航等空间信息服务能力。推动载人航天、月球探测工程，适度发展深空探测。推进航天技术转化与空间技术应用。

4. 海洋工程装备及高技术船舶。大力发展深海探测、资源开发利用、海上作业保障装备及其关键系统和专用设备。推动深海空间站、大型浮式结构物的开发和工程化。形成海洋工程装备综合试验、检测与鉴定能力，提高海洋开发利用水平。突破豪华邮轮设计建造技术，全面提升液化天然气船等高技术船舶国际竞争力，掌握重点配套设备集成化、智能化、模块化设计制造核心技术。

5. 先进轨道交通装备。加快新材料、新技术和新工艺的应用，重点突破体系化安全保障、节能环保、数字化智能化网络化技术，研制先进可靠适用的产品和轻量化、模块化、谱系化产品。研发新一代绿色智能、高速重载轨道交通装备系统，围绕系统全寿命周期，向用户提供整体解决方案，建立世界领先的现代轨道交通产业体系。

6. 节能与新能源汽车。继续支持电动汽车、燃料电池汽车发展，掌握汽车低碳化、信息化、智能化核心技术，提升动力电池、驱动电机、高效内燃机、先进变速器、轻量化材料、智能控制等核心技术的工程化和产业化能力，形成从关键零部件到整车的完整工业体系和创新体系，推动自主品牌节能与新能源汽车同国际先进水平接轨。

7. 电力装备。推动大型高效超净排放煤电机组产业化和示范应用，进一步提高超大容量水电机组、核电机组、重型燃气轮机制造水平。推进新能源和可再生能源装备、先进储能装置、智能电网用输变电及用户端设备发展。突破大功率电力电子器件、高温超导材料等关键元器件和材料的制造及应用技术，形成产业化能力。

8. 农机装备。重点发展粮、棉、油、糖等大宗粮食和战略性经济作物育、耕、种、管、收、运、贮等主要生产过程使用的先进农机装备，加快发展大型拖拉机及其复式作业机具、大型高效联合收割机等高端农业装备及关键核心零部件。提高农机装备信息收集、智能决策和精准作业能力，推进形成面向农业生产的信息化整体解决方案。

9. 新材料。以特种金属功能材料、高性能结构材料、功能性高分子材料、特种无机非金属材料和先进复合材料为发展重点，加快研发先进熔炼、凝固成型、气相沉积、型材加工、高效合成等新材料制备关键技术和装备，加强基础研究和体系建设，突破产业化制备瓶颈。积极发展军民共用特种新材料，加快技术双向转移转化，促进新材料产业军民融合发展。高度关注颠覆性新材料对传统材料的影响，做好超导材料、纳米材料、石墨烯、生物基材料等战略前沿材料提前布局和研制。加快基础材料升级换代。

10. 生物医药及高性能医疗器械。发展针对重大疾病的化学药、中药、生物技术药物新产品，重点包括新机制和新靶点化学药、抗体药物、抗体偶联药物、全新结构蛋白及多肽药物、新型疫苗、临床优势突出的创新中药及个性化治疗药物。提高医疗器械的创新能力和产业化水平，重点发展影像设备、医用机器人等高性能诊疗设备，全降解血管支架等高值医用耗材，可穿戴、远程诊疗等移动医疗产品。实现生物3D打印、诱导多能干细胞等新技术的突破和应用。

专栏5　高端装备创新工程

组织实施大型飞机、航空发动机及燃气轮机、民用航天、智能绿色列车、节能与新能源汽车、海洋工程装备及高技术船舶、智能电网成套装备、高档数控机床、核电装备、高端诊疗设备等一批创新和产业化专项、重大工程。开发一批标志性、带动性强的重点产品和重大装备，提升自主设计水平和系统集成能力，突破共性关键技术与工程化、产业化瓶颈，组织开展应用试点和示范，提高创新发展能力和国际竞争力，抢占竞争制高点。

附录 4　智能制造发展规划（2016—2020 年）

智能制造是基于新一代信息通信技术与先进制造技术深度融合，贯穿于设计、生产、管理、服务等制造活动的各个环节，具有自感知、自学习、自决策、自执行、自适应等功能的新型生产方式。加快发展智能制造，是培育我国经济增长新动能的必由之路，是抢占未来经济和科技发展制高点的战略选择，对于推动我国制造业供给侧结构性改革，打造我国制造业竞争新优势，实现制造强国具有重要战略意义。

根据《中华人民共和国国民经济和社会发展第十三个五年规划纲要》《中国制造 2025》和《国务院关于深化制造业与互联网融合发展的指导意见》，编制本规划。

一、发展现状和形势

全球新一轮科技革命和产业变革加紧孕育兴起，与我国制造业转型升级形成历史性交汇。智能制造在全球范围内快速发展，已成为制造业重要发展趋势，对产业发展和分工格局带来深刻影响，推动形成新的生产方式、产业形态、商业模式。发达国家实施"再工业化"战略，不断推出发展智能制造的新举措，通过政府、行业组织、企业等协同推进，积极培育制造业未来竞争优势。

　　经过几十年的快速发展，我国制造业规模跃居世界第一位，建立起门类齐全、独立完整的制造体系，但与先进国家相比，大而不强的问题突出。随着我国经济发展进入新常态，经济增速换挡、结构调整阵痛、增长动能转换等相互交织，长期以来主要依靠资源要素投入、规模扩张的粗放型发展模式难以为继。加快发展智能制造，对于推进我国制造业供给侧结构性改革，培育经济增长新动能，构建新型制造体系，促进制造业向中高端迈进、实现制造强国具有重要意义。

　　随着新一代信息技术和制造业的深度融合，我国智能制造发展取得明显成效，以高档数控机床、工业机器人、智能仪器仪表为代表的关键技术装备取得积极进展；智能制造装备和先进工艺在重点行业不断普及，离散型行业制造装备的数字化、网络化、智能化步伐加快，流程型行业过程控制和制造执行系统全面普及，关键工艺流程数控化率大大提高；在典型行业不断探索、逐步形成了一些可复制推广的智能制造新模式，为深入推进智能制造初步奠定了一定的基础。但目前我国制造业尚处于机械化、电气化、自动化、数字化并存，不同地区、不同行业、不同企业发展不平衡的阶段。发展智能制造面临关键共性技术和核心装备受制于人，智能制造标准/软件/网络/信息安全基础薄弱，智能制造新模式成熟度不高，系统整体解决方案供给能力不足，缺乏国际性的行业巨头企业和跨界融合的智能制造人才等突出问题。相对工业发达国家，推动我国制造业智能转型，环境更为复杂，形势更为严峻，任务更加艰巨。我们必须遵循客观规律，立足国情、着眼长远，加强统筹谋划，积极应对挑战，抓住全球制造业分工调整和我国智能制造快速发展的战略机遇期，引导企业在智能制造方面走出一条具有中国特色的发展道路。

二、总体要求

（一）指导思想

深入贯彻党的十八大及十八届三中、四中、五中全会精神，牢固树立创新、协调、绿色、开放、共享的发展理念，全面落实《中国制造 2025》和推进供给侧结构性改革部署，将发展智能制造作为长期坚持的战略任务，分类分层指导，分行业、分步骤持续推进，"十三五"期间同步实施数字化制造普及、智能化制造示范引领，以构建新型制造体系为目标，以实施智能制造工程为重要抓手，着力提升关键技术装备安全可控能力，着力增强基础支撑能力，着力提升集成应用水平，着力探索培育新模式，着力营造良好发展环境，为培育经济增长新动能、打造我国制造业竞争新优势、建设制造强国奠定扎实的基础。

（二）基本原则

坚持市场主导、政府引导。充分发挥市场在配置资源中的决定性作用，强化企业市场主体地位，以需求为导向，激发企业推进智能制造的内生动力。发挥政府在规划布局、政策引导等方面的积极作用，形成公平市场竞争的发展环境。

坚持创新驱动、开放合作。建立健全创新体系，推进产学研用协同创新，激发企业创新创业活力，加强智能制造技术、装备与模式的创新突破。坚持互利共赢，扩大对外开放，加强在标准制定、人才培养、知识产权等方面国际交流合作。

坚持统筹规划、系统推进。统筹整合优势资源，加强顶层设计，调动各方积极性，协调推进。针对制造业薄弱与关键环节，系统部署关键技术装备创新、试点示范、标准化、工业互联网建设等系列举措，推进智能制造发展。

坚持遵循规律、分类施策。立足国情，准确把握智能制造的发展规律，因势利导，引导行业循序渐进推进智能化。针对不同地区、行业、企业发展基础、阶段和水平差异，加强分类施策、分层指导，加快推动传统行业改造、重点领域升级、制造业转型。

（三）发展目标

2025 年前，推进智能制造发展实施"两步走"战略：第一步，到 2020 年，智能制造发展基础和支撑能力明显增强，传统制造业重点领域基本实现数字化制造，有条件、有基础的重点产业智能转型取得明显进展；第二步，到 2025 年，智能制造支撑体系基本建立，重点产业初步实现智能转型。

2020 年的具体目标：

——智能制造技术与装备实现突破。研发一批智能制造关键技术装备，具备较强的竞争力，国内市场满足率超过 50%。突破一批智能制造关键共性技术。核心支撑软件国内市场满足率超过 30%。

——发展基础明显增强。智能制造标准体系基本完善，制（修）订智能制造标准 200 项以上，面向制造业的工业互联网及信息安全保障系统初步建立。

——智能制造生态体系初步形成。培育 40 个以上主营业务收入超过 10 亿元、具有较强竞争力的系统解决方案供应商，智能制造人才队伍基本建立。

——重点领域发展成效显著。制造业重点领域企业数字化研发设计工具普及率超过 70%，关键工序数控化率超过 50%，数字化车间/智能工厂普及率超过 20%，运营成本、产品研制周期和产品不良品率大幅度降低。

三、重点任务

（一）加快智能制造装备发展

聚焦感知、控制、决策、执行等核心关键环节，推进产学研用联合创新，攻克关键技术装备，提高质量和可靠性。面向《中国制造 2025》十大重点领域，推进智能制造关键技术装备、核心支撑软件、工业互联网等系统集成应用，以系统解决方案供应商、装备制造商与用户联合的模式，集成开发一批重大成套装备，推进工程应用和产业化。推动新一代信息通信技术在装备（产品）中的融合应用，促进智能网联汽车、服务机器人等产品研发、设计和产业化。

专栏 1　智能制造装备创新发展重点

创新产学研用合作模式，研发高档数控机床与工业机器人、增材制造装备、智能传感与控制装备、智能检测与装配装备、智能物流与仓储装备五类关键技术装备。重点突破高性能光纤传感器、微机电系统（MEMS）传感器、视觉传感器、分散式控制系统（DCS）、可编程逻辑控制器（PLC）、数据采集系统（SCADA）、高性能高可靠嵌入式控制系统等核心产品，在机床、机器人、石油化工、轨道交通等领域实现集成应用。

依托优势企业，开展智能制造成套装备的集成创新和应用示范，加快产业化。促进智能网联汽车、智能工程机械、智能船舶、智能照明电器、服务机器人等研发和产业化，开展远程无人操控、运行状态监测、工作环境预警、故障诊断维护等智能服务。

到 2020 年，研制 60 种以上智能制造关键技术装备，达到国际同类产品水平，国内市场满足率超过 50%。

（二）加强关键共性技术创新

围绕感知、控制、决策和执行等智能功能的实现，针对智能制造关键技术装备、智能产品、重大成套装备、数字化车间/智能工厂的开发和应用，突破先进感知与测量、高精度运动控制、高可靠智能控制、建模与仿真、工业互联网安全等一批关键共性技术，研发智能制造相关的核心支撑软件，布局和积累一批核心知识产权，为实现制造装备和制造过程的智能化提供技术支撑。

专栏 2　智能制造关键共性技术创新方向

建设若干智能制造领域的制造业创新中心，开展关键共性技术研发。整合现有各类创新资源，引导企业加大研发投入，突破新型传感技术、模块化/嵌入式控制系统设计技术、先进控制与优化技术、系统协同技术、故障诊断与健康维护技术、高可靠实时通信、功能安全技术、特种工艺与精密制造技术、识别技术、建模与仿真技术、工业互联网、人工智能等关键共性技术。引导企业、高校、科研院所、用户组建智能制造创新联盟，推动创新资源向企业集聚。

加快研发智能制造支撑软件，突破计算机辅助类（CAX）软件、基于数据驱动的三维设计与建模软件、数值分析与可视化仿真软件等设计、工艺仿真软件，高安全高可信的嵌入式实时工业操作系统、嵌入式组态软件等工业控制软件，制造执行系统（MES）、企业资源管理软件（ERP）、供应链管理软件（SCM）等业务管理软件，嵌入式数据库系统与实时数据智能处理系统等数据管理软件。

到 2020 年，建成较为完善的智能制造技术创新体系，一批关键共性技术实现突破，部分技术达到国际先进水平；核心支撑软件市场满足率超过 30%。

（三）建设智能制造标准体系

依据国家智能制造标准体系建设指南，围绕互联互通和多维度协同等瓶颈，开展基础共性标准、关键技术标准、行业应用标准研究，搭建标准试验验证平台（系统），开展全过程试验验证。加快标准制（修）订，在制造业各个领域全面推广。成立国家智能制造标准化协调推进组、总体组和专家咨询组，形成协同推进的工作机制。充分利用现有多部门协调、多标委会协作的工作机制，形成合力，凝聚国内外标准化资源，扎实构建满足产业发展需求、先进适用的智能制造标准体系。

专栏 3 智能制造标准提升专项行动

组织开展参考模型、术语定义、标识解析、评价指标、安全等基础共性标准和数据格式、通讯协议与接口等关键技术标准的研究制定，探索制定重点行业智能制造标准。强化方法论、标准库和标准案例集等实施手段，以培训、咨询等方式推进标准宣贯与实施。推进智能制造标准国际交流与合作。

到 2020 年，国家智能制造标准体系基本建立，制（修）订智能制造国家标准 200 项以上，建设试验验证平台 100 个以上，公共服务平台 50 个以上。

（四）构筑工业互联网基础

研发新型工业网络设备与系统，构建工业互联网试验验证平台和标识解析系统。推动制造企业开展工厂内网络升级改造。鼓励电信运营商改良工厂外网络，开展工业云和大数据平台建设。研发安全可靠的信息安全软硬件产品，搭建面向智能制造的信息安全保障系统与试验验证平台，建立健全工业互联网信息安全风险评估、检查和信息共享机制。

专栏 4　工业互联网建设重点

研发融合 IPv6、4G/5G、短距离无线、Wi-Fi 技术的工业网络设备与系统，构建工业互联网试验验证平台及标识解析系统、企业级智能产品标识系统。开发工业互联网核心信息通信设备、工业级信息安全产品及设备。支持工业企业利用光通信、工业无线、工业以太网、SDN、OPC-UA、IPv6 等技术改造工业现场网络，在工厂内形成网络联通、数据互通、业务打通的局面。利用 SDN、网络虚拟化、4G/5G、IPv6 等技术实现对现有公用电信网的升级改造，满足工业互联网网络覆盖和业务开展的需要。面向智能制造发展需求，推动工业云计算、大数据服务平台建设。推动有条件的企业开展试点示范，推进新技术、产品及系统在重点领域的集成应用。

到 2020 年，在重点领域制造企业建设新技术实验网络并开展应用创新。

（五）加大智能制造试点示范推广力度

在基础条件好和需求迫切的重点地区、行业，选择骨干企业，围绕离散型智能制造、流程型智能制造、网络协同制造、大批量定制、远程运维服务、工业云平台、众包众创等方面，开展智能制造新模式试点示范，形成有效的经验和模式。围绕设计、研发、生产、物流、服务等全生命周期，遴选智能制造标杆企业，在相关行业进行移植、推广。

专栏5　智能制造试点示范及推广应用专项行动

第一阶段，聚焦制造过程关键环节，在基础条件较好、需求迫切的地区和行业，遴选一批智能制造试点示范项目，总结形成有效经验和模式。第二阶段，围绕产品全生命周期，研究制定智能制造标杆企业遴选标准，在实施智能制造成效突出的企业中，遴选确定一批标杆企业，在相关行业大规模移植、推广所形成的经验和模式。

到2020年，建成300个以上智能制造试点示范项目，数字化车间/智能工厂试点示范项目实施前后实现运营成本降低20%，产品研制周期缩短20%，生产效率提高20%，产品不良品率降低10%，能源利用率提高10%；遴选确定150个以上智能制造标杆企业。

（六）推动重点领域智能转型

围绕《中国制造2025》十大重点领域，试点建设数字化车间/智能工厂，加快智能制造关键技术装备的集成应用，促进制造工艺仿真优化、数字化控制、状态信息实时监测和自适应控制。加快产品全生命周期管理、客户关系管理、供应链管理系统的推广应用，促进集团管控、设计与制造、产供销一体、业务和财务衔接等关键环节集成。针对传统制造业关键工序自动化、数字化改造需求，推广应用数字化技术、系统集成技术、智能制造装备，提高设计、制造、工艺、管理水平，努力提升发展层次，迈向中高端。加强传统制造业绿色改造，推动产业间绿色循环链接，提升重点制造技术绿色化水平。

专栏6　重点领域智能转型重点

围绕新一代信息技术、高档数控机床与工业机器人、航空装备、海洋工程装备及高技术船舶、先进轨道交通装备、节能与新能源汽车、电力装备、农业装备、新材料、生物医药及高性能医疗器械、轻工、纺织、石化化工、钢铁、有色金属、建材、民爆等重点领域，推进智能化、数字化技术在企业研发设计、生产制造、物流仓储、经营管理、售后服务等关键环节的深度应用。支持智能制造关键技术装备和核心支撑软件的推广应用，不断提高生产装备和生产过程的智能化水平。在基础条件较好的领域，开展数字化车间/智能工厂的集成创新与应用示范。支持地方、园区、龙头企业等建设一批公共服务平台，开展技术研发、产品设计、软件服务、数据管理、测试验证等服务。

到2020年，量大面广、有基础、有条件的重点领域数字化研发设计工具普及率达到70%以上，关键工序数控化率达到50%以上，数字化车间/智能工厂普及率达到20%以上。

（七）促进中小企业智能化改造

引导有基础、有条件的中小企业推进生产线自动化改造，开展管理信息化和数字化升级试点应用。建立龙头企业引领带动中小企业推进自动化、信息化的发展机制，提升中小企业智能化水平。整合和利用现有制造资源，建设云制造平台和服务平台，在线提供关键工业软件及各类模型库和制造能力外包服务，服务中小企业智能化发展。

专栏7 中小企业智能化改造专项行动

　　支持第三方机构提供分析诊断、创新评估等服务，鼓励系统集成商、装备供应商、软件供应商等，针对中小企业实际需求，研究制定简便易行的智能化改造方案，推广一批成熟使用的单元装备和先进技术。推进"互联网＋"小微企业，推广适合中小企业发展需求的信息化产品和服务，促进互联网和信息技术在生产制造、经营管理、市场营销各个环节中的应用。推进云制造，构建云制造平台和服务平台。推动中小企业与大企业协同创新，鼓励有条件的大企业搭建信息化服务平台，向中小企业开放入口、数据信息、计算能力。

　　到2020年，有基础、有条件的中小企业生产自动化程度大幅提高，管理信息化和数字化水平明显提升。

（八）培育智能制造生态体系

　　面向企业智能制造发展需求，推动装备、自动化、软件、信息技术等不同领域企业紧密合作、协同创新，推动产业链各环节企业分工协作、共同发展，逐步形成以智能制造系统集成商为核心、各领域领先企业联合推进、一大批定位于细分领域的"专精特"企业深度参与的智能制造发展生态体系。加快培育一批有行业、专业特色系统解决方案供应商；大力发展具有国际影响力的龙头企业集团；做优做强一批传感器、智能仪表、控制系统、伺服装置、工业软件等"专精特"配套企业。

专栏 8   智能制造系统解决方案供应商培育专项行动

　　支持以技术和资本为纽带，组建产学研用联合体或产业创新联盟，鼓励发展成为智能制造系统解决方案供应商。支持装备制造企业以装备智能化升级为突破口，加速向系统解决方案供应商转变。支持规划设计院以车间/工厂的规划设计为基础，延伸业务链条，开展数字化车间/智能工厂总承包业务。支持自动化、信息技术企业通过业务升级，逐步发展成为智能制造系统解决方案供应商。研究制定智能制造系统解决方案供应商标准或规范，发布智能制造系统解决方案供应商推荐目录。

　　到 2020 年，主营业务收入超 10 亿元的智能制造系统解决方案供应商达到 40 家以上，系统集成能力明显提升，基本满足制造业智能转型的需要。

（九）推进区域智能制造协同发展

　　打造智能制造装备产业集聚区。积极推动以产业链为纽带、资源要素集聚的智能制造装备产业集群建设，完善产业链协作配套体系。加强规划引导，提升信息网络、公共服务平台等基础设施水平，促进产业集聚区规范有序发展。

　　促进区域智能制造差异化发展。结合《中国制造 2025 分省市实施指南》，紧密依靠本区域智能制造发展基础，聚焦重点。大力推进制造业发展水平较好的地区率先实现优势产业智能转型，积极促进制造业欠发达地区结合实际，加快制造业自动化、数字化改造，逐步向智能化发展。

　　加强区域智能制造资源协同。搭建基于互联网的制造资源协同平台，不断完善体系架构和运行规则，加快区域间创新资源、设计能力、生产能力和服务能力的集成和对接，推进制造过程各环节和全价值链的并行组织和协同优化，实现区域优势资源互补和资源优化配置。

（十）打造智能制造人才队伍

构建多层次人才队伍。大力弘扬工匠精神，突出职业精神培育。加强智能制造人才培训，培养一批能够突破智能制造关键技术、带动制造业智能转型的高层次领军人才，一批既擅长制造企业管理又熟悉信息技术的复合型人才，一批能够开展智能制造技术开发、技术改进、业务指导的专业技术人才，一批门类齐全、技艺精湛、爱岗敬业的高技能人才。

健全人才培养机制。创新技术技能人才教育培训模式，促进企业和院校成为技术技能人才培养的"双主体"。鼓励有条件的高校、院所、企业建设智能制造实训基地，培养满足智能制造发展需求的高素质技术技能人才。支持高校开展智能制造学科体系和人才培养体系建设。建立智能制造人才需求预测和信息服务平台。

四、保障措施

（一）加强统筹协调

发挥国家制造强国建设领导小组作用，有效统筹中央、地方和其他社会资源，协调解决智能制造发展中遇到的问题，形成资源共享、协同推进的工作格局。发挥国家制造强国建设战略咨询委员会作用，为把握技术发展方向提供咨询建议。加强规划与其他专项、工程有机衔接。

（二）完善创新体系

在智能制造领域研究建立若干制造业创新中心，建立市场化的创新方向选择机制和鼓励创新的风险分担、利益共享机制，解决技术研究与产业化应用的鸿沟。围绕重点领域智能制造发展需求，建设重大科学研究和实验设施。支持智能制造公共服务平台建设，增强为行业服务能力。鼓励企业加大研发投入力度，加强智能制造关键技术与装备创新。

（三）加大财税支持力度

充分利用现有资金渠道对智能制造予以支持。按照深化科技计划（专项、基金等）管理改革的要求，统筹支持智能制造关键共性技术的研发。完善和落实支持创新的政府采购政策。推进首台（套）重大技术装备保险补偿试点工作。落实税收优惠政策，企业购置并实际使用的重大技术装备符合规定条件的，可按规定享受企业所得税优惠政策。企业为生产国家支持发展的重大技术装备或产品，确有必要进口的零部件、原材料等，可按重大技术装备进口税收政策有关规定，享受进口税收优惠。

（四）创新金融扶持方式

发挥国家财政投入的引导作用，吸引企业、社会资本，建立智能制造多元化投融资体系。鼓励建立按市场化方式运作的各类智能制造发展基金，鼓励社会风险投资、股权投资投向智能制造领域。搭建政银企合作平台，研究建立产融对接新模式，引导和推动金融机构创新产品和服务方式。依托重点工程项目，推动首台（套）重大技术装备推广应用，完善承保理赔机制。支持装备制造企业扩大直接融资，发展应收账款融资，降低企业财务成本。

（五）发挥行业组织作用

发挥行业协会熟悉行业、贴近企业优势，推广先进管理模式，加强行业自律，防止无序和恶性竞争。各相关行业协会要指导企业深化改革、苦练内功，抓好技术创新、人才培养，及时反映企业诉求，反馈政策落实情况，积极宣传和帮助企业用足用好各项政策。鼓励行业协会、产业联盟提升服务行业发展的能力，引导企业推进智能制造发展。

（六）深化国际合作交流

在智能制造标准制定、知识产权等方面广泛开展国际交流与合作，不断拓展合作领域。支持国内外企业及行业组织间开展智能制造技术交流与合作，做到引资、引技、引智相结合。鼓励跨国公司、国外机构等在华设立智能制造研发机构、人才培训中心，建设智能制造示范工厂。鼓励国内企业参与国际并购、参股国外先进的研发制造企业。

五、组织实施

规划是指导未来 5 年智能制造发展的纲领性文件，工业和信息化部、发展改革委、科技部、财政部联合印发的《智能制造工程实施指南（2016—2020）》明确的重点任务是规划的核心内容。工业和信息化部、财政部负责规划的组织实施，加强领导，精心组织，及时解决规划实施过程中遇到的问题，推动各项任务和措施落到实处。建立规划实施动态评估机制，适时对目标和任务进行必要的调整。

各地工业和信息化、财政主管部门要按照职责分工，抓紧制定与规划相衔接的实施方案，落实相关配套政策，做好信息反馈工作。相关行业协会和中介组织要充分发挥桥梁和纽带作用，协同推动本规划的贯彻落实。

附录 5 智能硬件产业创新发展专项行动（2016—2018 年）

根据《"互联网＋"人工智能三年行动实施方案》，为提升终端产品智能化水平，加快智能硬件应用普及，制定本专项行动。

一、行动背景

智能硬件是指具备信息采集、处理和连接能力，并可实现智能感知、交互、大数据服务等功能的新兴互联网终端产品，是"互联网＋"人工智能的重要载体。在手机、电视等终端产品实现智能化之后，新一代信息技术正加速与个人穿戴、交通出行、医疗健康、生产制造等领域集成融合，催生智能硬件产业蓬勃发展，带动模式创新和效率提升。

当前，我国智能硬件产业机遇与挑战并存。一方面，我国是电子信息产品生产大国，拥有全球最大的互联网用户群体，智能硬件市场空间广阔。另一方面，关键技术和高端产品供给不足、创新支撑体系不健全、产用互动不紧密、生态碎片化等问题和风险不容忽视。本专项行动着力推动智能硬件产业创新发展，提升高端共性技术与产品的有效供给，满足社会生产、生活对智能硬件的多元化需求，培育信息技术产业增长新动能。

二、总体思路

深入贯彻供给侧结构性改革和创新驱动发展战略，以推动终端产品及应用系统智能化为主线，着力强化技术攻关，突破基础软硬件、核心算法与分析预测模型、先进工业设计及关键应用，提高智能硬件创新能力。着力优化发展环境，加快智能硬件应用普及进程，加强行业公共服务平台建设，夯实智能硬件发展基础。着力繁荣产业生态，建立标准、知识产权、创业创新平台、应用示范间的联动机制，培育新模式新业态。

创新驱动。引导和鼓励企业加大研发投入，在全球范围内优化资源配置，吸引高端人才，掌握先进技术，突破关键技术瓶颈，提升高端有效供给，提高产业核心竞争力。

融合协同。产业链提升和生态链建设并举，围绕重大市场需求，加强产业链上下游资源的组织协调，促进产用结合与产融对接，完善产业发展的生态环境。

因地制宜。发挥地方积极性和主动性，支持各地结合产业发展实际，出台适宜本地区的政策措施，完善公共服务，探索差异化、特色化发展路径，促进区域间协同，引导产业高端集聚。

三、行动目标

到 2018 年，我国智能硬件全球市场占有率超过 30%，产业规模超过 5 000 亿元。在低功耗轻量级系统设计、低功耗广域智能物联、虚拟现实、智能人机交互、高性能运动与姿态控制等关键技术环节取得明显突破，培育一批行业领军上市企业。在国际主流生态中的参与度、贡献度和影响力明显提升，海外专利占比超过 10%。建成标准开发、产品及应用检测、产业供给能力监测三大支撑平台，智能硬件标准化及公共服务能力达到国际先进水平。布局若干技术先进、特色突出、优势互补的高水平创新平台，创业创新支撑能力明显提升。智能工业传感器、智能 PLC、智能无人系统等工业级智能硬件产品形成规模示范，带动生产效率提升 20% 以上。形成一批可复制、可推广的行业应用解决方案，产业便民、惠民成效显现。

四、重点任务

（一）提升高端智能硬件产品有效供给

面向价值链高端环节提高智能硬件产品质量和品牌附加值，加强产品功能性、易用性、增值性设计能力，发展多元化、个性化、定制化供给模式，强化应用服务及商业模式创新，提升高端智能穿戴、智能车载、智能医疗健康、智能服务机器人及工业级智能硬件产品的供给能力。

1. 智能穿戴设备。支持企业面向消费者运动、娱乐、社交等需求，加快智能手表、智能手环、智能服饰、虚拟现实等穿戴设备的研发和产业化，提升产品功能、性能及工业设计水平，推动产品向工艺精良、功能丰富、数据准确、性能可靠、操作便利、节能环保的方向发展。加强跨平台应用开发及配套支撑，加强不同产品间的数据交换和交互控制，提升大数据采集、分析、处理和服务能力。

2. 智能车载设备。支持企业加强跨界合作，面向司乘人员的交通出行需求，发展智能车载雷达、智能后视镜、智能记录仪、智能车载导航等设备，提升产品安全性、便捷性、实用性。推进智能操作系统、北斗导航、宽带移动通信、大数据等新一代信息技术在车载设备中的集成应用，丰富行车服务、车辆健康管理、紧急救助等车辆联网信息服务。发展芯片、元器件及整机设备的车规级检测认证能力，完善配套供应体系。

3. 智能医疗健康设备。面向百姓对健康监护、远程诊疗、居家养老等方面需求，发展智能家庭诊疗设备、智能健康监护设备、智能分析诊断设备的开发及应用。鼓励终端企业与医疗机构对接，着力提升产品质量性能及数据可信度，加强不同设备及系统间接口、协议和数据的互联互通，推动智能硬件与数字化医疗器械及相关医疗健康服务平台的数据集成。

4. 智能服务机器人。面向家庭、教育、商业、公共服务等应用场景，发展推进多模态人机交互、环境理解、自主导航、智能决策等技术开发，发展开放式智能服务机器人软硬件平台及解决方案，完善智能服务机器人编程和操作图形用户接口等通信控制、安全、设计平台等标准，提升服务机器人智能化水平，拓展产品应用市场。

5. 工业级智能硬件设备。面向工业生产需要，发展高可靠智能工业传感器、智能工业网关、智能 PLC、工业级可穿戴设备和无人系统等智能硬件产品及服务。支持新型工业通信、工业安全防护、远程维护、工业云计算与服务等技术架构和设备的产业化，提升工业级智能化系统开发、优化、综合仿真和测试验证能力。

（二）加强智能硬件核心关键技术创新

瞄准产业发展制高点，组织实施一批重点产业化创新工程，支持关键软硬件 IP 核开发和协同研发平台建设。掌握一批具有全局影响力、带动性强的智能硬件共性技术。加强国际产业交流合作，鼓励国内外企业开源或开放芯片、软件技术及解决方案等资源，构建开放生态，推动各类创新要素资源的聚集、交流、开放和共享。

1. 低功耗轻量级底层软硬件技术。发展适用于智能硬件的低功耗芯片及轻量级操作系统，开发软硬一体化解决方案及应用开发工具。支持骨干企业围绕底层软硬件系统集聚资源、建设标准、拓展应用、打造生态。

2. 虚拟现实/增强现实技术。发展面向虚拟现实产品的新型人机交互、新型显示器件、GPU、超高速数字接口和多轴低功耗传感器，面向增强现实的动态环境建模、实时 3D 图像生成、立体显示及传感技术创新，打造虚拟/增强现实应用系统平台与开发工具研发环境。

3. 高性能智能感知技术。发展高精度高可靠生物体征、环境监测等智能传感、识别技术与算法，支持毫米波与太赫兹、语音识别、机器视觉等新一代感知技术的突破，加速与云计算、大数据等新一代信息通信技术的集成创新。

4. 高精度运动与姿态控制技术。发展应用于智能无人系统的高性能多自由度运动姿态控制和伺服控制、视觉/力觉反馈与跟踪、高精度定位导航、自组网及集群控制等核心技术，提升智能人机协作水平。

5. 低功耗广域智能物联技术。发展大规模并发、高灵敏度、长电源寿命的低成本、广覆盖、低功耗智能硬件宽、窄带物联技术及解决方案，支持相关协议栈及 IP 研发，加快低功耗广域网连接型芯片与微处理器的 SoC 开发与应用，发挥龙头企业对产业链的市场、标准和技术扩散功能，打造开放、协同的智能物联创新链条。

6. 端云一体化协同技术。支持产业链上下游联动，建设安全可靠端云一体智能硬件服务开发框架和平台，发展从芯片到云端的全链路安全能力，发展可信身份认证、智能语音与图像识别、移动支付等端云一体化应用。

（三）推动重点领域智能化提升

深入挖掘健康养老、教育、医疗、工业等领域智能硬件应用需求，加强重点领域智能化提升，推动智能硬件产品的集成应用和推广。

1. 健康养老领域。鼓励智能硬件企业与健康养老机构对接，对健康数据进行整合管理，实现与相关健康养老服务平台的数据集成应用，发展运动与睡眠数据采集、体征数据实时监测、紧急救助、实时定位等智能硬件应用服务，提升健康养老服务质量和效率。

2. 教育领域。支持智能硬件企业面向教育需求，在远程教育、智能教室、虚拟课堂、在线学习等领域应用智能硬件技术，提升教育智能化水平。结合智能硬件产品形态发展，建设相匹配的优质教学资源库，对接线上线下教育资源，扩大优质教育资源覆盖面，促进教育公平。

3. 医疗领域。鼓励医疗机构加快信息化建设进程，推动智能医疗健康设备在诊断、治疗、护理、康复等环节的应用，加强医疗数据云平台建设，推广远程诊断、远程手术、远程治疗等模式，支持医疗资源和服务数字化、定制化、远程化发展，促进社区、家政、医疗护理机构、养老机构协同信息服务，提高医疗保障服务水平。

4. 工业领域。鼓励工业企业与智能硬件厂商协同联动，开展工业级智能硬件系统的集成适配，加快重点领域的智能化改造进程，提高敏捷制造、柔性制造能力，发展基于智能硬件的工业远程维护、工业大数据分析等新兴服务。

五、推进措施

（一）加强政策协同引导

统筹利用"互联网 +"重大工程、工业转型升级、专项建设基金等渠道支持智能硬件产业发展。加强与相关"十三五"规划的衔接，完善跨部门、跨行业、跨区域协同机制，解决产业发展及应用推广中的瓶颈问题。探索设立智能硬件产业引导及投资基金，引导社会资本多种渠道投资智能硬件产业，支持符合条件的智能硬件企业上市融资。

（二）完善标准检测体系

研究制定智能硬件技术标准及应用规范体系。研制关键控制接口协议规范，推动设备间的数据格式和标准协议的开放共享，推进产品和系统间的互联互通。鼓励产业联盟和行业协会等社会团体开展团体标准试点，完善与行业标准、国家标准的快速衔接机制。建立智能硬件标准化和公共服务平台，支持面向标准符合性、软硬件协同、互联互通、用户体验、安全可靠产品检测服务。

（三）发展创业创新平台

选择优势地区建设高水平省级智能硬件创业创新平台，支持地方以试验床、创新平台等方式发展智能硬件众创、众包、众筹、众扶平台，发展天使、创业、产业等投资。实施"芯火"计划，推进智能硬件基础芯片领域的创业创新。支持开展智能硬件创业创新大赛，聚集智能硬件创业创新高端人才，推动具有发展潜力的项目与市场对接。

（四）打造产业生态体系

建立智能硬件产业供给能力监测平台，及时跟踪国内外技术路径和产业发展动向。在人工智能产业发展联盟框架下成立智能硬件工作组，编制产业发展白皮书，为产业发展和决策支撑提供服务。鼓励公共服务部门创新应用模式，加快数据资源的有序开放。加强智能硬件知识产权政策研究，做好智能硬件知识产权布局、专利风险防控机制等方面的咨询与服务。鼓励智能硬件骨干企业在工业、医疗和车载等重点领域开展基于软硬件 IP 核的产品研发及应用。支持第三方机构开展智能硬件产品及方案的测评与宣传推广。加强用户信息安全保护，做好市场监管和行业自律，维护产业良好声誉。

附录 6　机器人产业发展规划（2016—2020 年）

机器人既是先进制造业的关键支撑装备，也是改善人类生活方式的重要切入点。无论是在制造环境下应用的工业机器人，还是在非制造环境下应用的服务机器人，其研发及产业化应用是衡量一个国家科技创新、高端制造发展水平的重要标志。大力发展机器人产业，对于打造中国制造新优势，推动工业转型升级，加快制造强国建设，改善人民生活水平具有重要意义。

为贯彻落实好《中国制造 2025》将机器人作为重点发展领域的总体部署，推进我国机器人产业快速健康可持续发展，特制定本规划，规划期为2016—2020 年。

一、现状与形势

自 1954 年世界上第一台机器人诞生以来，世界工业发达国家已经建立起完善的工业机器人产业体系，核心技术与产品应用领先，并形成了少数几个占据全球主导地位的机器人龙头企业。特别是国际金融危机后，这些国家纷纷将机器人的发展上升为国家战略，力求继续保持领先优势。近五年来，全球工业机器人销量年均增速超过 17%，2014 年销量达到 22.9 万台，同比增长 29%，全球制造业机器人密度（每万名工人使用工业机器人数量）平均值由 5 年前的 50 提高到 66，其中工业发达国家机器人密度普遍超过 200。与此同时，服务机器人发展迅速，应用范围日趋广泛，以手术机器人为代表的医疗康复机器人形成了较大产业规模，空间机器人、仿生机器人和反恐防暴机器人等特种作业机器人实现了应用。

我国机器人研发起步于 20 世纪 70 年代，近年来，在一系列政策支持下及市场需求的拉动下，我国机器人产业快速发展。2014 年自主品牌工业机器人销量达到 1.7 万台，较上年增长 78%。服务机器人在科学考察、医疗康复、教育娱乐、家庭服务等领域已经研制出一系列代表性产品并实现应用。自 2013 年起我国成为全球第一大工业机器人应用市场，2014 年销量达到 5.7 万台，同比增长 56%，占全球销量的 1/4，机器人密度由 5 年前的 11 增加到 36。

虽然我国机器人产业已经取得了长足进步，但与工业发达国家相比，还存在较大差距。主要表现在：机器人产业链关键环节缺失，零部件中高精度减速器、伺服电机和控制器等依赖进口；核心技术创新能力薄弱，高端产品质量可靠性低；机器人推广应用难，市场占有率亟待提高；企业"小、散、弱"问题突出，产业竞争力缺乏；机器人标准、检测认证等体系亟待健全。

当前，随着我国劳动力成本快速上涨，人口红利逐渐消失，生产方式向柔性、智能、精细转变，构建以智能制造为根本特征的新型制造体系迫在眉睫，对工业机器人的需求将呈现大幅增长。与此同时，老龄化社会服务、医疗康复、救灾救援、公共安全、教育娱乐、重大科学研究等领域对服务机器人的需求也呈现出快速发展的趋势。"十三五"时期是我国机器人产业发展的关键时期，应把握国际机器人产业发展趋势，整合资源，制定对策，抓住机遇，营造良好发展环境，促进我国机器人产业实现持续健康快速发展。

二、总体要求

（一）指导思想

全面贯彻落实党的十八大和十八届三中、四中、五中全会精神，坚持创新、协调、绿色、开放、共享发展理念，加快实施《中国制造2025》，紧密围绕我国经济转型和社会发展的重大需求，坚持"市场主导、创新驱动、强化基础、质量为先"原则，"十三五"期间聚焦"两突破""三提升"，即实现机器人关键零部件和高端产品的重大突破，实现机器人质量可靠性、市场占有率和龙头企业竞争力的大幅提升，以企业为主体，产学研用协同创新，打造机器人全产业链竞争能力，形成具有中国特色的机器人产业体系，为制造强国建设打下坚实基础。

市场主导就是坚持以市场需求为导向，以企业为主体，充分发挥市场对机器人研发方向、路线选择、各类要素配置的决定作用。创新驱动就是加强机器人创新体系建设，加快形成有利于机器人创新发展的新机制，优化商业和服务模式，打造公共创新平台。强化基础就是加强机器人共性关键技术研究，建立完善机器人标准体系及检测认证平台，夯实产业发展基础。质量为先就是要提高机器人关键零部件及高端产品的质量可靠性，提升自主品牌核心竞争力。

（二）发展目标

经过五年的努力，形成较为完善的机器人产业体系。技术创新能力和国际竞争能力明显增强，产品性能和质量达到国际同类水平，关键零部件取得重大突破，基本满足市场需求。2020 年具体目标如下：

产业规模持续增长。自主品牌工业机器人年产量达到 10 万台，六轴及以上工业机器人年产量达到 5 万台以上。服务机器人年销售收入超过 300 亿元，在助老助残、医疗康复等领域实现小批量生产及应用。培育 3 家以上具有国际竞争力的龙头企业，打造 5 个以上机器人配套产业集群。

技术水平显著提升。工业机器人速度、载荷、精度、自重比等主要技术指标达到国外同类产品水平，平均无故障时间（MTBF）达到 8 万小时；医疗健康、家庭服务、反恐防暴、救灾救援、科学研究等领域的服务机器人技术水平接近国际水平。新一代机器人技术取得突破，智能机器人实现创新应用。

关键零部件取得重大突破。机器人用精密减速器、伺服电机及驱动器、控制器的性能、精度、可靠性达到国外同类产品水平，在六轴及以上工业机器人中实现批量应用，市场占有率达到 50% 以上。

集成应用取得显著成效。完成 30 个以上典型领域机器人综合应用解决方案，并形成相应的标准和规范，实现机器人在重点行业的规模化应用，机器人密度达到 150 以上。

三、主要任务

（一）推进重大标志性产品率先突破

推进工业机器人向中高端迈进。面向《中国制造 2025》十大重点领域及其他国民经济重点行业的需求，聚焦智能生产、智能物流，攻克工业机器人关键技术，提升可操作性和可维护性，重点发展弧焊机器人、真空（洁净）机器人、全自主编程智能工业机器人、人机协作机器人、双臂机器人、重载 AGV 等六种标志性工业机器人产品,引导我国工业机器人向中高端发展。

促进服务机器人向更广领域发展。围绕助老助残、家庭服务、医疗康复、救援救灾、能源安全、公共安全、重大科学研究等领域,培育智慧生活、现代服务、特殊作业等方面的需求,重点发展消防救援机器人、手术机器人、智能型公共服务机器人、智能护理机器人等四种标志性产品,推进专业服务机器人实现系列化,个人/家庭服务机器人实现商品化。

专栏一　十大标志性产品

弧焊机器人。6 自由度多关节机器人,中厚板弧焊机器人额定负载≥10kg,薄板弧焊机器人额定负载6kg。实现焊缝轨迹电弧跟踪、高压接触感知、焊缝坡口宽度电弧跟踪等关键技术的应用。

真空(洁净)机器人。真空最大负载15kg,洁净最大负载210kg,重复定位精度±0.05~0.1mm,实现真空环境下传动润滑、直驱控制、动态偏差检测与校正及碰撞检测与保护等关键技术的应用。

全自主编程智能工业机器人。6 自由度以上,适应工件尺寸范围在1m×1m×0.3m以上,具有智能工艺专家系统,可自动获取信息生成作业程序,全过程非示教,自动编程时间小于1秒,满足喷涂、抛光、打磨等复杂的作业要求。

人机协作机器人。6 自由度以上的多关节机器人,自重负载比小于4,重复定位精度±0.05mm,力控精度<5N,碰撞安全监测响应时间<0.3s,选配本体感应皮肤的整臂安全感应距离<1cm,防护等级IP54,适用于柔性、灵活度和精准度要求较高的行业如电子、医药、精密仪器等行业,满足更多工业生产中的操作需要。

双臂机器人。每个单臂6自由度以上,关节转动速度≥±180°/s,双臂平均功耗<500W,带双臂碰撞检测的路径规划功能,集成双目视觉定位误差<1mm,2指/3指柔性手爪行程≥50mm,抓取力≥30N,重复定位精度±0.05mm,适用于3C电子等行业的零件组装产线。

重载 AGV。驱动方式：全轮驱动；最大负载能力 40 000kg；最大速度：直线 20m/min；转弯半径：2m；辅助磁导航精度：±10mm；防碰装置：激光防碰；举升装置：车体自举升；举升行程：最大 100mm。

消防救援机器人。满足自然灾害和恶性事故等现场对灾情侦察和快速处理的需求，在高温高压、有毒有害等特殊环境下，可完成人员搜索、灾情探测定位、定点抛投、排障、灭火和救援等任务。

手术机器人。冗余机械臂的自由度数目不小于 6 个，最高重复位置精度优于 1mm，选取点上的测量误差不大于 1%，可完成各类相关手术。

智能型公共服务机器人。导航方式：激光 SLAM，最大移动速度 0.6m/s，定位精度 ±100mm，定位航向角精度 ±5°，最大工作时间 3h，手臂数量 2，单臂自由度 2~7，头部自由度 1~2，具备自主行走、人机交互、讲解、导引等功能。

智能护理机器人。面向老人照护需求，具有智能感知识别、自主移动等能力，与用户进行交流，辅助老人进行家务劳动，提供多样性的护理服务。

（二）大力发展机器人关键零部件

针对 6 自由度及以上工业机器人用关键零部件性能、可靠性差，使用寿命短等问题，从优化设计、材料优选、加工工艺、装配技术、专用制造装备、产业化能力等多方面入手，全面提升高精密减速器、高性能机器人专用伺服电机和驱动器、高速高性能控制器、传感器、末端执行器等五大关键零部件的质量稳定性和批量生产能力，突破技术壁垒，打破长期依赖进口的局面。

专栏二　五大关键零部件

　　高精密减速器。通过发展高强度耐磨材料技术、加工工艺优化技术、高速润滑技术、高精度装配技术、可靠性及寿命检测技术以及新型传动机理的探索，发展适合机器人应用的高效率、低重量、长期免维护的系列化减速器。

　　高性能机器人专用伺服电机和驱动器。通过高磁性材料优化、一体化优化设计、加工装配工艺优化等技术的研究，提高伺服电机的效率，降低功率损失，实现高功率密度。发展高力矩直接驱动电机、盘式中空电机等机器人专用电机。

　　高速高性能控制器。通过高性能关节伺服、振动抑制技术、惯量动态补偿技术、多关节高精度运动解算及规划等技术的发展，提高高速变负载应用过程中的运动精度，改善动态性能。发展并掌握开放式控制器软件开发平台技术，提高机器人控制器可扩展性、可移植性和可靠性。

　　传感器。重点开发关节位置、力矩、视觉、触觉等传感器，满足机器人产业的应用需求。

　　末端执行器。重点开发抓取与操作功能的多指灵巧手和具有快换功能的夹持器等末端执行器，满足机器人产业的应用需求。

（三）强化产业创新能力

　　加强共性关键技术研究。针对智能制造和工业转型升级对工业机器人的需求和智慧生活、现代服务和特殊作业对服务机器人的需求，重点突破制约我国机器人发展的共性关键技术。积极跟踪机器人未来发展趋势，提早布局新一代机器人技术的研究。

　　建立健全机器人创新平台。充分利用和整合现有科技资源和研发力量，组建面向全行业的机器人创新中心，打造政产学研用紧密结合的协同创新载体。重点聚焦前沿技术、共性关键技术研究。

　　加强机器人标准体系建设。开展机器人标准体系的顶层设计，构建和完善机器人产业标准体系，加快研究制订产业急需的各项技术标准，支持机器人评价标准的研究和验证，积极参与国际标准的制（修）订。

　　建立机器人检测认证体系。建立并完善以国家机器人检测与评定中心为代表的机器人检验与认证机构，推动建立机器人第三方评价和认证体系，开展机器人整机及关键功能部件的检测与认证工作。

专栏三　基础能力建设重点

　　机器人共性关键技术。1. 工业机器人关键技术：重点突破高性能工业机器人工业设计、运动控制、精确参数辨识补偿、协同作业与调度、示教/编程等关键技术。2. 服务机器人关键技术：重点突破人机协同与安全、产品创意与性能优化设计、模块化/标准化体系结构设计、信息技术融合、影像定位与导航、生肌电感知与融合等关键技术。3. 新一代机器人技术：重点开展人工智能、机器人深度学习等基础前沿技术研究，突破机器人通用控制软件平台、人机共存、安全控制、高集成一体化关节、灵巧手等核心技术。

　　机器人创新中心。重点围绕人工智能、感知与识别、机构与驱动、控制与交互等方面开展基础和共性关键技术研究，深入开展在高端制造业、灾难应急处理、医疗康复、助老助残等领域的前沿基础研究和应用基础研究，推进科技成果的转移扩散和商业化应用，为企业提供共性技术支持和服务，强化国际交流与合作，培养机器人专业研发设计人才。

　　机器人产业标准。发挥企业参与制（修）订标准的积极性，按照产业发展的迫切度，研究制订一批机器人国家标准、行业标准和团体标准，主要包括机器人用 RV 减速机通用技术条件等通用技术标准、机器人整机电磁兼容技术要求和试验方法等检测标准、个人护理机器人安全要求等安全标准、工业机器人编程和操作图形用户接口等通信控制标准、设计平台标准和喷涂机器人系统应用规范等应用标准。

> 国家机器人检测与评定中心。面向机器人整机及关键功能部件两方面内容开展检测与评定工作，整机性能评价包括：安全、性能、环境适应性、噪音水平、电磁兼容性、可靠性及测控软件评价等；功能部件检测评定包括：零件质量、零部件安全及性能、噪声、环境适应性、材质和接口等。

（四）着力推进应用示范

为满足国家战略和民生重大需求，加强质量品牌建设，积极开展机器人的应用示范。围绕制造业重点领域，实施一批效果突出、带动性强、关联度高的典型行业应用示范工程，重点针对需求量大、环境要求高、劳动强度大的工业领域以及救灾救援、医疗康复等服务领域，分步骤、分层次开展细分行业的推广应用，培育重点领域机器人应用系统集成商及综合解决方案服务商，充分利用外包服务、新型租赁等模式，拓展工业机器人和服务机器人的市场空间。

专栏四　机器人推广应用计划

通过提高企业质量意识，促进企业实施以质量为先的经营管理，完善产品检测认证制度，推广先进质量管理方法，加强制造过程管理等措施，推进质量保障能力建设，提高机器人产品的质量可靠性，提升用户使用机器人的信心。

在工业机器人用量大的汽车、电子、家电、航空航天、轨道交通等行业，在劳动强度大的轻工、纺织、物流、建材等行业，在危险程度高的化工、民爆等行业，在生产环境洁净度要求高的医药、半导体、食品等行业，推进工业机器人的广泛应用。在救灾救援领域，推进专业服务机器人在自然灾害、火灾、核事故、危险品爆炸现场的示范应用等。

开展陪护与康复训练机器人在失能与认知障碍人群中的试点示范，开展智能假肢与外骨骼机器人在行动障碍人群中的试点示范，开展手术机器人在三甲医院智能手术中心的试点示范，大力推进服务机器人在医疗、助老助残、康复等领域的推广应用。

（五）积极培育龙头企业

引导企业围绕细分市场向差异化方向发展，开展产业链横向和纵向整合，支持互联网企业与传统机器人企业的紧密结合，通过联合重组、合资合作及跨界融合，加快培育管理水平先进、创新能力强、效率高、效益好、市场竞争力强的龙头企业，打造知名度高、综合竞争力强、产品附加值高的机器人国际知名品牌。大力推进研究院所、大专院校与机器人产业紧密结合，充分发挥龙头企业带动作用，以龙头企业为引领形成良好的产业生态环境，带动中小企业向"专、精、特、新"方向发展，形成全产业链协同发展的局面。

四、保障措施

（一）加强统筹规划和资源整合

强化顶层设计，统筹协调工业管理、发展改革、科技、财政等各部门的资源和力量，形成合力，支持自主创新，推动我国机器人产业健康发展；加强对区域产业政策的指导，形成国家和地方协调一致的产业政策体系；鼓励有条件的地区、园区发展机器人产业集群，引导机器人产业链及生产要素的集中集聚。

（二）加大财税支持力度

通过工业转型升级、中央基建投资等现有资金渠道支持机器人及其关键零部件产业化和推广应用；利用中央财政科技计划（专项、基金等）支持符合条件的机器人及其关键零部件研发工作；通过首台（套）重大技术装备保险补偿机制，支持纳入《首台（套）重大技术装备推广应用指导目录》的机器人应用推广；根据国内机器人产业发展情况，逐步取消关税减免政策，发挥关税动态保护作用；落实好企业研发费用加计扣除等政策，鼓励企业加大技术研发力度，提升技术水平。

（三）拓宽投融资渠道

鼓励各类银行、基金在业务范围内，支持技术先进、优势明显、带动和支撑作用强的机器人项目；鼓励金融机构与机器人企业成立利益共同体，长期支持产业发展；积极支持符合条件的机器人企业在海内外资本市场直接融资和进行海内外并购；引导金融机构创新符合机器人产业链特点的产品和业务，推广机器人租赁模式。

（四）营造良好的市场环境

制定工业机器人产业规范条件，促进各项资源向优势企业集中，鼓励机器人产业向高端化发展，防止低水平重复建设；研究制订机器人认证采信制度，国家财政资金支持的项目应采购通过认证的机器人，鼓励地方政府建立机器人认证采信制度；加强机器人知识产权保护制度建设；研究建立机器人行业统计制度；充分发挥行业协会、产业联盟和服务机构等行业组织的作用，构建机器人产业服务平台。

（五）加强人才队伍建设

组织实施机器人产业人才培养计划，加强大专院校机器人相关专业学科建设，加大机器人职业培训教育力度，加快培养机器人行业急需的高层次技术研发、管理、操作、维修等各类人才；利用国家千人计划，吸纳海外机器人高端人才创新创业。

（六）扩大国际交流与合作

充分利用政府、行业组织、企业等多渠道、多层次地开展技术、标准、知识产权、检测认证等方面的国际交流与合作，不断拓展合作领域；鼓励企业积极开拓海外市场，加强技术合作，提供系统集成、产品供应、运营维护等全面服务。

五、规划实施

由工业和信息化部、发展改革委牵头负责组织规划实施，建立各部门分工协作、共同推进的工作机制，建立规划实施动态评估机制。地方工业和信息化、发展改革主管部门及相关企业结合本地区和本企业实际情况，制订与本规划相衔接的实施方案。相关行业协会及中介组织要发挥桥梁和纽带作用，及时反映规划实施过程中出现的新情况、新问题，提出政策建议。

附录 7　大数据产业发展规划（2016—2020 年）

数据是国家基础性战略资源，是 21 世纪的"钻石矿"。党中央、国务院高度重视大数据在经济社会发展中的作用，党的十八届五中全会提出"实施国家大数据战略"，国务院印发《促进大数据发展行动纲要》，全面推进大数据发展，加快建设数据强国。"十三五"时期是我国全面建成小康社会的决胜阶段，是新旧动能接续转换的关键时期，全球新一代信息产业处于加速变革期，大数据技术和应用处于创新突破期，国内市场需求处于爆发期，我国大数据产业面临重要的发展机遇。抢抓机遇，推动大数据产业发展，对提升政府治理能力、优化民生公共服务、促进经济转型和创新发展有重大意义。为推动我国大数据产业持续健康发展，深入贯彻十八届五中全会精神，实施国家大数据战略，落实国务院《促进大数据发展行动纲要》，按照《中华人民共和国国民经济和社会发展第十三个五年规划纲要》的总体部署，编制本规划。

一、我国发展大数据产业的基础

大数据产业指以数据生产、采集、存储、加工、分析、服务为主的相关经济活动，包括数据资源建设、大数据软硬件产品的开发、销售和租赁活动，以及相关信息技术服务。

"十二五"期间，我国信息产业迅速壮大，信息技术快速发展，互联网经济日益繁荣，积累了丰富的数据资源，技术创新取得了明显突破，应用势头良好，为"十三五"时期我国大数据产业加快发展奠定了坚实基础。

信息化积累了丰富的数据资源。我国信息化发展水平日益提高，对数据资源的采集、挖掘和应用水平不断深化。政务信息化水平不断提升，全国面向公众的政府网站达 8.4 万个。智慧城市建设全面展开，"十二五"期间近 300 个城市进行了智慧城市试点。两化融合发展进程不断深入，正进入向纵深发展的新阶段。信息消费蓬勃发展，网民数量超过 7 亿，移动电话用户规模已经突破 13 亿，均居世界第一。月度户均移动互联网接入流量达 835MB。政府部门、互联网企业、大型集团企业积累沉淀了大量的数据资源。我国已成为产生和积累数据量最大、数据类型最丰富的国家之一。

大数据技术创新取得明显突破。在软硬件方面，国内骨干软硬件企业陆续推出自主研发的大数据基础平台产品，一批信息服务企业面向特定领域研发数据分析工具，提供创新型数据服务。在平台建设方面，互联网龙头企业服务器单集群规模达到上万台，具备建设和运维超大规模大数据平台的技术实力。在智能分析方面，部分企业积极布局深度学习等人工智能前沿技术，在语音识别、图像理解、文本挖掘等方面抢占技术制高点。在开源技术方面，我国对国际大数据开源软件社区的贡献不断增大。

大数据应用推进势头良好。大数据在互联网服务中得到广泛应用，大幅度提升网络社交、电商、广告、搜索等服务的个性化和智能化水平，催生共享经济等数据驱动的新兴业态。大数据加速向传统产业渗透，驱动生产方式和管理模式变革，推动制造业向网络化、数字化和智能化方向发展。电信、金融、交通等行业利用已积累的丰富数据资源，积极探索客户细分、风险防控、信用评价等应用，加快服务优化、业务创新和产业升级步伐。

大数据产业体系初具雏形。2015 年，我国信息产业收入达到 17.1 万亿元，比 2010 年进入"十二五"前翻了一番。其中软件和信息技术服务业实现软件业务收入 4.3 万亿元，同比增长 15.7%。大型数据中心向绿色化、集约化发展，跨地区经营互联网数据中心（IDC）业务的企业达到 295 家。云计算服务逐渐成熟，主要云计算平台的数据处理规模已跻身世界前列，为大数据提供强大的计算存储能力并促进数据集聚。在大数据资源建设、大数据技术、大数据应用领域涌现出一批新模式和新业态。龙头企业引领，上下游企业互动的产业格局初步形成。基于大数据的创新创业日趋活跃，大数据技术、产业与服务成为社会资本投入的热点。

大数据产业支撑能力日益增强。形成了大数据标准化工作机制，大数据标准体系初步形成，开展了大数据技术、交易、开放共享、工业大数据等国家标准的研制工作，部分标准在北京、上海、贵阳开展了试点示范。一批大数据技术研发实验室、工程中心、企业技术中心、产业创新平台、产业联盟、投资基金等形式的产业支撑平台相继建成。大数据安全保障体系和法律法规不断完善。

二、"十三五"时期面临的形势

大数据成为塑造国家竞争力的战略制高点之一，国家竞争日趋激烈。一个国家掌握和运用大数据的能力成为国家竞争力的重要体现，各国纷纷将大数据作为国家发展战略，将产业发展作为大数据发展的核心。美国高度重视大数据研发和应用，2012 年 3 月推出"大数据研究与发展倡议"，将大数据作为国家重要的战略资源进行管理和应用，2016 年 5 月进一步发布"联邦大数据研究与开发计划"，不断加强在大数据研发和应用方面的布局。欧盟 2014 年推出了"数据驱动的经济"战略，倡导欧洲各国抢抓大数据发展机遇。此外，英国、日本、澳大利亚等国也出台了类似政策，推动大数据应用，拉动产业发展。

大数据驱动信息产业格局加速变革，创新发展面临难得机遇。当今世界，新一轮科技革命和产业变革正在孕育兴起，信息产业格局面临巨大变革。大数据推动下，信息技术正处于新旧轨道切换的过程中，分布式系统架构、多元异构数据管理技术等新技术、新模式快速发展，产业格局正处在创新变革的关键时期，我国面临加快发展重大机遇。

我国经济社会发展对信息化提出了更高要求，发展大数据具有强大的内生动力。推动大数据应用，加快传统产业数字化、智能化，做大做强数字经济，能够为我国经济转型发展提供新动力，为重塑国家竞争优势创造新机遇，为提升政府治理能力开辟新途径，是支撑国家战略的重要抓手。当前我国正在推进供给侧结构性改革和服务型政府建设，加快实施"互联网＋"行动计划和"中国制造 2025"战略，建设公平普惠、便捷高效的民生服务体系，为大数据产业创造了广阔的市场空间，是我国大数据产业发展的强大的内生动力。

我国大数据产业具备了良好基础，面临难得的发展机遇，但仍然存在一些困难和问题。一是数据资源开放共享程度低。数据质量不高，数据资源流通不畅，管理能力弱，数据价值难以被有效挖掘利用。二是技术创新与支撑能力不强。我国在新型计算平台、分布式计算架构、大数据处理、分析和呈现方面与国外仍存在较大差距，对开源技术和相关生态系统影响力弱。三是大数据应用水平不高。我国发展大数据具有强劲的应用市场优势，但是目前还存在应用领域不广泛、应用程度不深、认识不到位等问题。四是大数据产业支撑体系尚不完善。数据所有权、隐私权等相关法律法规和信息安全、开放共享等标准规范不健全，尚未建立起兼顾安全与发展的数据开放、管理和信息安全保障体系。五是人才队伍建设亟须加强。大数据基础研究、产品研发和业务应用等各类人才短缺，难以满足发展需要。

"十三五"时期是我国全面建成小康社会决胜阶段，是实施国家大数据战略的起步期，是大数据产业崛起的重要窗口期，必须抓住机遇加快发展，实现从数据大国向数据强国转变。

三、指导思想和发展目标

（一）指导思想

全面贯彻党的十八大和十八届三中、四中、五中、六中全会精神，坚持创新、协调、绿色、开放、共享的发展理念，围绕实施国家大数据战略，以强化大数据产业创新发展能力为核心，以推动数据开放与共享、加强技术产品研发、深化应用创新为重点，以完善发展环境和提升安全保障能力为支撑，打造数据、技术、应用与安全协同发展的自主产业生态体系，全面提升我国大数据的资源掌控能力、技术支撑能力和价值挖掘能力，加快建设数据强国，有力支撑制造强国和网络强国建设。

（二）发展原则

创新驱动。瞄准大数据技术发展前沿领域，强化创新能力，提高创新层次，以企业为主体集中攻克大数据关键技术，加快产品研发，发展壮大新兴大数据服务业态，加强大数据技术、应用和商业模式的协同创新，培育市场化、网络化的创新生态。

应用引领。发挥我国市场规模大、应用需求旺的优势，以国家战略、人民需要、市场需求为牵引，加快大数据技术产品研发和在各行业、各领域的应用，促进跨行业、跨领域、跨地域大数据应用，形成良性互动的产业发展格局。

开放共享。汇聚全球大数据技术、人才和资金等要素资源，坚持自主创新和开放合作相结合，走开放式的大数据产业发展道路。树立数据开放共享理念，完善相关制度，推动数据资源开放共享与信息流通。

统筹协调。发挥企业在大数据产业创新中的主体作用，加大政府政策支持和引导力度，营造良好的政策法规环境，形成政产学研用统筹推进的机制。加强中央、部门、地方大数据发展政策衔接，优化产业布局，形成协同发展合力。

安全规范。安全是发展的前提，发展是安全的保障，坚持发展与安全并重，增强信息安全技术保障能力，建立健全安全防护体系，保障信息安全和个人隐私。加强行业自律，完善行业监管，促进数据资源有序流动与规范利用。

（三）发展目标

到 2020 年，技术先进、应用繁荣、保障有力的大数据产业体系基本形成。大数据相关产品和服务业务收入突破 1 万亿元①，年均复合增长率保持30% 左右，加快建设数据强国，为实现制造强国和网络强国提供强大的产业支撑。

技术产品先进可控。在大数据基础软硬件方面形成安全可控技术产品，在大数据获取、存储管理和处理平台技术领域达到国际先进水平，在数据挖掘、分析与应用等算法和工具方面处于领先地位，形成一批自主创新、

---

①　基于现有的电子信息产业统计数据及行业抽样估计，2015 年我国大数据产业业务收入 2 800 亿元左右。

技术先进，满足重大应用需求的产品、解决方案和服务。

应用能力显著增强。工业大数据应用全面支撑智能制造和工业转型升级，大数据在创新创业、政府管理和民生服务等方面广泛深入应用，技术融合、业务融合和数据融合能力显著提升，实现跨层级、跨地域、跨系统、跨部门、跨业务的协同管理和服务，形成数据驱动创新发展的新模式。

生态体系繁荣发展。形成若干创新能力突出的大数据骨干企业，培育一批专业化数据服务创新型中小企业，培育 10 家国际领先的大数据核心龙头企业和 500 家大数据应用及服务企业。形成比较完善的大数据产业链，大数据产业体系初步形成。建设 10 ~ 15 个大数据综合试验区，创建一批大数据产业集聚区，形成若干大数据新型工业化产业示范基地。

支撑能力不断增强。建立健全覆盖技术、产品和管理等方面的大数据标准体系。建立一批区域性、行业性大数据产业和应用联盟及行业组织。培育一批大数据咨询研究、测试评估、技术和知识产权、投融资等专业化服务机构。建设 1 ~ 2 个运营规范、具有一定国际影响力的开源社区。

数据安全保障有力。数据安全技术达到国际先进水平。国家数据安全保护体系基本建成。数据安全技术保障能力和保障体系基本满足国家战略和市场应用需求。数据安全和个人隐私保护的法规制度较为完善。

四、重点任务和重大工程

（一）强化大数据技术产品研发

以应用为导向，突破大数据关键技术，推动产品和解决方案研发及产业化，创新技术服务模式，形成技术先进、生态完备的技术产品体系。

加快大数据关键技术研发。围绕数据科学理论体系、大数据计算系统与分析、大数据应用模型等领域进行前瞻布局，加强大数据基础研究。发挥企业创新主体作用，整合产学研用资源优势联合攻关，研发大数据采集、传输、存储、管理、处理、分析、应用、可视化和安全等关键技术。突破大规模异构数据融合、集群资源调度、分布式文件系统等大数据基础技术，面向多任务的通用计算框架技术，以及流计算、图计算等计算引擎技术。支持深度学习、类脑计算、认知计算、区块链、虚拟现实等前沿技术创新，提升数据分析处理和知识发现能力。结合行业应用，研发大数据分析、理解、预测及决策支持与知识服务等智能数据应用技术。突破面向大数据的新型计算、存储、传感、通信等芯片及融合架构、内存计算、亿级并发、EB 级存储、绿色计算等技术，推动软硬件协同发展。

培育安全可控的大数据产品体系。以应用为牵引，自主研发和引进吸收并重，加快形成安全可控的大数据产品体系。重点突破面向大数据应用基础设施的核心信息技术设备、信息安全产品以及面向事务的新型关系数据库、列式数据库、NoSQL 数据库、大规模图数据库和新一代分布式计算平台等基础产品。加快研发新一代商业智能、数据挖掘、数据可视化、语义搜索等软件产品。结合数据生命周期管理需求，培育大数据采集与集成、大数据分析与挖掘、大数据交互感知、基于语义理解的数据资源管理等平台产品。面向重点行业应用需求，研发具有行业特征的大数据检索、分析、展示等技术产品，形成垂直领域成熟的大数据解决方案及服务。

创新大数据技术服务模式。加快大数据服务模式创新，培育数据即服务新模式和新业态，提升大数据服务能力，降低大数据应用门槛和成本。围绕数据全生命周期各阶段需求，发展数据采集、清洗、分析、交易、安全防护等技术服务。推进大数据与云计算服务模式融合，促进海量数据、大规模分布式计算和智能数据分析等公共云计算服务发展，提升第三方大数据技术服务能力。推动大数据技术服务与行业深度结合，培育面向垂直领域的大数据服务模式。

专栏1　大数据关键技术及产品研发与产业化工程

突破技术。支持大数据共性关键技术研究，实施云计算和大数据重点专项等重大项目。着力突破服务器新型架构和绿色节能技术、海量多源异构数据的存储和管理技术、可信数据分析技术、面向大数据处理的多种计算模型及其编程框架等关键技术。

打造产品。以应用为导向，支持大数据产品研发，建立完善的大数据工具型、平台型和系统型产品体系，形成面向各行业的成熟大数据解决方案，推动大数据产品和解决方案研发及产业化。

树立品牌。支持我国大数据企业建设自主品牌，提升市场竞争力。引导企业加强产品质量管控，提高创新能力，鼓励企业加强战略合作。加强知识产权保护，推动自主知识产权标准产业化和国际化应用。培育一批国际知名的大数据产品和服务公司。

专栏2　大数据服务能力提升工程

培育数据即服务模式。发展数据资源服务、在线数据服务、大数据平台服务等模式，支持企业充分整合、挖掘、利用自有数据或公共数据资源，面向具体需求和行业领域，开展数据分析、数据咨询等服务，形成按需提供数据服务的新模式。

支持第三方大数据服务。鼓励企业探索数据采集、数据清洗、数据交换等新商业模式，培育一批开展数据服务的新业态。支持弹性分布式计算、数据存储等基础数据处理云服务发展。加快发展面向大数据分析的在线机器学习、自然语言处理、图像理解、语音识别、空间分析、基因分析和大数据可视化等数据分析服务。开展第三方数据交易平台建设试点示范。

（二）深化工业大数据创新应用

加强工业大数据基础设施建设规划与布局，推动大数据在产品全生命周期和全产业链的应用，推进工业大数据与自动控制和感知硬件、工业核心软件、工业互联网、工业云和智能服务平台融合发展，形成数据驱动的工业发展新模式，支撑"中国制造2025"战略，探索建立工业大数据中心。

加快工业大数据基础设施建设。加快建设面向智能制造单元、智能工厂及物联网应用的低延时、高可靠、广覆盖的工业互联网，提升工业网络基础设施服务能力。加快工业传感器、射频识别（RFID）、光通信器件等数据采集设备的部署和应用，促进工业物联网标准体系建设，推动工业控制系统的升级改造，汇聚传感、控制、管理、运营等多源数据，提升产品、装备、企业的网络化、数字化和智能化水平。

推进工业大数据全流程应用。支持建设工业大数据平台，推动大数据在重点工业领域各环节应用，提升信息化和工业化深度融合发展水平，助推工业转型升级。加强研发设计大数据应用能力，利用大数据精准感知用户需求，促进基于数据和知识的创新设计，提升研发效率。加快生产制造大数据应用，通过大数据监控优化流水线作业，强化故障预测与健康管理，优化产品质量，降低能源消耗。提升经营管理大数据应用水平，提高人力、财务、生产制造、采购等关键经营环节业务集成水平，提升管理效率和决策水平，实现经营活动的智能化。推动客户服务大数据深度应用，促进大数据在售前、售中、售后服务中的创新应用。促进数据资源整合，打通各个环节数据链条，形成全流程的数据闭环。

培育数据驱动的制造业新模式。深化制造业与互联网融合发展，坚持创新驱动，加快工业大数据与物联网、云计算、信息物理系统等新兴技术在制造业领域的深度集成与应用，构建制造业企业大数据"双创"平台，培育新技术、新业态和新模式。利用大数据，推动"专精特新"中小企业参与产业链，与"中国制造 2025"、军民融合项目对接，促进协同设计和协同制造。大力发展基于大数据的个性化定制，推动发展"顾客对工厂"（C2M）等制造模式，提升制造过程智能化和柔性化程度。利用大数据加快发展"制造即服务"模式，促进生产型制造向服务型制造转变。

专栏 3　工业大数据创新发展工程

加强工业大数据关键技术研发及应用。加快大数据获取、存储、分析、挖掘、应用等关键技术在工业领域的应用，重点研究可编程逻辑控制器、高通量计算引擎、数据采集与监控等工控系统，开发新型工业大数据分析建模工具，开展工业大数据优秀产品、服务及应用案例的征集与宣传推广。

建设工业大数据公共服务平台，提升中小企业大数据运用能力。支持面向典型行业中小企业的工业大数据服务平台建设，实现行业数据资源的共享交换以及对产品、市场和经济运行的动态监控、预测预警，提升对中小企业的服务能力。

重点领域大数据平台建设及应用示范。支持面向航空航天装备、海洋工程装备及高技术船舶、先进轨道交通装备、节能与新能源汽车等离散制造企业，以及石油、化工、电力等流程制造企业集团的工业大数据平台开发和应用示范，整合集团数据资源，提升集团企业协同研发能力和集中管控水平。

探索工业大数据创新模式。支持建设一批工业大数据创新中心，推进企业、高校和科研院所共同探索工业大数据创新的新模式和新机制，推进工业大数据核心技术突破、产业标准建立、应用示范推广和专业人才培养引进，促进研究成果转化。

（三）促进行业大数据应用发展

加强大数据在重点行业领域的深入应用，促进跨行业大数据融合创新，在政府治理和民生服务中提升大数据运用能力，推动大数据与各行业领域的融合发展。

推动重点行业大数据应用。推动电信、能源、金融、商贸、农业、食品、文化创意、公共安全等行业领域大数据应用，推进行业数据资源的采集、整合、共享和利用，充分释放大数据在产业发展中的变革作用，加速传统行业经营管理方式变革、服务模式和商业模式创新及产业价值链体系重构。

促进跨行业大数据融合创新。打破体制机制障碍，打通数据孤岛，创新合作模式，培育交叉融合的大数据应用新业态。支持电信、互联网、工业、金融、健康、交通等信息化基础好的领域率先开展跨领域、跨行业的大数据应用，培育大数据应用新模式。支持大数据相关企业与传统行业加强技术和资源对接，共同探索多元化合作运营模式，推动大数据融合应用。

强化社会治理和公共服务大数据应用。以民生需求为导向，以电子政务和智慧城市建设为抓手，以数据集中和共享为途径，推动全国一体化的国家大数据中心建设，推进技术融合、业务融合、数据融合，实现跨层级、跨地域、跨系统、跨部门、跨业务的协同管理和服务。促进大数据在政务、交通、教育、健康、社保、就业等民生领域的应用，探索大众参与的数据治理模式，提升社会治理和城市管理能力，为群众提供智能、精准、高效、便捷的公共服务。促进大数据在市场主体监管与服务领域应用，建设基于大数据的重点行业运行分析服务平台，加强重点行业、骨干企业经济运行情况监测，提高行业运行监管和服务的时效性、精准性和前瞻性。促进政府数据和企业数据融合，为企业创新发展和社会治理提供有力支撑。

专栏 4　跨行业大数据应用推进工程

　　开展跨行业大数据试点示范。选择电信、互联网、工业、金融、交通、健康等数据资源丰富、信息化基础较好、应用需求迫切的重点行业领域，建设跨行业跨领域大数据平台。基于平台探索跨行业数据整合共享机制、数据共享范围、数据整合对接标准，研发数据及信息系统互操作技术，推动跨行业的数据资源整合集聚，开展跨行业大数据应用，选择应用范围广、应用效果良好的领域开展试点示范。

　　成立跨行业大数据推进组织。支持成立跨部门、跨行业、跨地域的大数据应用推进组织，联合开展政策、法律法规、技术和标准研究，加强跨行业大数据合作交流。

　　建设大数据融合应用试验床。建设跨行业大数据融合应用试验床，汇聚测试数据、分析软件和建模工具，为研发机构、大数据企业开展跨界联合研发提供环境。

（四）加快大数据产业主体培育

　　引导区域大数据发展布局，促进基于大数据的创新创业，培育一批大数据龙头企业和创新型中小企业，形成多层次、梯队化的创新主体和合理的产业布局，繁荣大数据生态。

　　利用大数据助推创新创业。鼓励资源丰富、技术先进的大数据领先企业建设大数据平台，开放平台数据、计算能力、开发环境等基础资源，降低创新创业成本。鼓励大型企业依托互联网"双创"平台，提供基于大数据的创新创业服务。组织开展算法大赛、应用创新大赛、众包众筹等活动，激发创新创业活力。支持大数据企业与科研机构深度合作，打通科技创新和产业化之间的通道，形成数据驱动的科研创新模式。

　　构建企业协同发展格局。支持龙头企业整合利用国内外技术、人才和专利等资源，加快大数据技术研发和产品创新，提高产品和服务的国际市场占有率和品牌影响力，形成一批具有国际竞争力的综合型和专业型龙头企业。支持中小企业深耕细分市场，加快服务模式创新和商业模式创新，提高中小企业的创新能力。鼓励生态链各环节企业加强合作，构建多方协作、互利共赢的产业生态，形成大中小企业协同发展的良好局面。

优化大数据产业区域布局。引导地方结合自身条件，突出区域特色优势，明确重点发展方向，深化大数据应用，合理定位，科学谋划，形成科学有序的产业分工和区域布局。在全国建设若干国家大数据综合试验区，在大数据制度创新、公共数据开放共享、大数据创新应用、大数据产业集聚、数据要素流通、数据中心整合、大数据国际交流合作等方面开展系统性探索试验，为全国大数据发展和应用积累经验。在大数据产业特色优势明显的地区建设一批大数据产业集聚区，创建大数据新型工业化产业示范基地，发挥产业集聚和协同作用，以点带面，引领全国大数据发展。统筹规划大数据跨区域布局，利用大数据推动信息共享、信息消费、资源对接、优势互补，促进区域经济社会协调发展。

专栏 5　大数据产业集聚区创建工程

建设一批大数据产业集聚区。支持地方根据自身特点和产业基础，突出优势，合理定位，创建一批大数据产业集聚区，形成若干大数据新型工业化产业示范基地。加强基础设施统筹整合，助推大数据创新创业，培育大数据骨干企业和中小企业，强化服务与应用，完善配套措施，构建良好产业生态。在大数据技术研发、行业应用、教育培训、政策保障等方面积极创新，培育壮大大数据产业，带动区域经济社会转型发展，形成科学有序的产业分工和区域布局。建立集聚区评价指标体系，开展定期评估。

（五）推进大数据标准体系建设

加强大数据标准化顶层设计，逐步完善标准体系，发挥标准化对产业发展的重要支撑作用。

加快大数据重点标准研制与推广。结合大数据产业发展需求，建立并不断完善涵盖基础、数据、技术、平台/工具、管理、安全和应用的大数据标准体系。加快基础通用国家标准和重点应用领域行业标准的研制。选择重点行业、领域、地区开展标准试验验证和试点示范，加强宣贯和实施。建立标准符合性评估体系，强化标准对市场培育、服务能力提升和行业管理的支撑作用。加强国家标准、行业标准和团体标准等各类标准之间的衔接配套。

积极参与大数据国际标准化工作。加强我国大数据标准化组织与相关国际组织的交流合作。组织我国产学研用资源，加快国际标准提案的推进工作。支持相关单位参与国际标准化工作并承担相关职务，承办国际标准化活动，扩大国际影响。

专栏6　大数据重点标准研制及应用示范工程

加快研制重点国家标准。围绕大数据标准化的重大需求，开展数据资源分类、开放共享、交易、标识、统计、产品评价、数据能力、数据安全等基础通用标准以及工业大数据等重点应用领域相关国家标准的研制。

建立验证检测平台。建立标准试验验证和符合性检测平台，重点开展数据开放共享、产品评价、数据能力成熟度、数据质量、数据安全等关键标准的试验验证和符合性检测。

开展标准应用示范。优先支持大数据综合试验区和大数据产业集聚区建立标准示范基地，开展重点标准的应用示范工作。

（六）完善大数据产业支撑体系

统筹布局大数据基础设施，建设大数据产业发展创新服务平台，建立大数据统计及发展评估体系，创造良好的产业发展环境。

合理布局大数据基础设施建设。引导地方政府和有关企业统筹布局数据中心建设，充分利用政府和社会现有数据中心资源，整合改造规模小、效率低、能耗高的分散数据中心，避免资源和空间的浪费。鼓励在大数据基础设施建设中广泛推广可再生能源、废弃设备回收等低碳环保方式，引导大数据基础设施体系向绿色集约、布局合理、规模适度、高速互联方向发展。加快网络基础设施建设升级，优化网络结构，提升互联互通质量。

构建大数据产业发展公共服务平台。充分利用和整合现有创新资源，形成一批大数据测试认证及公共服务平台。支持建立大数据相关开源社区等公共技术创新平台，鼓励开发者、企业、研究机构积极参与大数据开源项目，增强在开源社区的影响力，提升创新能力。

建立大数据发展评估体系。研究建立大数据产业发展评估体系，对我国及各地大数据资源建设状况、开放共享程度、产业发展能力、应用水平等进行监测、分析和评估，编制发布大数据产业发展指数，引导和评估全国大数据发展。

专栏7　大数据公共服务体系建设工程

建立大数据产业公共服务平台。提供政策咨询、共性技术支持、知识产权、投融资对接、品牌推广、人才培训、创业孵化等服务，推动大数据企业快速成长。

> 支持第三方机构建立测试认证平台。开展大数据可用性、可靠性、安全性和规模质量等方面的测试测评、认证评估等服务。
>
> 建立大数据开源社区。以自主创新技术为核心，孵化培育本土大数据开源社区和开源项目，构建大数据产业生态。

（七）提升大数据安全保障能力

针对网络信息安全新形势，加强大数据安全技术产品研发，利用大数据完善安全管理机制，构建强有力的大数据安全保障体系。

加强大数据安全技术产品研发。重点研究大数据环境下的统一账号、认证、授权和审计体系及大数据加密和密级管理体系，突破差分隐私技术、多方安全计算、数据流动监控与追溯等关键技术。推广防泄露、防窃取、匿名化等大数据保护技术，研发大数据安全保护产品和解决方案。加强云平台虚拟机安全技术、虚拟化网络安全技术、云安全审计技术、云平台安全统一管理技术等大数据安全支撑技术研发及产业化，加强云计算、大数据基础软件系统漏洞挖掘和加固。

提升大数据对网络信息安全的支撑能力。综合运用多源数据，加强大数据挖掘分析，增强网络信息安全风险感知、预警和处置能力。加强基于大数据的新型信息安全产品研发，推动大数据技术在关键信息基础设施安全防护中的应用，保障金融、能源、电力、通信、交通等重要信息系统安全。建设网络信息安全态势感知大数据平台和国家工业控制系统安全监测与预警平台，促进网络信息安全威胁数据采集与共享，建立统一高效、协同联动的网络安全风险报告、情报共享和研判处置体系。

专栏 8　大数据安全保障工程

　　开展大数据安全产品研发与应用示范。支持相关企业、科研院所开展大数据全生命周期安全研究，研发数据来源可信、多源融合安全数据分析等新型安全技术，推动数据安全态势感知、安全事件预警预测等新型安全产品研发和应用。

　　支持建设一批大数据安全攻防仿真实验室。研究建立软硬一体化的模拟环境，支持工业、能源、金融、电信、互联网等重点行业开展数据入侵、反入侵和网络攻防演练，提升数据安全防护水平和应急处置能力。

五、保障措施

（一）推进体制机制创新

　　在促进大数据发展部际联席会议制度下，建立完善中央和地方联动的大数据发展协调机制，形成以应用带动产业、以产业支撑应用的良性格局，协同推进大数据产业和应用的发展。加强资源共享和沟通协作，协调制定政策措施和行动计划，解决大数据产业发展过程中的重大问题。建立大数据发展部省协调机制，加强地方与中央大数据产业相关政策、措施、规划等政策的衔接，通过联合开展产业规划等措施促进区域间大数据政策协调。组织开展大数据发展评估检查工作，确保重点工作有序推进。充分发挥地方政府大数据发展统筹机构或协调机制的作用，将大数据产业发展纳入本地区经济社会发展规划，加强大数据产业发展的组织保障。

（二）健全相关政策法规制度

推动制定公共信息资源保护和开放的制度性文件，以及政府信息资源管理办法，逐步扩大开放数据的范围，提高开放数据质量。加强数据统筹管理及行业自律，强化大数据知识产权保护，鼓励企业设立专门的数据保护职位。研究制定数据流通交易规则，推进流通环节的风险评估，探索建立信息披露制度，支持第三方机构进行数据合规应用的监督和审计，保障相关主体合法权益。推动完善个人信息保护立法，建立个人信息泄露报告制度，健全网络数据和用户信息的防泄露、防篡改和数据备份等安全防护措施及相关的管理机制，加强对数据滥用、侵犯个人隐私等行为的管理和惩戒力度。强化关键信息基础设施安全保护，推动建立数据跨境流动的法律体系和管理机制，加强重要敏感数据跨境流动的管理。推动大数据相关立法进程，支持地方先行先试，研究制定地方性大数据相关法规。

（三）加大政策扶持力度

结合《促进大数据发展行动纲要》《中国制造2025》《"互联网＋"行动计划》《国务院关于加快培育发展战略性新兴产业的决定》等战略文件，制定面向大数据产业发展的金融、政府采购等政策措施，落实相关税收政策。充分发挥国家科技计划（专项、基金等）资金扶持政策的作用，鼓励有条件的地方设立大数据发展专项基金，支持大数据基础技术、重点产品、服务和应用的发展。鼓励产业投资机构和担保机构加大对大数据企业的支持力度，引导金融机构对技术先进、带动力强、惠及面广的大数据项目优先予以信贷支持，鼓励大数据企业进入资本市场融资，为企业重组并购创造更加宽松的市场环境。支持符合条件的大数据企业享受相应优惠政策。

（四）建设多层次人才队伍

建立适应大数据发展需求的人才培养和评价机制。加强大数据人才培养，整合高校、企业、社会资源，推动建立创新人才培养模式，建立健全多层次、多类型的大数据人才培养体系。鼓励高校探索建立培养大数据领域专业型人才和跨界复合型人才机制。支持高校与企业联合建立实习培训机制，加强大数据人才职业实践技能培养。鼓励企业开展在职人员大数据技能培训，积极培育大数据技术和应用创新型人才。依托社会化教育资源，开展大数据知识普及和教育培训，提高社会整体认知和应用水平。鼓励行业组织探索建立大数据人才能力评价体系。完善配套措施，培养大数据领域创新型领军人才，吸引海外大数据高层次人才来华就业、创业。

（五）推动国际化发展

按照网络强国建设的总体要求，结合"一带一路"等国家重大战略，加快开拓国际市场，输出优势技术和服务，形成一批具有国际竞争力的大数据企业和产品。充分利用国际合作交流机制和平台，加强在大数据关键技术研究、产品研发、数据开放共享、标准规范、人才培养等方面的交流与合作。坚持网络主权原则，积极参与数据安全、数据跨境流动等国际规则体系建设，促进开放合作，构建良好秩序。

参考文献

［1］ BALZAT M, HANUSCH H. Recent trends in the research on national innovation systems ［J］. Journal of evolutionary economics, 2004, 14 (2).

［2］ BAPTISTA R, SWANN P. Do firms in clusters innovate more? ［J］. Research policy, 1998, 27 (5).

［3］ CAMPAGNOLO D, CAMUFFO A. The concept of modularity in management studies: A literature review ［J］. International journal of management reviews, 2010, 12 (3).

［4］ CARLTON D W. Vertical integration in competitive markets under uncertainty ［J］. Journal of industrial economics, 1979, 27 (3).

［5］ CHIPTY T. Vertical integration, market foreclosure, and consumer welfare in the cable television Industry ［J］. American economic review, 2001, 91 (3).

［6］ DUNNING J H, RUGMAN A M. The influence of Hymer's dissertation on the theory of foreign direct investment ［J］. American economic review, 1985, 75 (2).

［7］ DUNNING J H. Internationalizing Porter's Diamond ［J］. Mir management international review, 1993, 33 (2).

[8] PURWADI D. The role of Japanese human resource planning practices for increasing industrial competitiveness [J]. Procedia – social and behavioral sciences, 2012 (65).

[9] DIMITRIENKO Y I, DIMITRIENKO O Y. A model of deformable clusters for analyzing the dynamics of economic data [J]. Doklady mathematics, 2011, 84 (2).

[10] EISINGERICH A, FALCK O, HEBLICH S, KRETSCHMER T. Cluster innovation along the industry life cycle [R]. Jena economic research papers, 2008.

[11] HULTEN C R. Infrastructure, externalities, and economic development: A study of the Indian manufacturing industry [J]. Social science electronic publishing, 2006, 20 (2).

[12] INGSTRUP M B, DAMGAARD T. Cluster facilitation from a cluster life cycle perspective [J] . European planning studies, 2013, 21 (4).

[13] THEMA J, SUERKEMPER F, GRAVE K. The impact of electricity demand reduction policies on the EU – ETS: Modelling electricity and carbon prices and the effect on industrial competitiveness [J]. Energy policy, 2013 (60).

[14] ZHANG K H. How does foreign direct investment affect industrial competitiveness? Evidence from China [J]. China economic review, 2014 (30).

[15] KLEPPER S. Entry, exit, growth, and innovation over the product life cycle [J]. American economic review, 1996, 86 (3).

[16] KRUGMAN P. Increasing returns and economy geography [J]. Journal of political economy, 1991, 99 (3).

[17] KELLER W. Geographic localization of international technology diffusion [J]. American econoimic review, 2001, 92 (1).

[18] LEONTIEF W. Quantitative input and output relations in the economic system of the United States [J]. Review of economics and statistics, 1936, 18 (3).

[19] LEONTIEF W. Output, employment, consumption and investment [J]. Quarterly journal of economics, 1944, 58 (2).

[20] LEONTIEF W. Interregional theory [M]. New York: Oxford University Press, 1953.

[21] PORTER M E, The competitive advantage of nations [J]. Competitive intelligence review, 1990, 1 (1).

[22] MAGGIONI M A. The rise and fall of industrial clusters: Technology, and the life cycle of region [R]. Institute' Economic Barcelona (IEB) . Working Papers, 2004.

[23] MENZEL M P, FORNAHL D, SWITZERLAND B et al. Cluster life cycles: dimensions and rationales of cluster development [N]. Jena Economic Research Paper, 2007.

[24] PEKKARINEN S, UIKNENMI P. Modularity in developing business services by platform approach [J]. The Internetional Journal of Logistics Management, 2008, 19 (1).

[25] RIFKIN J. The third industrial revolution: How lateral power is transforming energy, the economy, and the world [M]. New York: Palgrave Macmillan, 2011.

[26] SIRIKRAI S B, TANG J C S. Industrial competitiveness analysis: U-

sing the analytic hierarchy process [J]. Journal of high technology management research, 2006, 17 (1).

[27] SOOFI A S, MOUSSAVI S. Transmissions of real economic shocks across the Pacific Rim economies. [J]. Journal of policy modeling, 2004, 26 (8 –9).

[28] UTTERBACK J M, SUAREZ F F. Patternsof Industrial Evolution, Dominant Designs, and Firms Survival [R]. Massachu – setts Institute of Technology (MIT). Working Paper, 1993.

[29] SERRANO V, FISCHER T. Collaborative innovation in ubiquitous systems [J]. Journal of intelligent manufacturing, 2007, 18 (5).

[30] WONNACOTT R J. Canadian-American dependence: An inter industry analysis of production and prices [J]. Journal of political economy, 1962, 18 (5).

[31] 弗里德曼. 世界是平的: 21 世纪简史 [M]. 何帆, 肖莹莹, 郝正非, 译. 长沙: 湖南科学技术出版社, 2008.

[32] 克里斯·安德森. 长尾理论 [M]. 乔江涛, 石晓燕, 译. 北京: 中信出版社, 2012.

[33] 阿尔文·托夫勒. 未来的冲击 [M]. 蔡伸章, 译. 北京: 中信出版社, 2006.

[34] 阿里研究院. "互联网+" 研究报告 [DB/OL]. (2015 –03 –29). http://www. Aliresearch. com/blog/article/detail/id/20284. html.

[35] 奥古斯特·勒施. 经济空间秩序: 经济财货与地理间的关系 [M]. 王守礼, 译. 北京: 商务印书馆, 1995.

[36] 奥拓·布劳克曼. 智能制造: 未来工业模式和业态的颠覆与重构

[M]. 张潇，郁汲，译. 北京：机械工业出版社，2015.

[37] 蔡翼飞，魏后凯，吴利学. 我国城市高端制造业综合成本测算及敏感度分析 [J]. 中国工业经济，2010 (1).

[38] 陈爱贞，刘志彪，张少军. 中国装备制造业创新的二元分工网络制约 [J]. 厦门大学学报（哲学社会科学版），2016 (3).

[39] 陈爱贞，刘志彪. 决定我国装备制造业在全球价值链中地位的因素——基于各细分行业投入产出实证分析 [J]. 国际贸易问题，2011 (4).

[40] 陈佳贵，黄群慧. 我国实现工业现代化了吗——对 15 个重点工业行业现代化水平的分析与评价 [J]. 中国工业经济，2009 (4).

[41] 陈立敏，王璇，饶思源. 中美制造业国际竞争力比较：基于产业竞争力层次观点的实证分析 [J]. 中国工业经济，2009 (6).

[42] 陈丽娴. 生产性服务业对制造业出口竞争力的促动效应研究——基于中间投入视角的分析 [J]. 上海经济研究，2016 (2).

[43] 楚明钦. 生产性服务与装备制造业融合程度的国际比较——基于 OECD 投入产出表的分析 [J]. 国际经贸探索，2014 (2).

[44] 楚明钦. 装备制造业与生产性服务业产业关联研究——基于中国投入产出表的比较分析 [J]. 中国经济问题，2013 (3).

[45] 丁纯，李君扬. 德国"工业 4.0"：内容、动因与前景及其启示 [J]. 德国研究，2014 (4).

[46] 董敏杰，梁泳梅，李钢. 环境规制对中国出口竞争力的影响——基于投入产出表的分析 [J]. 中国工业经济，2011 (03).

[47] 郭克莎. 中国工业与世界先进水平的差距及缩小差距的途径研究 [R]. 中国社会科学院工业经济研究所研究报告，2000 (12).

[48] 国家体制改革委员会等. 中国国际竞争力发展报告 [M]. 北京：

中国人民大学版社，1998.

［49］韩朝华，戴慕珍．中国民营化的财政动因［J］．经济研究，2008（2）.

［50］贺正楚，潘红玉，寻舸，等．高端装备制造企业发展模式变革趋势研究［J］．管理世界，2013（10）.

［51］黄群慧．"新常态"、工业化后期与工业增长新动力［J］．中国工业经济，2014（10）.

［52］黄顺魁．制造业转型升级：德国"工业4.0"的启示［J］．学习与实践，2015（1）.

［53］黄阳华，卓丽洪．美国"再工业化"战略与第三次工业革命［J］．中国党政干部论坛，2013（10）.

［54］黄阳华．德国"工业4.0"计划及其对我国产业创新的启示［J］．经济社会体制比较，2015（2）.

［55］金碚，李钢，陈志．加入WTO以来中国制造业国际竞争力的实证分析［J］．中国工业经济，2006（10）.

［56］金碚．国际金融危机后中国产业竞争力的演变趋势［J］．科学发展，2009（12）.

［57］金碚．竞争力经济学［M］．广州：广东经济出版社，2003.

［58］金碚．中国工业国际竞争力——理论、方法与实证研究［M］．北京：经济管理出版社，1997.

［59］雷鹏．制造业产业集聚与区域经济增长的实证研究［J］．上海经济研究，2011（1）.

［60］李钢，廖建辉，向奕霓．中国产业升级的方向与路径——中国第二产业占GDP的比例过高了吗［J］．中国工业经济，2011（10）.

［61］李海舰，田跃新，李文杰．互联网思维与传统企业再造［J］．中国工业经济，2014（10）．

［62］李坤，于渤，李清均．"躯干国家"制造向"头脑国家"制造转型的路径选择——基于高端装备制造产业成长路径选择的视角［J］．管理世界，2014（7）．

［63］李鑫．产业集聚与区域经济发展——以重庆交通运输设备制造业为例［J］．重庆工商大学学报（自然科学版），2014（12）．

［64］联合国工业发展组织．工业发展报告（2002/2003）［M］．北京：中国财政经济出版社，2002．

［65］林桂军，何武．中国装备制造业在全球价值链的地位及升级趋势［J］．国际贸易问题，2015（4）．

［66］刘林青，黄起海，闫志山．国家空间里的能力加值比赛——基于产业国际竞争力的结构观［J］．中国工业经济，2013（4）．

［67］柳洲．"互联网＋"与产业集群互联网化升级研究［J］．科学学与科学技术管理，2015（8）．

［68］罗勇，曹丽莉．中国制造业集聚程度变动趋势实证研究［J］．经济研究，2005（8）．

［69］迈克尔·波特．国家竞争优势［M］．李明轩，邱如美，译．北京：华夏出版社，2002．

［70］裴长洪．利用外资与产业竞争力［M］．北京：社会科学文献出版社，1998．

［71］邵慰．中国装备制造业竞争力分行业测度研究——来自2003—2011年面板数据的证据［J］．经济学家，2015（1）．

［72］孙柏林．"第三次工业革命"十问［J］．自动化博览，2013（1）．

［73］童有好．"互联网＋制造业服务化"融合发展研究［J］．经济纵横，2015（10）．

［74］王文，牛泽东．中国装备制造业技术创新的静态与动态效率——基于二位码行业数据的分析［J］．经济管理，2014（5）．

［75］魏后凯，吴利学．中国地区工业竞争力评价［J］．中国工业经济，2002（11）．

［76］魏玮，马松昌．基于动态面板 GMM 分析的产业集聚与经济增长实证研究——以山东半岛城市群为例［J］．上海经济研究，2013（6）．

［77］巫强，刘志彪．本土装备制造业市场空间障碍分析——基于下游行业全球价值链的视角［J］．中国工业经济，2012（3）．

［78］邢鸿飞．再论第三次工业革命［J］．世界科学．2012（7）．

［79］徐盈之，彭欢欢，刘修岩．威廉姆森假说：空间集聚与区域经济增长——基于中国省域数据门槛回归的实证研究［J］．经济理论与经济管理，2011（4）．

［80］薛白．区位决策视角下的集群生命周期分析［J］．产业经济研究，2007（3）．

［81］闫逢柱，乔娟．产业集聚一定有利于产业成长吗？——基于中国制造业的实证分析［J］．经济评论，2010（5）．

［82］约翰·冯·杜能．孤立国同农业和国民经济的关系［M］．吴衡康，译．北京：商务印书馆，1986．

［83］臧旭恒，何青松．试论产业集群租金与产业集群演进［J］．中国工业经济，2007（3）．

［84］张其仔．中国能否成功地实现雁阵式产业升级［J］．中国工业经济，2014（6）．

[85] 赵伟，隋月红．集聚类型、劳动力市场特征与工资—生产率差异 [J]．经济研究，2015（6）．

[86] 中国互联网络信息中心．第 37 次《中国互联网络发展状况统计报告》[DB/OL]．[2016 – 01 – 22]．

[87] 中国人民大学竞争力与评价研究中心研究组．中国国际竞争力发展报告（2003）[M]．北京：中国人民大学出版社，2003．

[88] 庄雷，周勤，赵天骄．谁来主导中国制造业的"互联网＋"化? [J]．产经评论，2015（4）．

后 记

　　小时候写作文，常常开篇就写：光阴似箭，日月如梭，弹指一挥间。当时，只是这样写，并没有什么深刻的心理体验。2000 年以后的世界，陡然间真的变得如"弹指一挥间"了。唯一不变的就是——变化太快了。这是技术的力量。永远在线（always on）使世界变得平坦了，时空的约束力变软了。智能制造就是这种力量的体现。智能制造业的日新月异，令人有跟不上时代的感觉。但万物皆有序，人类的理性就要求其追寻万物背后的秩序逻辑。本书就是人类理性力图追求、梳理智能制造的秩序逻辑的产物，虽然这是有限理性。本书也是人类合作秩序拓展的产物。

　　本书的出版得到暨南卓越智库（15JNZK04）的经费资助，感谢暨南大学社会科学研究处的大力支持。本书的总报告是在暨南卓越智库新工业革命项目组、《21 世纪经济报道》、中国丝路智谷研究院等单位联合调研的基础上由新工业革命项目组执笔完成的，主要执笔人为：刘金山、曾晓文、李雨培、徐正晟。专题报告一得到暨南大学团委的资助，并于 2014 年暑假开展系列调研活动，调研组共有 24 名成员：刘金山、王伟、李雨培、蔡淑丽、王鲲鹏、李泽宇、付翔、伍凯玲、刘畅、陈敏莹、姚楠、俞慧娴、汪晓一泓、麦健明、王立、黄嘉立、曾晓文、王梦婷、熊峰、方悦、郭士晴、董灿、陆涛、王灿。专题报告二由李雨培和刘金山撰写。专题报告三由曾晓文和刘金山撰写。全书由刘金山和曾晓文统稿。本书的顺利出版得益于暨南大学出版社曾鑫华编辑团队精益求精的工作，在此致以谢意。

书中尚有许多不足和错漏之处，请大家不吝指正。

刘金山

2017 年 5 月